ロールモデル・アメリカを追って

青木怜子

論創社

まえがき

戦前の一九三六年、私は誕生後一年にして渡米し、三年余をアメリカのカリフォルニア州ロスアンジェルスで過ごした。その後、第二次大戦を挟んでの五八年からは、ワシントンＤＣで同じように三年余の生活を送っている。さらに七〇年代から二〇一〇年代末にかけ、散発的にではあるが、一〇年単位で刻む年代すべてにわたり、幾度かアメリカ各地を訪れる機会に恵まれた。

本書では私がその都度そこで見たアメリカの様相、主として私自身が日常生活で見聞きし、体験したもの、あるいは生活周辺にある用具や環境や生活形態といった物質的・物理的なものを通して捉えることにした。それとともに、日本に帰国するたびに痛感させられた日米間での生活形態や生活水準の違いを、それぞれの時代と対比させてみたいと思っている。

思えばアメリカでも日本でも、一九三〇年代中頃から二〇二〇年代という八〇年間余に及ぶ歳月の間には様々なことが起こり、変化があった。しかも時代の変化は両国に限らず広く世界にも及んだことから、本書のテーマは日米間だけではなく、「世の中の変化」として世界に跨《またが》る事象を見ることになる。

私が渡米した戦前と戦後という二つの時期にあって、世界で最も大きな変遷を遂げたと思われることに、大洋を渡る渡航手段の変化が挙げられよう。かつては船舶のみが渡航手段であった。だがやがて航空機がそれにとって代わっていく。しかもその航空事情でさえも、短期間のうちにめまぐるしく発展し、変化した。この急速に動いた渡航手段の変化こそが、二〇世紀前半・中頃にみられた数多くの変化の中でも最も象徴的なものに思えるのである。そこで本書ではまず当時の船舶事情に触れ、それによって渡航した幼児の私がやがてアメリカの生活に馴染《なじ》み、それをどう記憶していったかを追っていく。

やがて日米開戦の危機が迫り、私は帰国する。帰国後はどのようにして祖国の生活に適応していったのだろうか。たまたま私は、第二次大戦が始まることになったその年に小学校に入学した。戦時下という特殊な環境で次第に国が挙国一致体制を科していく。その中で、かつて幼児期を過ごしたアメリカは、今や鬼畜米英として憎むべき対象となっていった。

だが終戦とともに、事態は一変する。日本では占領政策がとられ、アメリカを主流とする駐留軍やその家族が日本に滞在するようになった。すると、彼らの生活ぶりやそこに垣間《かいま》見るアメリカ文化の片鱗を通し、好むと好まざるとにかかわらず、日本人はアメリカ文化に強く影響され、みずからの生活形態を大きく変えていくのであった。

その時期、小・中・高と学校教育を経てきた私は、そうした変化をもろに体験し、やがて大学に入り新たな教育環境に触れることになる。卒業後、間もなくして再度渡米するが、前回アメリカに滞在した時から、すでに一九年が経っていた。だが私には一九年前の幼児体験があったからこそ、一九三〇年代から五〇年代にと変遷するアメリカが見えたのでもあった。


たまたま私が再渡米した一九五〇年代末期から六〇年代初頭にかけてのアメリカは、第二次大戦を終結させたことで経済にも社会にも国力が漲《みなぎ》っていた。長引く冷戦や核戦争の恐怖にもかかわらず、アメリカは豊かな物質文明の発達により、まことに潤沢豊満で活力ある世界を謳歌していた。私はそれを日常生活の中で存分に体験する。戦後復興を目指す日本のすさまじいまでの発展ぶりにもかかわらず、当時のアメリカは日本とは比較にならないほど輝いてみえ、ことに消費生活の面では、アメリカは日本にとって絶えず「進歩」のロールモデルであった。思えば日本はその時代のアメリカの消費生活を、常に追いかけ、追いかけていたのであった。

だがその後、アメリカは一転して豊かさが生んだ社会の歪《ひず》みや格差にみずから疑問を投じ、一九六〇年代から七〇年代にかけては、社会的ギャップを埋めようとした変革運動や、ベトナム戦争を契機に生じた反体制的な気運に飲み込まれ、あらゆる類《たぐい》の改革運動が社会を席巻していった。私は変革の渦中にあった七三年、それに続く年々、折に触れてアメリカを訪れた。その中で私は、変わりつつあるアメリカと、いまだ残る古きアメリカの姿を見るのであった。

変革の時代を過ぎた一九八〇年代から世紀末にかけてのアメリカでは、あたかも変革気運を巻き返すかのようなバックラッシュが起こり、社会は保守化する。だがその中でアメリカでは、今までとは角度を異にした変貌を遂げるかのように、ウォーターフロントの開発や、通信技術の発達で加速されたエレクトロニックスの時代が訪れた。シリコン・ヴァレーを拠点に起業されたインターネット産業が、新しい発展の活路を生んでいくのであった。

アメリカで開発されたインターネットの技術やスマートフォーンなどの機器は、今や日米両国で時間差なく進展する。だがネットに関して憂慮される事態もまた両国で同時進行する。ネットに限らず、日米、あるいは世界では、今までにないほどに共通した関心事が人々の日常生活を取り巻くようになった。貧困・経済格差・ウイルスの蔓延・気候変動などの課題は今や世界的関心事として国際間での相互の協力が多角的に求められている。その中で、かつて消費生活面で先端を切っていたロールモデルのアメリカは、今後どのような活路を探っていくのだろうか。新たな世紀に入ってのアメリカの将来は予測不能だが、振り返り過去を見ることで、もしかして現在の混迷を解く鍵がどこかに潜んでいるかもしれない。

ロールモデル・アメリカを追って **目次**

1　海路を行く旅——軍拡・軍縮に揺れた時代

七月のある日、日盛りで煌《きら》めく横浜港の水面《みなも》をホテルのラウンジから眺めていると、ふと、この先に連なる紺碧の大洋に、かつて自分もまた船出をしていったのだという思いに駆られ、私の人生はすべてここから始まったのかと大仰にも思えてくるのであった。私にとっては誕生から一年。船出といってもその往路はほとんど記憶に残るものではない。だがたとえ家族に伴われてであれ、幼気《いたいけ》な子どもが日本を離れ、この広い大洋の彼方へと旅発っていくこと自体が、何か痛々しく胸迫る思いに駆られるのであった。

数えてみれば、私たちが船出をしたのは八〇年以上前のこと。それは昭和一〇年代、つまり二〇世紀初半のことで、洋の東西を問わず外国旅行はまだ決して一般的なものではなかった。ましてや島国に住む日本人にとって、当時は船旅だけが唯一の航路であったから、異国の地とは海を越えて初めて知る、その海の彼方にこそあった。

かつて外国帰りの人を洋行帰りと私たちは言った。旅に出た当人にしてみれば、その洋行が果たして何を意味するのか、つまり洋とは太平洋の洋なのか、あるいは、西洋の洋なのか、あまり気遣うところではなかったかもしれない。しかし洋行という言葉は、まさしく「海を越えて日本を出る」、その感覚にまことに即した表現であった。

旅の供はスーツケース

「洋行」をした人ならば誰しもが思い起こすのは、長期間の船旅には欠かせない大型の重いトランクであったかもしれない。今のように軽量化されたスーツケースとは違い、当時のトランクのほとんどが金属製や木製で、しかも途方もなく大きく頑丈なものであった。トランクの表面には船会社のステッカーやシールが貼られ、その色とりどりのステッカーが並べば並ぶほどトランクには箔がつき、それだけ多くの海外経験を物語っていた。ステッカーは往々にして運搬の途次に擦れたり傷つけられたりして剝がれかかっているものもあれば、黒く墨を塗ったような汚れが付いているものもあった。その痛々しさは、トランクが長旅を共にしてきたことへの勲章でもあり、持ち主の体験を物語る歴史でもあった。

そういえば我が家にも、長いこと納戸に仕舞われていたこのタイプのトランクやスーツケースがあった。今でも私が覚えている父のスーツケースは三つあり、その一つは金属製の分厚い頑丈なもので、まるで「長持ち」のように深くて大きく、これぞトランクといえるものであった。それは四隅の角々《かどかど》を金具で止めた重い鉄の箱というようなもので、なかなか動かすことができなかった。蓋の中央手前には大きな丸い取手のような鍵蓋があり、そこの穴に鍵を差し込んで分厚い蓋を思いきり開けると、まず大きな箱状のケースがあり、そこにはシャツなど小物が入れられるようになっていた。さらにその箱を取り除くと下段は深底の本体で、そのスペースには背広や大物用品などが収められるように区分されていた。

一方同じく頑丈で金属製だが、より小さなスーツケースの方は中央から真っ二つに分かれ、それぞれが両側に広げられるようになっていた。開けると片側には跳ね上がる布製のブラインドがあり、そのブラインドを上げれば、ハンガーとなる金属製のポールが背広やコートなどを吊るしておけるようになっていた。つまり、スーツケースを開いて縦に置けばそのままコート掛けになり、おそらくは旅先や仮住いのホテルなどで、持ちもの全部の荷ほどきをせずとも、この洋服掛けのケースさえ開けば、中のスーツに皺が寄ることもなくすぐに着用できたに違いない。外側の金属とは裏腹に、中に収められていた何本かのハンガーは木製で、旅先にありながらどことなく自宅のくつろぎを与えたことであろう。そしてその仕切りの反対側には、三、四段ほど、布を張った大小の引き出しが設《しつら》えてあった。

今一つ別の大型スーツケースは、茶色のなめし革製のもので、そのスーツケースの周りにはケースをひと巻きするための同じ革製のベルトがついていた。中は仕切りもなく、蓋の裏側にはゴムでゆとりをとった横幅いっぱいのポケットがあるだけであった。それはトランクというよりも、しなやかな大型鞄といった方が合っているのかもしれない。

これらのトランクに比べ、子ども用の私のものは中型ではるかに軽量であり、文字通りのスーツケースであった。それでも今様の大型スーツケースに比べても容量は数段大きく、そのため長いこと、つまり私が大きくなってからも自分の服の収納に使っていた。おかげで馴染み深く、形状も体裁もよく覚えている。鍵をかけるところの留め金やケースの四角《よすみ》を抑える三角状の鋲は金色《こんじき》に輝く金属製であったが、ボディはレザーで覆われ、色はグレイで格子縞の模様があった。私のような幼児のスーツケースにも船舶やホテルのステッカーが貼られていたが、所詮はその数も知れたこと、旅の貫録には欠けていた。ただ私のイニシアルとして、RAの二文字が黒く描かれていたのが、いかにも私のものであることを証明していた。あいにく、母のスーツケースがどのようなものであったかはよく覚えていない。私のスーツケースをひと回り大きくしたもののようにも記憶する。そういえば母のもクローゼットに収められ、私のと同じく、タンス代わりにしていたものがあった。

これらのスーツケースや日常品の箱詰めなど重い荷物は、当時、日本通運が引っ越し専用の大型運送のほとんどを独占的に引き受けていたため、港までは陸路を「日通」により運ばれ、そこで乗船予約のある客船にと積み込まれた。私どもが乗船したのは横浜港であったので大型の荷物は事前に横浜港で荷積されたのであった。

横浜税関「クイーン」

横浜港は一八五九年に開港し、安政開国による開港五港の一つであった。そのため日本の港湾史上でも古い歴史を持っている。したがって幕末はもとより、明治・大正・昭和と海外に門戸を開いてきた貿易港として、横浜港は当初より異彩を放ち、華やかで賑やかであった。

古くから国際戦略港湾（国際コンテナ戦略港湾）の指定を受けていたこともあって、横浜港には人の行き来はもとより多くの国の貿易船が出入りした。例えば近年、二〇一〇年代の統計では、横浜港で陸揚げされる貨物は、中国・ＡＳＥＡＮ《アセアン》諸国、次いで北米・ＥＵ諸国からのものが多く、輸入品目については、食品・プラスティック等化学製品・鉱物性燃料・電気製品・衣類・家具と、実に多岐にわたっている。

もっともこのような現状、つまり戦後以降の荷揚げに比べれば、私たちが乗下船した昭和初期の横浜港での荷揚げは、はるかに小規模なスケールであった。例えば、第二次大戦後数年を経た昭和二六〜七（一九五一〜二）年以降であれば、戦後とはいえ輸出入額は円にして一〇〇〇億を超し、さらに近年となる平成二三（二〇一一）年には約四〇〇〇億円となっている。これに対し、戦前ではピーク時である昭和一五（一九四〇）年でさえも、輸出入額は約一一億円程度であったという。しかも当時の横浜税関は、東京税関の支所であったので、横浜港での貿易規模は現在ほどのものではなかった。

この横浜税関の建物は、明治維新に先立って開港された横浜港近くにあり、当初は木造二階建ての庁舎であったが、慶応二（一八六六）年の大火で焼失した。さらに改築なった本庁倉庫いわゆる赤レンガ倉庫も、大正一二（一九二三）年の関東大震災で崩壊する。したがって現在残る歴史的建造物としての五階建庁舎は、昭和九（一九三四）年に竣工され、平成一五（二〇〇三）年に大規模改修されたものである。

ベージュ色でロマネスク様式ともいわれるエキゾティックな建物は、その頂上部の塔屋に「イスラム寺院を思わせる」青緑色のドームを配し、いかにも優雅で気品ある風情を醸し出している。ちなみに、この税関庁舎は横浜市内にある神奈川県庁、横浜開港記念会館とともに、横浜三塔として知られ、県庁の建物がキング、横浜税関がクイーン、開港記念会館がジャックと呼ばれ、古くから市民に親しまれてきた。

私たちが戦前、横浜からロスアンジェルスに発ったのは昭和一一（一九三六）年、帰国して横浜港に着いたのが昭和一四（一九三九）年。したがって私たちは新装なったばかりの税関、つまりクイーンを往復ともに見て、この港を出入りしたことになる。だが入国の手続きは船内、または船が接岸する大桟橋にある客船ターミナルで行なうのが普通であったから、おそらく帰港の折にも、直接に税関の建物内に入ることはなかったであろう。

それにしても横浜港というとなぜか私には、幼児の頃に嗅いだ不思議な匂いの記憶がある。それはハマ独特の生臭い海の匂いというよりも、むしろ横浜税関で嗅いだ独特なものであった。おそらくは、当時の慣行として別送貨物の引き取りに手続きが必要であったため、帰国後しばらくしてから母に連れられて税関に赴き、そこで嗅いだ匂いであったのかもしれない。税関の建物内には船倉から降ろされた荷物が一時保管され、その後手続きを済ませれば各自の住居宛に陸送で届けられる。それらの荷のせいであろうか、不思議なほど税関には郷愁を感じさせるような淡い外国の香りが漂っていた。

受け渡しカウンターに漂うその匂いは、箪笥に収めた和服を取り出す時のあの奥ゆかしい香りとは異質だが、同じように、どこかで嗅いだことのある懐かしい匂いであった。ほんのりとして甘く、嗅覚を包み込むようにふんわりとしたあの匂いは、子どもながらに妙に懐かしい外国の匂いであった。おそらくそれは、ラッピング用紙のせいだと思うが、戦後、外国から配達された小荷物を解《ほど》くたびに決まって漂う匂いでもあった。たとえ荷物がハンカチーフやスカーフであれ、衣類であれ、包装を解いたとたんに薫ってくるあの匂い。あいにく昨今ではラッピング用紙の質が様変わりしたせいか、匂いはもはや遠い記憶となってしまった。こうした匂いの体験は、私だけのものではなく、家族や、幼児期に在外経験を持つ友人もまた共有していたことをのちに知った。あえていえば、それは舶来品の香りであった。

大型船舶の建艦競争

一九三六年初夏、この横浜港から私たち家族は父の赴任のため、太平洋航路をとってアメリカ西海岸のロスアンジェルスへと向かった。横浜港から出帆し、途中、ハワイ、サンフランシスコに寄港する約二〇日間の長旅である。両親と八歳年上の兄、それに手伝いの者に連れられての渡航であった。

旅券に載る写真の私は、まだ一人前でないため和服姿の母の膝に抱かれ、フリルのある洋服を着て白いベビー帽を被っている。だが、同時期に撮ったとみえる別の写真では、私は一人で椅子に腰かけ、右足に白い大きな包帯を巻いている。出発を前に、私が生まれた保土ヶ谷の家を払って文京区にある母方の実家で仮住まいをしていたある日、よちよち歩きの私は鍋からこぼれた味噌汁で火傷を負ったのだという。どのような状況であったのか今となってはわからない。幸いにして大事には至らなかったというが、写真で見る私は、辺りを騒然とさせたであろう事件にはまるで無頓着気にみえ、そのくせぐるぐる巻きの包帯に真っ直ぐ視線を向けて、あたかも包帯がトレードマークであったかのように写っている。

私たちが横浜から乗船した船は日本郵船の「秩父丸」で、一九三〇年に建造され、当時の日本では数少ない本格的客船として北米航路に就航したばかりであった。日本郵船の社史にも載る船で、同史によれば「秩父丸」は総トン数一万七五二六トン（一万七四九八トンとの説もある）。戦後一九八八年に「ふじ丸」が竣工するまで、同社が誇る日本最大の客船であった。

思えば二〇世紀初頭、世界では豪華客船の建造が競われ、客船による航海の全盛期時代に入ろうとしていた。それでも海難史上、二大悲劇といわれたイギリスの豪華客船タイタニック号が処女航海に出た折、北大西洋上で氷山に接し沈没したのが一九一二年。同じくイギリス船籍のルシタニア号が、アイルランド沖でドイツの魚雷に触れて沈んだのが一五年。この相次いで起こった海難事故は、事情が違うとはいえ、ロマンと危険が隣り合わせにある船旅は、港を離れて旅発つ人の胸中に惜別と不安の感を抱かせたに違いない。

そもそも造船業の発達は、一八世紀の産業革命期にジェームズ・ワットなどが発明した蒸気機関を船舶にも適応したことで一躍進み、さらに一九世紀にはその動力を蒸気機関からタービン、やがてはディーゼルへと移行させたことで、大型船舶の建造をも可能としていった。その技術は元祖スコットランドに留まらず、広くアメリカやアイルランドでも改良が重ねられ、ヨーロッパでは一九世紀中頃から輸送船のみならず大型客船の建造が促されていった。不運にして海難事故に遭遇した大型客船タイタニックも、アイルランドのベルファーストにある造船会社ハートランド・アンド・ウルフ造船所で二〇世紀初頭に建造されている。

だが第一次大戦を前にしたヨーロッパでは、こうした豪華客船のみならず、実は大型戦艦をも競い合って建造する風潮が国々の間で次第に熱気を帯びていった。なかでも一九世紀末に起こったイギリスとドイツの建艦競争は年を追って激しくなり、危険な力関係を挑発し合っているかのようであった。すでに一九世紀中頃には「世界の工場」を自負するイギリスの重工業に対し、一八七一年になって国家統一を成したドイツが、ビスマルク宰相やヴィルヘルム二世のもと、「鉄血政策」をスローガンに、富国強兵や重工業化を図ったことの因果であった。

この英独間の建艦競争を追うようにして遅まきながらそれに加わったのが、南北戦争後、第二次産業革命を遂げて重工業時代に入ったアメリカであった。アメリカでは、海軍強化はかなり俄《にわか》づくりであったが、それでも一八九〇年代を通じ、カリブ海諸島を拠点とする巨大な資本投資が進み、加えて太平洋上でもハワイやグアムに対する関心が高揚したため、海外資本の保護や在留国民の護衛を謳って軍事拡張を図った。その上一八九八年には、対スペイン戦争に勝利してプエルトリコやフィリピンを領有し、アメリカは海上防衛論を現実のものとしていったのである。

アメリカではこの時代、拡張主義者として知られ、海軍武官で学者でもあったアルフレッド・T・マハン少将や、当時の海軍次官セオドア・ローズヴェルトが盛んにアメリカ海軍増強の必要性を主張していた。ローズヴェルトはのちに第二八代大統領となるが、在任中には国威を誇示せんと太平洋上に「白艦隊」を派遣・巡航させ、アメリカの海軍力を顕示した。

やがてヨーロッパで第一次大戦が始まると、ドイツ潜水艦の総称となるUボート作戦が展開され、海上戦への緊張感は一段と強まっていった。潜水艦による魚雷設置は、欧州列強が大陸封鎖によりドイツの経済的孤立を図ったのに対し、それを突破する作戦として企てたものであった。ところが魚雷に触れて沈没したイギリスの豪華客船ルシタニア号には、一二八名ものアメリカ人が乗船し、アメリカは中立国が戦火に晒されるのは中立協定違反だとして、強くドイツに抗議する。ドイツはこれに応え一時は魚雷設置を控えるが、やがて経済制裁などを受けて戦局に行き詰まると、一九一七年二月、Uボートの攻撃対象を特定海域に立ち入ったすべての船舶とし、たとえ中立国といえども撃沈する無差別攻撃の布告に踏み切った。

欧州での戦に長いこと中立を保っていたアメリカがついに参戦したのも、この潜水艦無差別攻撃の布告が引き金になったといわれている。いみじくもアメリカの第三〇代大統領ウッドロー・

ウイルソンは、その前年、欧州の戦争には加担しないことを公約として、二期目の選挙に臨み勝利したばかりであった。

アメリカの参戦は、結果としてみれば、わずか一年にして連合国側を勝利に導き、ドイツを敗戦に追い込んで欧州の大戦を終結させた。アメリカは二万人からの軍勢を大陸に派兵し、加えて豊かな物資をもって軍事に臨んだ。長い大戦で疲弊しきったヨーロッパ前線にとってはそれこそが恵みの援軍であり、時あたかも連合国の東の防衛を担っていたロシアが、革命により戦線から離脱し、その穴埋めにあまりある戦力となったのである。

第一次大戦後の船舶事情と日本の大型商船の建造

第一次大戦終焉後のアメリカでは、軍事産業を平和産業に切り替え、民間事業の活発化が期待された。思惑通り、戦後直後の一時的不況期を脱してからのアメリカは、一九二〇年代を通じ未曾有の経済発展を経験する。だがその中で船舶業や繊維業などの業界は、平時産業に移行する恩恵に大きく与《あずか》ることはなかった。船舶の場合、一つには建造が莫大な費用を要したため、民間企業にとっては経済的負担が大き過ぎたことである。その上、陸路では急速に開発の進んだ自動車が、また空路では大戦で実績を残した飛行機が、今や簡便で迅速な輸送機関となりつつあったからである。そのため大戦後の未曾有の好景気にもかかわらず、船舶業は異例なほど景気の凋落をみる。

船舶業が振るわなかった今一つの理由は、壊滅的な大戦の被害を目の前にしたヨーロッパやアメリカで強烈な厭戦ムードが漂い、世界平和に向けての国家間の連携や軍縮の風潮が強まったことも挙げられよう。その象徴ともいえるのが、アメリカの第三一代大統領ワーレン・ハーディングの呼びかけに世界が応え、一九二一年から二二年にワシントンDCで開かれた海軍軍縮会議であった。次いでこの条約を補完すべきロンドン軍縮条約が、一九三一年から三二年にかけて二度開かれている。

これらの軍縮会議では、すでにヴェルサイユ条約で再軍備を禁じられたドイツの軍艦は無論のこと、戦勝国間でも戦艦や空母を中心とする艦数の保有量や排水量が、それぞれ国力に応じたパーセンテージで減じられることとなった。ここにアメリカとイギリスは五、日本が三、イタリアとフランスは一・六七の比率で、国別に軍艦規制が割り充てられた。世界平和を夢みて軍縮ムードに沸き立つなかで、アメリカのヒューズ国務長官は、「この海軍軍縮条約はかつていかなる海戦でも果たし得なかった大規模な戦艦沈没を、わずか数分にして一挙に行なった」といみじくも条約締結への感慨を語っている。

しかし日本はこの比率はきわめて不平等だとし、一九三八年、軍縮を目指したワシントン体制からの離脱を表明する。それは、日本が満州建国を不当だとしたリットン報告に反目して国際連盟を脱退した四年後のことで、日本は国際的に孤立を深めていった。遡って日本は、世界で軍縮ムードが漂う中、関東大震災（一九二三年）の災禍やさらには世界恐慌（一九二九年）の煽りをも受けて、船舶に依存する対外貿易がますます不振を極めていった。この逆境から日本の船舶業がかろうじて立ち直れたのは、一つには三一年の金輸出の再禁止令で円為替の下落が起こり、それにより日本の輸出貿易が増大したことであったといわれている。

この貿易景気に押され、不況期には船舶量が過剰気味であった日本の海運界も徐々に景気を取り戻し、それに呼応するかのように造船業界でも能率化を求めて技術転換を図り、大型商船や貨物船の建造が進むようになった。私たちが乗船した「秩父丸」もまた、こうした商船建造のうねりの中で、日本郵船が長崎の三菱造船に委託し建造した国産最大級の大型船であった。

しかし私たちにとってこの「秩父丸」は、単に日本最大級の客船であるに留まらず、別の理由からも窺い知れぬ因縁があった。それは渡米してから三年後の帰国時に乗船したのは、往路と同じ船でありながら帰路ではその船名が「秩父丸」ではなく「鎌倉丸」に変わっていたことである。しかも改名したばかりとあって、私どもは「鎌倉丸」に初客として乗船した。私どもがこの船にどことなく得も言えぬ因縁を感じたとしても、あながち独りよがりの思い入れではあるまい。

当初、「秩父丸」の船名が変わったのは、畏れ多くも宮家の名前を冠する船が就航するのは不謹慎というのが理由だと聞いた。だが、のちに同船を建造した長崎の三菱造船所で尋ねると、改名には別の事由があったという。

教示された三菱造船の資料によれば、秩父丸は、当初、そのローマ字表記をChichibu Maruと表記していた。それにもかかわらず、「一九三七年の内閣訓令第三号によるローマ字公式表記の変更」で、従来のヘボン式表記Chichibu-Maruは、訓令通り、Titibu-Maruに変更されたとある。つまり、竣工から七年にして、同船は、ローマ字表記の変更を余儀なくされている。

ところが、その後、Titibuの中のTitは、「乳首を意味する英語の俗語に通じる」とされて問題となり、「一九三八年二月にいったんは訓令式に船名表記が変更された後、特例としてヘボン式表記に戻すことが逓信省から認められた」。そこで、再度船名の英語表記が変更されることになった。だが、結局、秩父丸は「最終的に船名変更を余儀なくされた」と資料には記されている。つまり、日本的な英語表記の行き違いから、「秩父丸」という船名そのものが消滅することになったのである。

訓令によりローマ字による船名表記が幾度か変更されたのち、船名そのものが変更されたという経緯は、いかにも、訓令一本で動く日本流儀の宿命であった。造船した三菱重工の社史にも、「秩父丸は一九三九年に鎌倉丸と改名されたが、太平洋戦争中に日本海軍に徴用され、軍用輸送船のほか戦時交換船としても活動し、一九四三年四月にアメリカ海軍潜水艦の攻撃を受けて沈没した」とある。こうして改名を余儀なくされた旧秩父丸は、まるで運命に翻弄されたかのように、軍に徴用され、日本海軍「鎌倉丸」としてアメリカ海軍に襲撃されて沈没させられたのであった。その結末を聞けば、奇しくも往路、復路とも利用した者としては、この数奇な運命に翻弄された客船に馳せる思いは一入《ひとしお》となる。あえて穿った考え方をすれば、海軍軍縮で軍事力を規制された日本にとり、大型商船の建造は条例の隙間をくぐる一つの戦法であったのであろうか。

それにしても、かつての「秩父丸」改め「鎌倉丸」は、二〇日間もの長旅をする大型客船ともなれば、船客の退屈しのぎに様々な催しが船上ではあったのだろう。プール遊びやブリッジの集い、舞踏会にバンド演奏の類《たぐい》は映画にもよく登場する。我が家に残る仮装パーティーの写真にも、「秩父丸」に乗船した両親が恵方漫才師に扮した姿が映っている。だがそれは所詮、大人の世界。残念ながら何の体験も私の記憶には刻まれていない。当然のこととはいえ、子どもはあっさりとベッドに就かされていたのであろうか。

だが八歳年上の兄は、仮装こそはしていないが、船上にある大きな白い浮き輪を前にして仮装した集団の写真の中に納まっている。おそらくは仮装パーティーの翌日であったのだろうか。眩しげに写る九歳の少年のまなざしには、思いなしか、果てしなく広がる大海原にかける大人のロマンがどことなく宿されているかのようであった。

2　記憶で辿る戦前のアメリカ

長い航海を終えた船は、やがて太平洋を無事に渡りロスアンジェルスの港に入った。ハワイ、サンフランシスコに寄港したのちの到着であった。無論、幼児にとってのそれぞれの港での記憶は一切なく、今となっては昔見た映画などから港の賑わいを想像するのみである。だが大人からすれば港は必ずしも綺麗でも清潔でもなく、海面には濁った水や油や生臭い臭気が漂い、桟橋からドックに降り立てば、そこは雑踏や喧噪渦巻く巷《ちまた》であったのかもしれない。

ハワイに寄港した折に母がまず目にしたのは、水中で小銭をせがむ子どもたちであった。海中に投げ入れられたコインを潜っては拾う、その姿がいかにも痛々しかったという。だが同じ光景を奇しくも五〇年後に私も見ている。それはインドの大都市ムンバイ近郊の幹線道路で、長距離を走る車が町に近づき信号待ちするたびに、決まって駆け寄っては駄賃をせがむ子どもたちの姿であった。昔も今も、大都市の入口では、赤貧に泣く子どもたちが遠来の客を待ち受けるのが常なのであろうか。

幼児期の記憶の中のアメリカ

船がアメリカに着いた時に幼児が抱いたような記憶などはおよそ残っていないが、やがてそこで生活するうちに覚えた異国での記憶は少しずつ鮮明となってくる。もっとも私としては、それらの記憶が本当に自分で体験したものなのか、あるいは両親や大人から聞かされた物語であったのか、もしくはアルバムに写る写真から刷り込まれた映像での記憶なのか、当時の記憶の出処についてはあまり確たる自信はない。

それでいながら私の記憶には、例えば海岸線をなぞるように続く砂浜の光景があり、やがてそれが砂丘となったところで、至る所に群生する黄や橙や赤などの野生の花々がある。しかも花の間に群がる下葉のくすんだ緑色までもが脳裏に焼きついている。そうした色彩の記憶はなぜこうも鮮明に残っているのだろうか。

花々はカリフォルニアという土地柄のこと、おそらくは砂漠に咲く野の花《ワイルド・フラワー》であったろう。この海岸線は、ロスアンジェルス近郊にあるロングビーチだったと教えられた。綺麗な光景でありながら、どことなく寂しさを宿すのは、そこが砂丘であったからだろうか。だがたしかに、あの色彩の鮮明さは、これがアメリカだ！　という記憶を強烈に幼児の脳裏に残した。当時の写真はカラーではなく、白黒でしかなかった。とすれば、やっぱりあの色彩の記憶は写真からではなく、実際に自分が見て記憶していたことの証ではあるまいか。ちなみに三〇年後に訪れたこの海岸沿いには、野性の花々に代わって小奇麗に手植えされた色とりどりの花々が咲き揃い、私が記憶するワイルドフラワーよりもはるかに賑わいを見せていた。

実生活の中で、次第に自分の体験が記憶に焼きついていくのは、おそらくは三歳ぐらいの頃からだったろうか。自分が住んでいた家の間取り、裏庭の様子などは今でもよく覚えている。それは、家の案内ならいつでも買って出られるほどであった。私は母と一階の寝室を使っていた。それは主寝室であったから父の寝室でもあったのだろう。同じ一階にあった父の書斎や兄の寝室については、家の中での位置関係はわかるのだが部屋の内部についての詳細な記憶は残っていない。二階には手伝いの者の寝室があった。階段があったのは記憶するが、上に上がった覚えは一度だけあったような、定かではない。

一階の南向きの玄関《エントランス》に繋がるリビングの奥に食堂があり、それは北側の台所にと通じていた。台所の出口から外に出れば芝生に覆われた裏庭があり、そこには当時、日本にはなかったワイヤー式で巻き取り自在の洗濯干し用のロープが張ってあった。

毎朝、食堂では幼児の遅い朝食に付き合う母と私がテーブルに付いていた。そこに八歳年上の兄が通りがかり、ふとカラカイ半分に私に触りでもしたのだろう。私は泣きだし、母が兄を窘《たしな》める。すると兄は憤然として、僕、可愛がってやったのに！　と言い返す。無論、この辺りのやり取りはすべて母から聞かされた話で、私に記憶があるわけではない。だが不思議なことに、私は長方形のテーブルを前にしてハイチェアに座り、そばに母が腰かけている図式にははっきりとした覚えがある。果たして幼児期から今も残る記憶はどれぐらい当てになるのだろうか。しかも残念ながら、私の記憶はいつも断片的で動きがない。

兄は市内のメリノール系の小学校《ミッションスクール》に通っていた。日本に居れば小学四年生であったのに、その歳でどうやって外地の学校に馴染んでいったのだろう。兄に訊くと、最初は言葉の関係で一年次に入れられたが、算数の試験の結果、急遽四年次に進級させられたという。日本からは、ほかに郵船勤務の父親を持つクラスメートがいた。彼と日本語で話す以外は、英語の世界に悩まされたという。

今にして思えば、その頃は帰国子女の走りの時期であった。海外で暮らす日本人は少なく、子どもとはいえ、いきなり異国で同化していくのはさぞ難しかったであろう。それでも兄は、時には学校で覚えてきた言葉を家に帰ってから口にしてみることもあった。

ある時、家族でヨセミテ国立公園に旅した際、山や湖にコダマする声を皆で楽しんでいると、兄は、思わず学校で覚えてきた「キャンプ・ファイアー」という掛け声を得意気に、思いきり叫んでいた。私もすかさず真似して叫んでみる。「キャンプ・ターレー」。「違う！　キャンプ・ターレーじゃないの。『キャンプ・ファイアー』！」と声を響かせる兄。だが、怯みもせず喜々として意気込むのは私。「キャンプ・ターレー！」「違うったら、キャンプ・ファイアー！」。

どこにでもありそうな子どもの世界だが、実は、これまた私自身の記憶にはない。大人が面白がって話す情景を幾度か刷り込まれての追憶である。それにもかかわらず私は、その時に見たヨセミテの山々や透明な湖、巨木の下部が刳《く》り貫かれた大自然のトンネル、その間を車で通り抜けるスリルなどは記憶する。その時、私は四歳であった。もしかすると、これまた写真に写る自分を見ての「記憶づくり」であったのかもしれない。だがその公園でクマが車の窓に近づいてきた一瞬のドラマを、私はしっかりと覚えている。もっともその前後の展開はあいにく何も覚えていない。兄や大人たちは怯えきっていたという。

白亜の館

そうした記憶のあいまいさの中で、近所の子どもと裏庭で遊んでいた情景の一コマや、母の友人の家を訪ねた時に見たその家の佇まい、家族に連れられて観に行った劇場のことなどは覚えている。とはいっても劇場で観たショーの中身については、ほんの一《ひと》シーンを記憶している程度で、むしろ鮮明に覚えているのは劇場内で座席に着く自分の姿であった。人前を通る私はアメリカ人とみれば“Excuse me!”と言い、日本人だと「ゴメンアソバセ」と言った。所詮大人の口真似にすぎない。だがこの小賢《こざか》しい子どもの仕草を見て、大人たちはなぜ相手によって言葉の使い分けができるのかと訝《いぶか》った。私の記憶は相変わらず断片的で連続性がなく、ましてや相手をどう意識していたかなどは全く記憶にない。

劇場といえば、当時、私には大のお気に入りの映画があった。それはハリウッド映画の中でも名作といわれたキャサリーン・ヘップバーン主演の *Four Daughters* であった。戦後ジューン・アリスンがジョー役を演じた『若草物語』の前作でもある。

家に帰ってからも興奮し、私はジョーが演じた役を幾度も真似、庭にあった低い柵の戸をギッタンバッタンと揺らす仕草をして見せたという。映画に連れていってもらったことはぼんやりと覚えている。だがこのジェスチュアについては断片すら記憶にない。たまたま我が家には、当時、名子役であったシャーリー・テンプルのブロマイドがあり、そのブロマイドでは、真っ白い庭木戸に寄り沿うようにしてシャーリーが立っている。いつの間にか私にとってのギッタンバッタンの門漕ぎは、このシャーリーの写真と入れ代わって私の脳裏に収まっている。

当時は『黄金狂時代』（一九二五年）や『モダンタイムス』（一九三六年）などチャップリン映画も人気を集めていた。家庭で上映できる八ミリフィルムも出現し、我が家にはなかったが、帰国後にアメリカ帰りの知人宅で観た記憶がある（家庭用の八ミリフィルムは一九三二年に発売されたが、当初は劇場版の一六ミリフィルムのようには音声が出力されていなかった）。ディズニーの『ミッキーマウス』（一九二八年）や『トム・アンド・ジェリー』（一九四〇年）なども、まだ白黒の画像だったが、子どもにも大人にも十分に楽しめるものであった。

そういえば映画ではないが、童話が吹き込まれた四五インチ盤のレコードを、私は日本に持ち帰っている。それは『赤頭巾ちゃんと狼』で、登場人物が声音を変えて語るリアルな童話であった。たしか三枚一組のレコードで、子ども向けでありながら、絵入りの表紙がついた立派なアルバムだった。これについては持ち帰ったものだからこそ、形として残る記憶となった。

一方で、幼児期のアメリカについての記憶といえば、不思議ともいえる一つの体験があった。

実は私の脳裏には、幼少期以来二、三〇年経ってもずっとアメリカのイメージとして決まって現れる一つの原風景があった。それはギリシャ様式の柱に支えられた白亜の館で、その前になだらかな芝生のスロープが広がっている。その静かで豊かな佇まいは、私にとってはまるで喪失した記憶にも似て、それがいったいどこで見たものか、長いこともどかしい思いで私を悩ませていた。

だが三〇歳を越えての一九七三年夏、アメリカ全土を一人旅した折にロスアンジェルスを訪れ、両親のかつての知己とともにサンマリーノのパサディナにあるハンティントン・ライブラリーを見学した、その時であった。一瞬、私の眼前に予期せぬ景色が忽然として現れた。今もその瞬間をはっきりと覚えている。息呑む思いで見つめれば、それは紛れもなく四歳の時からずっと私の記憶の中に生き続けてきた風景そのものであった。

眼前にあるギリシャ様式の真っ白な柱の一本一本が、その瞬間、まるで古い写真機で焦点を定めた時にも似て、私の脳裏に刻まれていた柱の一本一本と、耳にも聞こえるかのようにカチッと音立てて重なった。今まで朦朧としていた景色が、一瞬にしてぶれることなくただ一点にフォーカスされたのであった。

記憶と現実が重なり合うという体験は、一人の人間にとっておそらくは一生に一度出合うか出合わないかであろう。だが私にとってのそれは、決して両親から訊いた昔話や写真で刷り込まれたイメージではなく、紛れもなくこの地ロスアンジェルスに私が住み、その景色を自分で見たのだという私のアリバイであった。

ハンティントン・ライブラリーは、もともとは鉄道王として知られる豪商ヘンリー・ハンティントンが一九一九年に建造した私邸で、没後、州の図書館として公開されるようになった。館内には彼が生前に集めた厖大なコレクションが収められ、グーテンベルグの聖書や『カンタベリー物語』などの貴重本をはじめ、ゲインズボローやジョシュア・レイノルズといった一八〜一九世紀初頭の英国絵画のコレクションが展示され、名品揃いの美術館でもある。

一方、建物の外に出れば、これまた逸材のデザインで有名な庭園が臨まれ、なかでも日本庭園はその美しさで名を馳せていた。庭園には真っ赤な太鼓橋がかかり、今では使用禁止となっているが、実はその橋のてっぺんから、私は手伝いの者に手を曳かれたまま、ものの見事に滑り落ちてしまった。それは我が家にとっての一大エピソードで、私の記憶にもまるでドラマのように鮮明に残っている。要は、あの白亜の建物と、私が落下した太鼓橋のある庭園での記憶が、私の脳裏の中では完全に分離されていたのであった。

「キッセス」との出合い

アメリカは、幼児であった私にとっては無論初めての海外経験になる。だが両親や兄は、外国に行ったのはその時が初めてではなかった。兄は満州生まれであり、これも父の転勤に伴うものであったが、その後、三人はシンガポールにも行っている。大陸育ちの兄は、もともと悠然たるところがあったそうで、それなりのエピソードにも長けている。シンガポール在住の頃には早々にマレー語を覚え、両親に代わって家主と交渉したという逸話もある。たまたま一言二言発しての言葉が家主に通じただけのことかもしれない。その時にはまだ生まれていなかった私には知る由もない。

兄は二年ほどアメリカに滞在したが、のちのちの進学のこともあって単身帰国した。一一歳の時であった。わずか二年間の滞在ではあったが、私よりも年のいっていた兄にはやはりアメリカは強烈な印象を残したに違いない。一つには当時のアメリカ社会と日本社会とでは、生活面からしてあまりにも大きな隔たりがあったからだ。それは、戦前ならばこそなおさらであった。

例えば子どもにとって強烈な印象となる味覚にしても、毎朝食卓に上る牛乳の濃度からして日米間では大きな差があった。ミルクは注文すれば各家庭に配達され、大きなアルミ缶の容器は縊《くび》れて二段階に分かれ、上の方には生クリームが、そして本体となる下の部分にミルクが入っていた。生クリームは当然のこと、ミルクだけでも十分に濃厚であった。いわずもがな乳製品の菓子ともなると、当時日本にはなかったアメリカ独特のものがあり、その最たるものがチョコレートであった。それは美味しく安価で庶民的なものであったが、日本ではまだ子どものおやつはおろか高級品としてもあまり出回ってはいなかった。

そういえば当時、アメリカではオチョボ口《ぐち》の格好をしていることから、キッセスと名付けられてハーシー社から盛んに売り出されていたチョコレートがあった。それは、一八九四年に開発され、ミルクをふんだんに入れての新製品であったが、一八七六年に創業という歴史あるハーシー社にとっても、以来爆発的人気を呼ぶブランドとなった。小さなチョコ一つ一つが銀紙に包まれ、子どもにとっては見ても食べても嬉しい一口菓子であった。今では日本でも簡単に手に入るキスチョコのことなのだが、当時の日本では見かけることさえなく、しかも我が家にとってのキッセスは、ちょっとしたエピソードめいたものでもあった。

それは帰国後一年ほど大阪の親戚の家に止宿《ししゅく》していた兄を、私どもが帰国するや否や母が引き取り、近隣の小学校に転校させた時のことであった。元はといえば帰国子女で、その上、学年半ばで大阪から藤沢にと再度転校する兄の立場を気遣い、母は精一杯の思いで「クラスの皆さんに」と、大きな袋入りのキッセスをいくつか担任の先生に手渡した。それを許容する教育環境も、当時ならではの緩やかな時代であったのだろう。担任の先生は母の意をそのまま汲み、同級生となる生徒の皆にキッセスを配った。先生も子どもたちに分ける方法を案じたのだろうが、同クラスの学童一人一人に公平に二粒ずつを分配したという。

その後、すっかりおじさんになった兄の同級生たちに会うと、彼らは決まって口々《くちぐち》に「忘れられない二粒のチョコレート」の話をしてくれた。彼らもまた、異国の味覚を初めて口にした思いを鮮明に覚えていたのである。そして、それが二粒であったことをも印象深そうに語った。いや、それが二粒であったからこそ覚えていたのかも知れない。あるいは、銀紙に包まれたオチョボ型の可愛らしいチョコに本当に魅了されたのかも知れない。理由はわからないが、「外国帰りの同級生のお母さん」からお土産としてもらったのだということを当時の兄の友人たちはいとも懐かしく、感銘深く覚えていた。それは妹の私にとってさえ感深いことであった。

その謂われ多いキッセスに、私は帰国後二年くらいしてから母と訪ねた家で遭遇する。その家は父の友人で父と同じようにまだ外地に在った人の留守宅であった。玄関口で挨拶している私たちに小さなお皿に盛ってお愛想にと出されたのは、すでに我が家にはもうない、あのキッセスであった。早や戦時下にあった日本では、普通の菓子すらも次第に手に入らなくなっていた。「お嬢様に」と勧められて母が、たった一粒を後ろに立つ私に手渡した。私はそれを口にしても当然のこと、皿にはまだ山盛りにあるキッセスに尽きない未練があった。

「もう一つ」と、こっそり母の服を後ろから引いては何度か催促した。行儀悪い娘のシグナルに、母は一瞬振り向き「メッ!」と恐ろしい形相で諌めては、素知らぬ顔で相手の「奥さま」と「よそゆき」の顔で話を続けている。無論、娘の気持ちをわかりすぎるほどに噛みしめてのことであったろう。だがそれ以来何年もの間、私がキッセスを口にすることはなかった。まことに恨めしき体験であった。

アメリカで馴染んだ「文化製品」

キッセスへの思いは尽きないが、一方で、アメリカ時代に使っていてそのまま日本に持ち帰った家具や用具を見ると、それがいかにもアメリカ的で、日本の家庭にはあまりないものだと違いを感じることもあった。例えば、ハンバーグなどを調理する時、アメリカの家庭では牛肉を挽く鋳物の挽肉器がごく一般的に使われていた。それは当時の日本にもあったが、どこの家庭にもあるものではなく、そもそもハンバーグそのものが日本では馴染み薄い食文化であった。

同じように台所用品の中には、自分の家で焼くためのビスケットの型抜きがあった。丸型や菱形の型抜きは日本にもあったが、我が家のものはちょっと凝っていて、菱形やハート型に交じってなぜか子馬の形をした型抜きがあった。おそらく子どもが喜びそうな様々な動物の形をした型抜きが、アメリカのデパートやテンセント・ストアに安い値段で並んでいたのであろう。

子ども用の玩具《おもちゃ》にしても、アメリカでは大人の世界をミニチュア化した飯事《ままごと》道具が沢山あった。帰国して学校に通い始めたばかりの頃、まだ日本にはなかったアメリカ製の玩具《おもちゃ》や飯事《ままごと》道具に惹かれ、友達が珍しがってよく家に遊びにきた。サイズは小さくとも本物そっくりの冷蔵庫やミニチュアのキッチン用品、あるいはミルクを飲ませたりお風呂に入れたりして、赤ちゃんごっこができるゴム人形があった。そうかと思えば、手を引いて一緒に歩けるような等身大人形と、さらにその人形をすっぽり乗せられる人形用の乳母車など、アメリカ帰りの子どもならではの玩具《おもちゃ》があったからである。ゴム人形も含め、それらの人形は皆、クルッとした愛くるしい目玉を閉じたり開いたりして、まるで進化したロボットのようにリアル感のある表情を見せていた。

だが一方で、私は日本の旅館でよく出るような丸い茶器入れの中に、本物そっくりの小型の茶碗や茶托、急須、湯零《こぼ》しまでもがぎっしりと詰まったミニチュアの茶器セットをも持っている。それは木製で磨き上げたこげ茶色の工芸品であったが、形や塗りに手抜きはない。こうした日常品を模したミニチュアの玩具《おもちゃ》が日本にも古くからあったことを考えると、玩具《おもちゃ》はどこの国でも、習慣からくる違いこそあれ、現実を模したものが盛んに造られていたのかもしれない。ただ日本のミニチュアは、子どもの玩具《おもちゃ》というよりも芸術品といった感があり、むしろ大人の目をも楽しませる細工ものであった。

母が昔、その父つまり私の祖父からもらったという縦長の小箱は、幅七センチ、奥行き二八センチ、深さ八センチの一見何の変哲も凹凸もない扁平なただの箱であった。だが、その箱には至るところに嵌《は》め込みの引き出しが隠されていて、まるでパズルのようでもあり、謎解きの手品のように見えるのだった。小箱は茶色の塗りとシンプルな木目が美しく、子どもの玩具《おもちゃ》というよりも、まさに大人のコレクションの一品であった。

こういったコレクションめいた玩具《おもちゃ》の中には、高価な絡繰《からく》り人形もあり、細工は芸術の域に達している。無論日本にも、子どもの玩具《おもちゃ》として、着物を着た日本人形や洋服を着た西洋人形、それに地方名産のこけしや三春駒、あるいはグリコのおまけについていたようなプラスティック人形や裸のキューピー人形など、玩具《おもちゃ》は種々あった。しかし、手軽に子どもに買って与えられ、それでいて日常感覚のあるリアルな生活用品を模した玩具《おもちゃ》製品は少なかった。

玩具《おもちゃ》の話は別として、日本に持ち帰った一般家庭用品に、当時は日本の一般家庭では使用されていなかったベッド用の敷布や大型毛布・ベッドカバーのほか、ゴルフバッグやゴルフクラブなどがあった。寝具など布製品についてはそれなりに利用度があったが、緋色の分厚く硬い革製品のゴルフバッグは、戦後、履く靴がなかったため、近所の靴屋の手で母と私の革靴に変身した。綺麗な色の靴だったが、なんだか妙に大足で重く、頑丈であり、立派とはいえ子どもにとっては気恥ずかしさがこみ上げることが多かった。

アイスボックスと車社会

アメリカから持ち帰った家庭用品の中でも、我が家で最も存在感があったのはなんといっても真っ白な冷蔵庫であったろう。当時日本には木製の小型冷蔵庫があったが、それは電気で冷やすのではなく、氷屋で買ってきた氷で冷やしていた。

そういえば当時は街中に、魚屋や八百屋や豆腐屋などと軒を連ねて氷屋があった。そこには冬場、湧き水を凍らせて作られた氷が運び込まれ、店ではその大きなブロックの氷をさらに一貫目や半分ぐらいに小分けして、家庭用に販売していた。人々はそれを家に持ち帰り、冷蔵庫の上段に入れて食材を保冷した。それに対し、我が家にあった冷蔵庫は長けも高く、電気を通せば食材が冷え、その上、製氷機能もあって細かく仕切った氷皿を製氷室におけば、飲み水に浮かすような氷も作れたのであった。一九三七年、アメリカのゼネラル・エレクトロニック（GE）社が売り出した家電製品であった。

「いいなあ、お前ん家《ち》は、自分ん家《ち》で氷が作れて！」と兄は友人に羨ましがられた。もっとも当時の冷蔵庫は、アメリカ製といえども現在のように冷凍庫がついていたわけではなく、今様の冷凍冷蔵庫よりもはるかに小ぶりであった。ちなみに、アメリカではこの古いタイプの冷蔵庫をアイスボックスと呼び、今様の冷凍冷蔵庫をリフリジレーターと呼んでいる。

一九三〇年代のアメリカでは、すでに電気掃除機も販売されており、なかでも一九二六年に発売されたフーバー社製の掃除機は、毛足の長いカーペットの掃除もできるという謳い文句で、セールスマンが家庭を回って販売するので有名であった。だが、それを我が家で使用していた記憶はない。絨毯をこすって掃除ができる長い柄付きの手動掃除機がまだ一般家庭では主流であって、家でもそれを使っていたという。

しかし、当時アメリカの主婦にとって憧れの生活用品であったシンガー・ミシンは、我が家でもデスクタイプの足踏み式がアメリカから持ち帰られた。ミシンの他、家にはコーヒーを沸かす時に使うコーヒーメーカーとニクロム線入り卓上電気ヒーターがあった。あいにくこのヒーターは、戦時中に食塩を取ろうとした父のアイディアで海岸から汲んできた塩水を沸騰させたところ、吹きこぼれた塩水でニクロム線を焦がし、ものの見事に壊れてしまった。

さて、持ち帰りはしなかったが、アメリカ滞在中に我が家にもあったと明確に記憶するものの一つに、当時アメリカの庶民生活では日常品と化していた乗用車があった。アメリカで車が市場に出始めたのは一九一五年以降で、一般家庭への普及は二〇年代に入ってからのことであった。

有名なフォード社の元祖T型モデルは、頑丈ではあったが一度持てば買い替え不要で、消費面からみればおよそ発展性がなかった。そこでゼネラルモーターズ社は二、三年ごとにモデルチェンジをしてはファッション性をも高め、盛んに消費欲を煽って売り出した。それがシボレー車であった。高額な買い物に対して初めて月賦販売が導入されたのもこの時期で、それが庶民の間でも車の購買欲を一層掻き立てるものになったのである。

一九二〇年代のアメリカ消費社会を描いた小説にも、庶民の朝は各家のガレージでセルモーターを回す回転音から一日が始まると描写されている。三〇年代半ばの我が家でも、父の車のエンジンがなかなかかからなかったとか、坂道を転げるように走りだした車を止めるのに四苦八苦したとか、それはもうヒヤヒヤものであったとよく聞かされた。自動車が大衆化してきた時代のアメリカならではの話で、戦前の日本の一般家庭では到底考えられない庶民の日常生活であったろう。

そういえば、一九二〇年代の車社会がアメリカに残した生活文化の一つに、郊外の野外駐車場に設えたドライブインシアターがあった。それは当時追い風ムードで発展した映画産業が車社会にも進出したものだが、このドライブインシアターは、大きな野外スクリーンを観ながら車内でドリンクやスナックが楽しめるよう、シアターの入口でチケットとともに、それらの食物がドライブインスルーで買える仕組みになっていた。

車内という個人個人が持てる空間で、しかも好きなようにアトラクションや飲食が楽しめるという、新しい消費社会の象徴であった。つまり、戸外という解放感と同時に個室という空間があることで、自由と個という矛盾するような要素を巧みに取り入れ、いかにもアメリカにあってぴったりとする環境であったのかもしれない。

無論、私たちも一度はこれを経験したいと家族で連れだって一夜、戸外でのアトラクションを楽しんだ。幼児の私は、観た映画などは全く覚えていないが、飲み物やハンバーガーをドライブスルーの窓から受け取った時の興奮ぶりはつぶさに覚えている。

私たちの滞在した当時のアメリカは、ちょうど一九二九年の大恐慌から多少なりとも立ち直り始めた時期で、決して豊かな時代ではなかった。時あたかもニューディール期の二期目を迎え、不況回復のための公共事業が手掛けられていた時代であった。ハイウェイを通るたびに、「これはローズヴェルト（第三二代大統領フランクリン・D・ローズヴェルト）が造った道だ」と両親は同乗のアメリカ人から聞かされたという。だがその不況期でも、恐慌に先立つ時代が生んだ近代化と消費化は確実に継承されていた。生活面でも多くの家電製品が開発され、のちの生活に繋がる近代化が始まった時代でもあった。それなりに、日本にはない、ものの豊かさがアメリカにはあったのであろう。それが子どもの記憶にも残るアメリカの一面であった。

当時のアメリカでの私どもの生活は決して豪勢でも、豊満でも、煌《きら》びやかなものでもなかった。アメリカ人の家庭からみても、ごく一般的な庶民生活であったろう。だがそれでいてのちの日本での生活に比べれば、対照的なほどに豊かで便利であった。

日本にはなかった水洗手洗い

こうして幼児期を近代化が進むアメリカで育った私の場合、帰国後、日本式の住居環境にすぐ馴染めるかどうかが母にとっては大問題であった。そもそも私は物心ついてからは日本での生活をほとんど体験していなかった。帰国が迫った頃、母は家にあったすき焼き用のテーブルを持ち出し、真ん中にコンロがはまるように丸く刳り抜かれているものを私に見せた。その穴を示し、日本の手洗い所にある便器とはこういうものだと母は説明した。

発想としてはなんとももののすごい思いつきだが、アメリカで水洗式の洋式手洗いしか知らない幼児にとって、想像もつかない和式の手洗いを説明するにはそれしか恰好な材料はなかったのであろう。というのも当時の日本では、現在ならば各家庭に普及している洋式の腰かけ型便器や水洗式は一切なく、和式便器に深い穴の落とし口がついている旧式の手洗いが普通であったからである。

その日本からみれば、当時のアメリカの水洗式手洗いは衛生面からしてもいかにも進んでいたように思える。だが、実は欧米でもこの水洗式手洗いはそう古くから定着していたわけではなかった。そもそも水洗式手洗いの設置は下水道の整備があってのことで、アメリカやイギリスで活水汚泥法が実用化したのは一九一二年から一五年にかけてのことであった。それにより現在ある水洗式手洗いが一般家庭にも普及し始めた。ちなみにアメリカの戸建ての一般家庭で水洗式手洗いが普及し終えたのは一九一九年だったとの記録がある。地域差はあっても都市部で水洗手洗いが普及するのはおよそ二〇年代前後のことであった。

その歴史的経緯からすれば、アメリカで水洗式手洗いが定着した時期は、私たちが滞在していた一九三〇年代よりさほど前のことではない。だが、日常生活では便利さを伴う慣習はあっという間に定着する。そのため三〇年代のアメリカでは、少なくとも都市部ならば、水洗式手洗いはとうの昔に一般化して、もはや当たり前のものだという感覚であった。

その点では、たしかに日本における水洗式手洗いの普及はかなり遅れており、戦後一九五八年になって初めて近代的な下水道法（法律第七九号）が制定された。工事の認可を受けた都市部を中心に、六〇年代前半になってやっと一般家庭用の水洗式手洗いの工事が着工されたのである。

私の住む藤沢市では一九五八年の下水道条令を受け、六二年になって南部下水処理場の建設が着手された。それは六四年に東京オリンピックが開かれる直前のことで、市の記録には江の島がヨット競技場となるため、江の島下水処理系統の共用が開始されたと記されている。

一方、藤沢市の一般家庭に向けての下水処理がなされたのは一九六六年であった。下水道の工事は、道路が大々的に掘り返されるなど生活面でも大きな影響があったので、大がかりな工事がいつまでも続いていた記憶が、今も鮮明に残っている。このような下水道に関する歴史からみても、当時の日米間の文化の物理的隔たりはあまりにも大きいものであったことは歴然としていた。

別れの日

こうした水洗手洗いや数多くの物資面での近代化が日米間では激しい落差を生んでいた時代に、三年余をアメリカで過ごした私は、一九三九年九月にいよいよ日本に帰国する。すでに述べた通り、兄は進学の関係でこれに先立ち一人帰国していた。兄の出立の朝、家族とともに庭で写した写真がある。そこには、旅立つ兄とやつれ顔の母の面影を、いかにも不安げに見遣る幼児の自分が写っている。だがそれから数日して兄が出立した当日には、兄に訊けば私も皆と一緒に兄を見送ったというのだが、兄の船が出帆する別れの瞬間を私は何一つ覚えていない。

一方、私自身がロスアンジェルスを離れる日は、単身アメリカに残る父に見送られ、母と手伝いの者の三人で帰路に就いた。一枚のキャビネ大の写真には、船上での別れを前にデッキにある円筒状の白い繋船柱の上に父に支えられて立つ私が納まっている。日差しが眩しいのか妙にしかめ面をし、白いドレスのスカート部分が少々前で吊り上がっていた。

その頃、ヨーロッパではすでに第二次大戦が勃発し、父は妻子を日本に帰して単身アメリカに留まった。思えばその時の父の方が、私たちよりももっと寂しかったに違いない。ドラが鳴り汽笛が鳴った。船上のデッキから波止場で見送る人々に投げるテープが飛び交っている。私もそのテープの端を持っていた記憶がなぜかある。だが私は、どのようにして父に別れを告げたのか、微塵も覚えていない。泣き虫の私は果たして涙して父を困らせたのだろうか。

父は私たちの帰国後しばらくしてからケープタウンに転任し、そのあと間もなくして上海転勤となった。当時、すでに帰国していた私は初等科（小学校）の二年生。父は上海への赴任を前に一時帰国して短期間だけを家族とともに過ごしたが、ある朝早く赴任地へ発った。父は、眠っていた私を起こすなと言い、黙って出立した。別れを告げ損ねた私は、父の出発をなぜ知らせてくれなかったかと、大げさと思えるほど泣いた。だがロスアンジェルスでの父との決別は、その頃よりも年齢が幼かったとはいえ、船上のデッキにすっくと立つ真っ白な円筒や、その白さを浮かび上がらせるような強烈な日差しに蹴落とされたかのように、不思議に別れの記憶は空白となっている。

私たちはロスアンジェルスを出航してから、サンフランシスコで一時下船し、ここで両親の友人夫妻と合流した。夫はスイス人、妻はフランス人で、思えば第一次大戦後アメリカに帰化したヨーロッパ系移民のアメリカ人であった。滞米中、両親にとっては彼らが最も親しい友人だったが、夫妻はその年サンフランシスコで開かれていた万国博覧会を観がてらシスコで私たちと合流し、帰国する私たちをぜひとも見送りたいと希望した。

サンフランシスコで下船した私たちは無事彼らと落ち合い、一緒に博覧会を見て回る。会場内での私は、華やかに飾られた出展物の間を通り抜け、賑わう会場の雰囲気にすっかり呑み込まれてしまっていた。子どもながらに私はその自分を覚えている。やがて夜になって船に戻り、船は一泊停泊してから翌日、出航する。だが私は目いっぱい可愛がられたはずのこのアメリカ人夫妻に、博覧会場でどういう別れ方をしたのか、何一つ覚えていない。

出帆のドラが鳴り、船上から投げられたテープの端を渡され、それを懸命に手中に握っていた私。だが博覧会で会った翌日、最後にわざわざ船内まで赴いて別れを交わし、やがて岸壁で見送ってくれたはずの夫婦が、この最後の別れに際してどんな表情をしていたのか、私には全く覚えがない。もしかすると幼児の潜在意識のどこかに、別れのシーンを嫌うところがあり、思えば兄の時も、父の時も、またこのアメリカ人夫妻の時も、私の中に別れの記憶を留めさせていないのだろうか。

サンフランシスコを離れた船はやがて大海原に出て、間もなくして大層なシケに遭遇した。ものすごい揺れに私はひどく船酔いし、気分が悪くなってほとんど食欲を失っていた。何も口に入れない私の体調を案じ、パーサーがアイスクリームを部屋まで届けさせた。昔から食い意地が張っていたのか、このことになると、私には妙に鮮烈な記憶が甦ってくる。アイスクリームを届けてくれたボーイの名前は井上さん。優しくアイスクリームを勧める彼に、私は一口味わうなり要《い》らないと言った。本当に美味しくなかったのだ。船酔いのせいもあったが、アメリカで口にしていた大好きなアイスクリームとは、たしかに別味だったのだ。おそらくは長いこと毎日馴染んでいた味とのギャップがあったのだろうか。

思えば当時の日本郵船の食堂では多くの食品を帝国ホテルが搬入していたので、もしかするとそのアイスクリームも、あのねっとりとした懐かしい帝国ホテル独特の味であったのだろうか。それとも、復路の船では現地アメリカで調達した材料を日本流に調理したものであったのか、この辺りの工程は定かではない。いずれにせよ、この出来事で優しいボーイをがっかりさせた我儘娘は、やがて二、三日もするとシケが遠のいたこともあってかケロリと元気になり、昼間には母に連れられてデッキに出られるようになった。

デッキの上では、涼しげなパラソルのもとで、幾人かの西洋人の女性たちが静かにレース編みをしていた。今思えば、ハリウッド映画のシーンにも出てきそうな風景だが、私は人懐っこくその人たちのそばに寄ってはレース編みを眺めたり、時間を持て余すデッキ客から愛想をかけられたりして、上機嫌であった。迫りくる大戦の暗雲も感じさせなかったのは、私があまりにも幼かったからであろうか。長閑《のどか》な洋上の気配が私の脳裏に残っている。

二〇日間もの船旅というのに、遊び相手のない子どもには船上の経験は無にも等しく、このレース編みの見物と、つらい船酔いのほかはあまり覚えていない。あるいは、記憶に留めるほどの事件もなく、船出の時を除けば穏やかな航海に終始したのかもしれない。

船にいる時ほど楽な時間はない、と母はよく言った。その母も、子連れで伴侶のいない船旅では、それほど社交に馴染む機会もなかったに違いない。船の階段をチョコチョコと歩く私が、ステップを踏み外してあわや転落するかとみた瞬間、私を階段の下で見事に腕《かいな》の中にキャッチしたというのが母の武勇伝であった。手伝いの者もいたのに、大方の時間を母は私と船内で過ごすことが多かったらしい。

やがて船はホノルルに一時停泊した後、ターミナル港の横浜に向かい、いよいよ下船の時が迫ってきた。私は小さなチョコレート色のハンドバッグを手に、母に連れられて船内のアイルを抜け、出口へと向かう。乗客の手にさして重い荷物はなく、映画のシーンなどで見れば下船間近の慌ただしさが漂う船内では、長い船旅に備えて持ち込まれた大型のスーツケースなどは別途船倉から運び出される態勢にあったのかもしれない。

横浜港に着いた乗客は三々五々船のタラップを降り、大桟橋の客船ターミナルを抜けて戸外に出る。港街は下船する人、それを出迎える人々で賑わい、その中をいつもどことなく憂愁が漂い、船旅独特の風情がある。だが不思議なことに、下船してからの自分の動向、例えば誰に迎えられたかなどについては、私の記憶が追いついていない。子どもといっても少しは大きくなっていたのに、相変わらず幼少の頃の記憶にはムラがあった。

思えば、幼くして外国に行くということは、故国とは異なった風景に馴染み、異なった体形の人に接し、異なった音の言葉を聞き、異なった匂いを嗅ぎ、異なった環境に身を置くということであった。五感には残るが形状のない記憶は、幼児がそれなりに体得した異国の文化なのかもしれない。無論子どもにとって、外国に行くことで国境を越えるのだという認識はない。故国に戻ればいつしか過去のことは忘れてしまう。はかない記憶とのせめぎあいの中で、子どもはまた新しい環境や体験を手にしていく。

だが、幼児期に少しでも異質の環境に身を置いたという体験は、しばしの間とはいえ、異国の地にあったことでその前後の記憶が切り離される。その記憶が外地での体験なのか、それとも帰国後の体験なのかを背景となる環境の違いによって識別し、その時々の体験を記憶していくのであった。

3 光と影の戦間期――水面下で燻る移民問題と忍び寄る大戦――二〇年代から三〇年代

戦間期のアメリカ

私たち家族がアメリカで過ごした一九三六年から三九年はいわゆる戦間期の最終期にあった。戦間期とは、第一次大戦終結から第二次大戦勃発までのほぼ二〇年間をいう。その期間は一九二九年の世界恐慌で二分され、前半の未曾有の景気に沸く楽観ムードと、後半の不況に喘ぎ戦争の危機に怯えた恐怖との対照的な二つの時代区分を持つ。とはいえ総じてこの二〇年間には、すでに見た通り、子どもの目から見ても日本の当時の生活環境からは桁外れの物質的進歩と利便性がもたらす豊かさがあった。

かねてからこの時代は、得てして特異でドラマチックな時代として捉えられがちであった。それは近代化と都市化が急速に進むなかで、従来、アメリカを支えてきた農村文化の価値観や伝統が大きく揺らぎ、それに戸惑う人々の目に、この時代がアメリカにとってアブノーマルなものだと映ったからである。だが時代は「転換期」にあり、その中で、古いものと新しいものとを融合させながら、変わるべくして変わる要素を次の時代にと繋いでいった。その意味でこの時代は、決して前後の時代から切り離された異質なものではなかった。

たしかに前半の一九二〇年代には、人々が好景気に煽られて物質的豊かさに浮かれ、都会を中心に派手な生活やファッションが横行した。厳しい道徳的規範を制して解放的な生活感が生まれ、現代性と機能化を求めて生活環境に様々な社会変革が促された。

電化が進んで生活が簡便化され、時間にゆとりのできた女性たちの中には、家事から解放されて職を求める人も増え、従来の「女性は家庭に」という社会通念を揺るがせた。社会に出た女性たちは機能性を求め、長い裾と腰に膨らみのある動きにくい旧態の服ではなく、より活動的なスカートやスーツを好んで着るようになった。かつて優雅とされたロングヘアもカットされてショートとなり、商業的なファッション・ブックも機能性を強調して、それらの変化を助長させた。

なかには当時流行し始めた映画に触発され、目を惹くような服を纏ってタバコやキセルをくゆらせ、車のハンドルを握ってモダンライフを楽しむかのような女性も現れた。当時は放埒とも見えたことから、時に彼女らはフラッパーと呼ばれたが、彼女らはそれを意にも介せず、モダニズムを盾に今こそ青春を謳歌するのだと息巻いた。一方で、性差別を不当なものとして長年運動を重ねてきた成果もあって普通選挙制度が導入され、女性たちは選挙権を獲得した。

進歩性とは逆に、この時代には禁酒法が制定され、禁欲的な社会が標榜された。しかしその裏で暗躍する非合法のギャング組織も活発化し、酒の密造や密輸・密買が横行したほか、それをめぐる犯罪も顕著となり、社会の治安が乱されると憂慮された。その中で飲酒癖もギャングの犯罪の温床もすべては腐敗した都市にあると糾弾する声は、農村部の保守層や、それを支持基盤とする政党政治に多くみられたのもその時代の特徴的な現象であった。

おりしもこの時代は、かつては圧倒的多数であった農村人口を今や都市人口が凌駕するかのように両者は拮抗し、建国以来アメリカ社会を支えてきた伝統的な農村型秩序や道徳観を揺るがせていた。その中で、モダンで刺激的・開放的な社会観は古さを貴《たっと》ぶ人々の眉をひそめさせ、彼らの顰蹙《ひんしゅく》を買ったに違いない。彼らはこの時代を、狂気に満ちてアスピリンでも飲まなければいられない時代だとし、それを「アスピリン・エイジ」と呼んだ。

一方で彼らは、抜きん出て財を成し、華麗な人生を歩んだ小説の主人公ギャッツビーを侮蔑しながらも羨み、泡沫のように消えたその人生を哀れんだ。結局、すべてはうたかたの夢で現実ではなかったのだと、やがて人々はバブルが弾けた時、多少なりともそれに乗ったことを自嘲し、所詮は根のない幸福だったと悟っていく。

だがこの時代に作り出された豊かさや、利便さや近代化は、本当にうたかたの夢であったのかといえば、決してそうではなかった。その時代に発明され、便利だとして生活に取り込まれていった多くの機器や器具は、たとえバブルがはじけても重宝され、果ては後の時代にも受け継がれてさらなる進化を生んだ。つまり戦間期に起こった近代化は単に一時的な現象ではなく、多くは後世に継承され繋がっていく。だからこそ、その時期アメリカに住んだ私たちも、当時発明・商品化された便利な家庭用品を買い、日本に持ち帰って生活周辺を利便性あるものにしたのであった。

機能的な服装やショートヘアも、やがてモード雑誌に載るうちに日常化され、当たり前のように人々に着用されるようになった。現に、渡航時の旅券写真に写る母は和服であったが、その後のロスアンジェルス時代の写真では、当世流のドレス姿で帽子をかぶっている。手袋と帽子は外出時のドレスコードであり、つばの広い帽子は日差しを覆う昼中の戸外用。だから夜はかぶってはならないと当時なりの常識を母から教わった。

今でも覚えている母のアフタヌーンドレスの一つに、薄紫色の単色で、半袖、V字ネック、襟元から肩にかけて縦に寄せたピンタック、ウエストを絞ったミディロングのアフタヌーンドレスがあった。母は帰国してからも和服ではなく、アメリカから持ち帰ったスーツを好んで着て出かけることが多かった。スーツは地味なグレーで落ち着いた装いに見えるものだった。学校参観の日、ほとんどの母親がまだ和装であったなかで母はスーツで現れ、同級生からは「お洋服のママ」と呼ばれた。こうして母が身につけた洋服は戦間期の流れを汲むものであったことを考えると、それら戦間期に流行った服は時代のファッション性を維持しながらも、のちに見ても決して突飛なものではなかった。だがそれが戦間期初期となる二〇世紀初めには、農村でもミレーの絵画にあるような長いスカートが伝統的ファッションであり、タイトスカートのスーツや、足の踝《くるぶし》を見せたミディ丈のアフタヌーンドレスは、常識を逸脱したイメージに映ったのであろう。

戦間期初期にはこうして目に見えるファッションはもとより、コカコーラや簡易フードのハンバーガーなど、アメリカが世界の耳目を集めることが多かった。その結果、豊かな消費物資や豊富な雇用の機会に惹かれ、多くの移民がアメリカを目指し渡来した。こうした移住者の増加を抑制しようと、戦間期には、移民制度の法改正すら求められていく。

豊かなアメリカに渡った移民たち

実際、南北戦争以後の発展期、とりわけ一九世紀末から二〇世紀初頭にかけてアメリカに流入した移民は、今までの移住者の数を圧倒的に凌駕し、しかも数だけではなくその出身地にも異なりを見せるようになった。それは従来、移民の主流であったイングランド・スコットランドや北欧諸国に伍して、南欧や東欧など当時の経済的後進諸国からの移住者が急増したのであった。それにより貧困者の増加といった社会問題に加え、多様な文化、様々な言語の到来をも招くことになった。そのため、基本的には英語圏であったはずのアメリカに多様な言語が持ち込まれ、アングロサクソン英語自体も訛《なまり》のある言語となって移民や若者の間で使われるようになった。

この文化的背景の異なる移民たちを受け入れたアメリカについて、当時、面白い流行り歌があったと、大学院時代に友人から聞かされ、文献にも当たってみた。するとそれは一九二三年にアメリカ東部を中心に爆発的に流行したコミカルな流行り歌で *Yes, We Have no Bananas, Today* というものであった。表題からしても分かるように、歌は文法を度外視した間違いだらけのブロークン英語で歌われたのだが、それは世相を反映し、一世を風靡した。(Mark Sullivan, *Our*

Times, 1900~1925, Charles Scribner, 1936, 6 vols)

この歌は元はといえば規律やかましい陸軍の食堂での会話に端を発したとの説がある。見るからに厳《いか》つい将校が食堂の給仕に、“Do I understand there is no desert today?” と声をかけた。つまり「今日はデザートは出ないのだね」というところを「今日はデザートはないと了解していいのだね」と遠まわしに、しかも高飛車に言うセリフから事は始まった。

緊張した外国出のボーイは思わず、“Yes.” と答える。すると、“Yes, what?” と将校は聞き返す。ボーイはますます緊張し、“Yes, we have no bananas today.” と答えたという、ただそれだけのたわいもない話で、日本語にすればほとんど違和感すらないが、これが英語になると、なぜか課題を生む。

まず、当時の規律正しい、しかも上下関係の厳しい社会であれば、Yes とだけ当否を答えるのは無礼極まりない話で、将校はボーイに Yes のあとには Sir を付け加えることを促して “Yes, what?” と聞く。だが外国訛のボーイは、Yes だけでは不十分で、むしろデザートの内容を問われていると思い、“Yes, we have no bananas today.” と答える。怒られたあまり、慌てて答えようとし、かえって英語の誤謬を冒し傷口を広げてしまう。

つまり最初に将校が “Do I understand....?” と訊いたことに対しては、その後に敬称を付ける付けないかは別としても、さしずめ、「そうです。仰せの通りです」という意味では、Yes が正解のように聞こえよう。ところが英語では、主文の中で no banana と否定的に言うときには、その前のYes, Noも主文に合わせなければならない。しかも"no banana"は単数形で複数形の"s"はつかない。「今日はバナナはありません」と答えるには"No, Sir, we (you) have no banana, today".となる。つまりここでは、"Yes"と言っているのに、no bananaと言っていることの矛盾が滑稽な話となる。日本人が英文法の基礎で再三教わっても、実際に英語で聞かれると思わず引っ掛かりやすい間違いで、身近な話でもある。だがここでさらにおかしいのは、desertと聞いたボーイが反射的にデザートをバナナに置き換えて答えたことである。

この歌のエピソードについては、外国訛で答えたのは行商のギリシャ人ともイタリア人とも諸説伝えられるが、もしそれがアメリカ東部であればなおさらのこと、キューバやプエルトリコなど中南米から移住してきたバナナの叩き売りを連想させ、五〇年代に流行したハリー・ベラフォンテの「デイ　オー！」の掛け声で知られる「バナナ・ボート」をも思い出させる。つまりアメリカでは、バナナがいかに庶民の好物で、そしてそれらがスペイン語訛のラテンアメリカ人によって売られていたことをも象徴するのである。

一九二〇年代の流行歌 *Yes, We have no Bananas* の出処がいずれにせよ、この曲が当時爆発的に流行ったのは、なんといってもこの歌のリズムとメロディに因があったのだろう。その曲は誰もが知るヘンデルのハレルヤコーラスで、冒頭、「ハーレルヤ！　ハーレルヤ！　ハレ・・・・ルヤ！」と歌われる出だしをもじって「イエス、ウィー　ヘヴ　ノー　バナナ、ウィー　ヘヴ　ノー　バナナ　トゥデイ……」と高らかに歌い上げられるのである。歌は町に溢れ、タクシーの中では客とドライバーが一緒になって合唱したという。そして当時を生きた人々の誰もがその歌のことを覚えているのである。

複雑化する移民問題

だが、その大らかさとは裏腹に、当時の社会の風潮は必ずしもこの歌のように陽気で寛大なものではなかった。言語が多様性を増し、異文化圏からの移住者が溢れれば溢れるほど、それに眉をひそめる人々も少なくなかったからである。言わずもがな、この時代のアメリカは異文化に対する寛容と非寛容が入り乱れた時代でもあった。

本来、アメリカは自由の国として移民を受け入れることが建国の理念であり、多様な人種を受け入れることで多様な文化を育む寛容性を表していた。だが一方で、次第に貧しい移民が増えて貧困層が激増し、しかもこれらの移民が、今までは安定していたはずの労働市場を脅かすことで、労働者層が貧窮化するという貧困のスパイラルを生んでいく。その上、彼らが異文化を持ち込むことで社会秩序を崩壊させるのではないかとの不安も募り、開拓以来守られてきたアメリカ古来のものが失われるという危機感が増大した。

おりしも第一次大戦時から戦間期にかけては、ロシア革命や過激な社会主義が敗戦国ドイツを中心にヨーロッパで台頭し、それを受けてアメリカに流入した貧しい移民層すべてが無政府主義の急先鋒となって国家を倒すのではないかとも懸念された。そのため、これら一定の階層を敵視する非寛容主義が横行する。挙げ句の果て、非寛容は猜疑心ともなって無実なイタリア系労働者たちを死刑台に送る事件にも発展した。しかもやがてその敵視の対象はこれら新しく流入した貧困層の移民だけではなく、国内のユダヤ人やカトリック教徒、黒人、ネイティブ・アメリカンズといった非主流のすべての人たちに向けられていく。彼らこそが「アメリカ文化」を破壊する異分子だというのである。

思えば戦間期には、今までにも増して極端に狭量なアメリカニズムが生まれ、「アメリカ文化」とアメリカの国益を守ろうとした。社会学者たちはそれを百パーセントアメリカニズムと呼んだが、その百パーセントアメリカニズムを支えたのは、いうまでもなく開拓時代から真面目に働き、国家を築き上げてきたと自負する人々であった。根底にはアメリカ北部に根付いたイングランドやスコットランドからのアングロサクソン系や古くにヨーロッパから移住した白人層、勤勉に荒れ地を開墾してきたと自負する農民中間層あるいは、かつて南部社会を形成した豪農層のプライドを持つ白人層であったかもしれない。だがこれら伝統主義者たちの片棒を担いだのは、移民により労働市場を奪われて困窮することを危惧した労働者層でもあり、また、もともと恵まれない貧困の白人層でもあった。

彼らは愛国主義を掲げ、大戦後の厭戦気運にも乗じて極端な孤立主義を奉じ、移民規制や保護関税法でアメリカの国益を最優先した。その狭量な百パーセントアメリカニズムは、のちのトランプ大統領が連呼した「アメリカ、ファースト」とある種通じるものがある。

しかも、アメリカの移民問題で興味深いことは、少しでも早くに定着した移民が絶えず後から来る移民より優位に立つという不文律であった。それによりかつてマイノリティーであった自分自身が次なる弱者を優越する。そのことが階層社会をより複雑化させた。それは、カリフォルニアにおけるアイルランド系移民の場合もそうであった。

彼らは移住先のアメリカで苦闘の末、ある程度成功し、かつて自ら味わった差別をやっと乗り越えた時、あとから入ってきた低賃金労働者のアジア系移民をライバル視する。移民や人種間での対抗意識はアイルランド系に限らず、イタリア系、ポーランド系の移住者の間にもあり、彼ら相互間での関係も複雑であった。その上、不況期には困窮から脱しようとわずかばかりの農地を売って中西部から極西部に流浪した白人の零細農民もあり、彼らは移住先でもダストボールに悩まされ、職を得ようとしてはメキシコ人やアジア人の季節労働者と対立した。人種間の対立は複雑に絡み合い、その対立は白人対非白人の間だけでなく、国籍を異にする移民同士で、あるいは移民と黒人、あるいはメキシコからの季節労働者、さらには先住アメリカ人との間のライバル意識も絡み合って複雑な抗争関係を作り出していった。

一方、カリフォルニアに移住したアジア人の場合は、多くがアメリカの西部開発に伴う鉄道敷設事業の低賃金労働者や、農園での季節労働者であった。どちらかというと中国系移民の大半が鉄道敷設に従事したのに対し、日本人はむしろ花卉《かき》農園や庭師やランドリー業に就くものが多かった。彼らはコツコツと真面目に働き、多少なりとも貯えができれば祖国に送金し、さらには借地であった土地をわずかなりとも購入しては確実に生業《なりわい》を立てていった。

だがその勤勉さ故に日本人移住者はかえって胡散臭く思われた。なぜならばその地にやっと定着したアイルランド系移民にとって、勤勉で成功を収めていく日本人移住者は虎視眈々と、いつの日か彼らを蹴落とす強力なライバルとなるかもしれないからであった。ライバル関係の背景には、アイルランド系の熟練技術労働者を中心とする組合と、外から来た未熟練連労働者である非組合員との力関係も絡んでいた。やがてアメリカ西海岸地域で、日本人の土地購入が法的に禁じられる背景には、こうした日本人排斥に繋がる複雑な人種差別があったことは否めない。

その上、農園や花卉園芸に従事する日本人移住者たちは、倹約精神から身なりを整えることもなく、汚い様相で小規模な行商を行ない、見るからにまともな生活をしているとはみられなかった。たまたまロスアンジェルス周辺には、この地の陽気や土地の豊かさに魅かれて移住した裕福な白人階級層も居住する。彼らの中にはアングロサクソン的な規律や精神を重んじる気風もあって、アメリカに同化しようとしない「非アメリカ的な」異人を疎ましく思う風潮がなかったわけではない。その中で、アメリカとは文化背景の異なる日本人は得てして信仰も異なり、離れてきた祖国への忠誠心こそあれ、彼らが今住むアメリカに馴染もうともせず、アメリカへの忠誠心は皆無だとみなされた。

しかも日本人社会の結束は固く、結婚も同国人同士でのみ縁を結ぶ。そのため見たこともない相手をわざわざ祖国から迎え入れるために、「見合い」に代わる写真結婚が常套化されていた。

その行為が神聖であるべき結婚という結びつきに対して、はなはだ「軽率」「無責任」「不道徳」な考え方であると非難された。彼らが寡黙であればあるほど不気味さを呼び、やがてはスパイの容疑がかけられるなど、戦中の強制収容への道を歩まされていったことにも確実に繋がるのであった。

たしかに戦前にはそこに定住する移民でなくとも、ただ日本人というだけでも強い偏見があり、例えば部屋や家を借りようとしても、理屈をつけては貸し渋る大家があった。それは私ども家族がロスアンジェルスで家探しをしていた時にも実際にあったという。日本人に家を貸したくない理由で最も多いのは、日本人が住むと「部屋が醬油臭くなる」からであった。当時、今のように醬油文化が浸透していないアメリカでは、それは信じ難いほどまことしやかな理由であった。やがてこれらの些細とも思えるような事情がいくつか重なり、日米決戦への道をつくっていく。それはまさに私どもが帰国する直前の事態であった。

忍び寄る戦争の脅威

私たちがアメリカに滞在していた時期は、たまたまフランクリン・ローズヴェルトのニューディール第二期に当たり、大恐慌の破綻以後、ニューディール政策がそれなりに功を奏し、少なくとも人々がどん底からは抜け出し、ある程度安定に向けた社会体制が始動しつつある時代であった。とはいえ、人々の生活が元通りの豊かさを取り戻し、不況が完全に癒えたわけではなかった。

だが、同じように大恐慌の煽りを受けたヨーロッパでは、恐慌がもたらした経済的・社会的混迷がアメリカでのそれよりも一層に深く、社会に深刻な影を落としていた。特に敗戦国ドイツは、第一次次大戦からの復興途上で、敗戦国としての足枷も多く、国民の不安は一段と高まっていた。それらの不安や不満を巧みに操ったのがヒトラーでありナチス政権であった。

ヒトラーは労働者の間に低迷する社会不安を煽り、排他主義や民族主義で愛国心や国粋主義を高め、近隣諸国への侵略により国家の富と権力を拡大していった。その政策こそが世界に脅威をもたらし、未曾有の悲劇を生んだ第二次大戦への助走となった。

ドイツは第一次大戦後、戦争によりヨーロッパをかつてない混乱に陥れたとして、懲罰的なヴェルサイユ条約により、軍事はもちろん、経済的にも国際的にもその活動を抑制されていた。ドイツは旧フランス領アルザス＝ロレーヌやザール工業地帯など有数な資源を持つ領土を失い、その上、天文学的数字ともいわれる膨大な賠償額を負って壊滅状況に陥り、やがて何段階かの軽減措置を受けたものの、賠償金の全額を第二次大戦前に返済することは叶わなかった。（負債返還六〇年の期限を超す二〇一〇年になって、ドイツは若干額の利子を除き、全額返済したとされる。）

それでもドイツは新生ワイマール共和国として徐々に戦後復興を果たし、一九二六年には世界平和を提唱したロカルノ条約に調印し、国際連盟にも加盟した。だが、それから三年目にして起きた世界恐慌がドイツを破綻に陥れ、三一年、混乱の渦中で人心の信望を集めたヒトラー政権が誕生したのであった。

一方アジアでも、それと相呼応するかのように、日本による一連の動きが勢力拡張を諮って世界平和を脅かす危機として捉えられていた。なかでも、その脅威は中国本土での軍事行動に端を発し、一九三二年、日本が満州国建国を宣明したことであった。

この行為を領土の侵害とみなした中華民国の提訴を受け、国際連盟はこれらの事件は重大な関心事に当たるとしてリットン調査団を現地に派遣する。報告は不毛の地を開拓した日本の功績に配慮しつつも、満州における主権は日本には無いとして、日本の満州国からの撤退を勧告した。

今まで中立政策を国策としてきたアメリカは、これを機に一九三二年、直ちにリットン報告を支持するスティムソン・ドクトリンを発表し、日本の満州国建国はパリ不戦条約（一九二八年）に違反するとして日本を非難した。だがリットン勧告を不当なものとして受け入れなかった日本は、三三年国際連盟を脱退する。一方でアメリカはドイツに対しての懸念をも露わにするようになり、ドイツと名指しこそしなかったが、三四年のジョンソン法をもって賠償金の返還を滞る国に対しては、今後一切資金の融通はしないと宣明した。

その中でドイツは、ヴェルサイユ条約で禁じられていた再軍備を果たし、一九三六年には同条約が定めたラインラント非武装地帯に軍隊を進めた。さらに三八年にはオーストリアの併合を果たし、それによりドイツは東欧へのアクセスを得たのであった。ドイツはその後チェコスロバキアのズデーテン地方の割譲を求め、翌三九年にはポーランドに侵攻する。いずれもが地元勢力を巧みに操っての戦法で、あれよあれよという間にドイツはヨーロッパを意のままに侵略していった。

しかもその背後でドイツは、スペインの内戦に乗じてフランコ政権に加担してスペインを手中に収め、片やムッソリーニのイタリアあるいは日本と結んで枢軸国の絆を固めていった。さらには日本やソ連との間に相互不可侵条約を結ぶなど、ドイツは自らの戦略の足固めをしていった。

このような国際状況下で、アメリカではローズヴェルトが国内世論や議会を説得し、ドイツの脅威への対応策としての布石を着々と敷いていった。というのも一九三六年頃までのアメリカでは、第一次大戦に参戦したことで厭戦気運が強まり、世論は中立主義に大きく傾いていたからであった。ことに議会内部での中立支持は強固であり、これに対してローズヴェルトは、四一年一月、議会に送る年頭教書を通じ、「四つの自由宣言（Four Freedoms）」を声明した。それによれば、アメリカは少なくとも「言論」・「信条」の自由を脅かし、「戦争」・「恐怖」の危機にアメリカを陥れるような四つの事態から人々を救うために、今や中立ではあり得ないとした。

次いで一九四一年三月、ローズヴェルトは「武器貸与法」を議会で通過させる。その「武器貸与法」とは、たとえ有事でなくとも、もし、どこかの国が侵略の危機に晒され、それがアメリカ国家の防衛にとって必定だと大統領が判断すれば、アメリカはその国に対し「いかなる防衛機器をも売却・譲渡・交換・リース・貸与できる」としたものであった。

この法案の可決をめぐっては議会内部に強い疑念があり、それを払拭させるため、ローズヴェルトは巧みな論法を使って次のように議会を説得した。「もし、皆さんのどなたかの家で、隣家が火災に見舞われて次は自分の家が類焼しかねないという咄嗟の危機に晒されたとする。その時あなたは、たまたま家に仕舞ってあったホースを、いやこれは他人《ひと》には貸せないなどと言うであろうか」。

一九四〇年、この法案可決に先立ち議会では、すでに二一〜三五歳の青年男子を対象に、平時でのアメリカでは初めてとなる徴兵制度、つまり「選択訓練徴兵制度」をも制定している。これらは有事に備えての着々とした体制づくりであり、アメリカでは国策面でも外交面でも重大な転機と局面を迎えるに至ったのである。

対立する日米関係

この時期、満州国建国をめぐる問題だけでなく、経済政策をめぐっても行き違いが激しくなってきた日米間では、一九四一年を通じて、民間ルートをも含めいくつかの交渉や話し合いが重ねられた。しかし交渉の経過のなかで、結局、究極的に解くことのできなかったわだかまりは、日本の中国・仏領東インドシナへの進出、アメリカによる日米通商航海条約の破棄、日本に対する石油禁輸措置、さらには在住日本人の資産凍結、加えてカリフォルニアでの日本人による土地購買禁止などであった。

これらの問題の中で、今一度カリフォルニアでの日系人移住者について言及すれば、二〇世紀になり彼らはその地に住む人々の数を年ごとに増大していった。かつて南カリフォルニアへの日本人移住者は、サンフランシスコに始まり、そこから次第にロスアンジェルス郡に移住したが、同郡での日本人人口は、「一九〇〇年にはわずかに二〇〇人程度であった〔の〕が、二〇年後にはこの一〇〇倍へと増加した。一九四〇年には三七、〇〇〇人を数え」、彼らが居住したロスアンジェルス地区は、当時全米に定着した日本人の中では最多の集落を成していたと研究者たちは言及する（矢ケ崎典隆「南カリフォルニアにおける日本人花卉栽培業の発達と変貌」『人文地理』、一九八三）。

その上、一九〇六年のサンフランシスコ地震により、日系移住者はロスアンジェルスに逃れ、この地区での日本人勢力は以前にも増して急速に増加した。それだけに、彼らの勢力を脅威とした土地の人々が日本人に対する疑惑と偏見を加速させていった。そこでカリフォルニア州では、一九一三年、市民権取得資格のない外国人、特に日系人やアジア人に、土地所有あるいは三年以上に及ぶ土地賃貸を禁止する法を制定した。

一九四一年を通じての数々の折衝にもかかわらず、次第に増幅していく日米間にあったわだかまりは、結局は打開策を見出だせぬまま、その年一二月、日本とアメリカはついに決裂する。きっかけはいうまでもなく日本の帝国海軍が真珠湾でアメリカ艦隊を奇襲攻撃したことであった。

奇襲攻撃をめぐっては様々な論があるが、一般的なアメリカ人が当時、真珠湾攻撃に対して強く抱いていた理解とは、いわばそれが寝込みを襲った攻撃であり、戦法は比類なく卑劣で、それ故に日米開戦に至ったのだというものであった。その怒りの煽《あお》りをもろに受けたのが、在米日本人や日系アメリカ人であった。

アメリカ政府は、すでに開戦直前頃から、有事に備えて国内在住の日本人や日系アメリカ人の名簿作成を進めていた。だが、真珠湾攻撃に続く開戦後の戦況がアメリカにとっては著しく不利であったこともあり、本土攻撃を恐れた軍部からの強い働きかけもあって、ローズヴェルトは一九四二年二月、国防上必要とあらば、政府は敵性外国人を強制的に隔離することができるとした「大統領令九〇六六号」に署名する。

当初は、敵性外国人は日本人に限らず、交戦国となったドイツ、イタリアをも対象としていたが、次第に強制収容の対象は日本人・日系アメリカ人に特化されていく。その結果、大統領令により強制的に立ち退きを命ぜられた「敵性外国人」、つまり日本人・日系アメリカ人たちは即時に身の回りの荷物をまとめ、住み慣れた家を閉じ、バスに乗せられて収容所に送られた。その多くはカリフォルニア州、ワシントン州、オレゴン州と一部ハワイの移住者で、その数は一二万人に及ぶと記録されている。その後、この地区以外の居住者たちも強制収容されていった。

収容所の多くはアメリカ西部沿岸地帯の主としてマンザナーのような砂漠地域にあったが、なかには西部山岳奥地のコロラドやユタやワイオミングにも及んでいる。これら強制収容所（Concentration Camp あるいは Relocation Camp）のほとんどは、逃亡を阻止するため有刺鉄線の柵に囲まれ、銃口に晒されて警備されていることもあった。家は粗末なバラック建てで、最低限の家具や調度品しかなかったが、収容が長引くにつれてキャンプ内周辺にある空き地を耕し自給自足する人々もあった。

強制収容された人々の中には、アメリカ国家に忠誠を誓って軍に志願し、のちに四四二連隊戦闘団として欧州戦線に派遣された移民二世たちもいた。収容は一九四二年二月に強制執行されてから最終的に収容所が閉鎖された四五年一一月まで四年近く続き、閉鎖後に解放された人々は、当座の手当を支給されることもなく、着の身着のままで元住む地域に戻るよう命じられたという。なお、開戦後に軟禁された敵性国の外交官や大企業の駐在員、宗教関係者、留学生はこうした強制収容所に送られることなく、のちの日米間で合意された交換船で日本に送還されている。私たちがロスアンジェルスを離れ帰国した一九三九年以降も単身赴任者として現地に残っていた父は、その後、ケープタウンに転任となったことによりロスアンジェルスで軟禁されることはなかった。

アメリカでの日本人、並びに日系アメリカ人の強制収容について一般のアメリカ人が寄せていた当初の反応は、大方が大統領令を当然とみなし、収容された日本人などに対する批判が鋭くあった。しかしその中で、当初からこの国家行為を疑問視する人、あるいは次第に大統領令の違法性を問う者などもあり、きわめて少数ではあったが、戦時中ながら政府批判をするアメリカ人もあった。

批判は人道上の問題もあったが、多くは同じ敵性国でありながら、スパイ活動が懸念されていたドイツ系やイタリア系の人々は拘束されず、日本人や日系人のみがその対象となったことへの不平等性であった。さらには、終戦までの長い間、憲法修正第一四条が禁じる不当な身柄拘束、つまり犯罪などによる法の裁きを受ける手続きなくして身柄が拘束されることの不当性を問うものもあった。のちの駐日アメリカ大使ライシャワーや、当時の司法長官フランシス・ビドル、あるいは最高裁判事オーエン・J・ロバートなどがそうであった（アメリカ在住の日本人や日系人が被《こうむ》った屈辱的で過酷な体験は、一九七八年、アメリカ政府に謝罪を求めた「日系アメリカ人市民同盟」の働きかけもあって、八〇年にジミー・カーター大統領により事実の調査が行われた。次いでロナルド・レーガン時代の八八年に、さらにはジョージ・ブッシュ（父親）時代の九二年に、強制収容された日系人に対する名誉回復と剥奪された市民権の復活、また彼らへの謝罪と併せ損害賠償金が支払われることになった）。

言うまでもなく、この日系人の強制収容は、私たちがロスアンジェルスを去って間もなく起こった日米開戦に直接連なる事件であった。だが私がロスアンジェルスにいた頃、幼児期とはいえ、あまり日系人に接したことの記憶が私にはない。わずかな記憶としては、近くに住むグロサリー・ストアの姉妹が日系二世で、私は時たま一緒に遊んでいる。それに加え、父の郷里である広島からの移住者がロスアンジェルスにはいたはずで、私が彼らと接していないわけはない。ただ記憶にないだけのことであろう。

戦後、一九五〇年代末に、私たち一家はロスアンジェルス郊外で、かつて強制収容された体験を持つ日系人の方に招かれ、広々とした庭の奥に佇む瀟洒なお宅に伺ったことがある。収容から解かれ、ゼロからの出直しで懸命に働き、その家を建てたという。話の中で時たま彼らの口から「キャンプにいた時」という言葉は聞いたが、収容所での体験そのものについては、彼らは決して語らなかった。おそらくは語りたくなかったのであろう。

帰国後の私自身の体験は、無論戦時下にあった日本ではまことに厳しいものではあったが、同じ頃、日系人たちが味わっていた過酷な体験については知る由もなかった。私はといえば、宣戦布告が発せられたその夜、あのサンフランシスコで最後に別れを告げたアメリカ人夫妻を思い、涙ながらに母に尋ねた。「もしアメリカが日本に攻められたら、ウィリスのオバチャマは死んじゃうの？」幼児とはいえ、日系人たちが体験した過去を思えば、なんとも他愛もない感慨でしか、戦争に入った日米のことを思い遣ることができなかった。

だが幼児であった私は、その時、戦争こそが国と国の境を閉ざす非常時なのだということを子どもながらに痛感した。戦争は異国で得た思い出はもとより、知り合った人たちとの絆をも絶つ。戦争こそが国境を閉ざすものだということを、私は逐次実感した。幼いながらも、どこか真に迫った国と国との交わりの難しさを思い知ったのである。

4　遠のくアメリカ――戦時下、敵国からの帰国子女

小学校入学――同輩との出会い

帰国した翌年、一九四〇（昭和一五）年の夏を前に、半年近く仮住まいしていた藤沢本町の家から鵠沼に移り、日本での生活がいよいよ本格的に始まった。海に近いところで、ほぼ一〇分も歩けば砂浜に出られ、庭の松やアカシヤやグミの木の根元までもが砂で覆われていた。海が荒れた日には夜ごと潮騒が聞こえ、その不気味さにどことなく胸騒ぎを覚えることもあった。周辺に人家は在ったが別荘地のため、九月に入ったとたんに雨戸を閉ざし翌年の夏まで人気《ひとけ》のない家々もあって、まだあまり人口の多い所ではなかった。

私は満六歳となり、いよいよ翌年には小学校への入学が予定されていた。アメリカで幼稚園に行きたかったが小さすぎるからと断られ、日本に帰れば帰ったで、あと半年すれば小学校に入学するという中途半端な時期であった。そのため私の幼稚園願望は無残に打ち砕かれてしまった。だが、幼稚園に行けなかったことで、小学校に入学するまでは同年輩の友達を持つこともなく、ほとんどの幼年期を大人の間で育ったことになる。

幼児の頃から体質の弱かった私を気づかった母は、家の近くに在る共学の私立学校ではなく、わざわざ小田急線に乗って自宅より一駅先の片瀬江の島にあるミッション系の学校に入学させることにした。その学校は、地元の名士で熱心なカトリック信者であった山本信次郎氏の斡旋により、東京九段に在るシャルトル・聖パウロ女子修道会が土地を購入し、一九三八年に認可を得て開校したものであった。

片瀬の地には山本氏と親交のあった乃木希典将軍が毎年、学習院院長として生徒を夏合宿に連れてきていたこともあり、その縁《ゆかり》で学校は将軍の名にあやかり、乃木高等女学校付属初等科という名称で生徒を受け入れた。当初は門を入ると右手に、乃木将軍の青銅の坐像があったと記憶する。戦前、片瀬の地にはこの坐像の他に、江の島に面した海岸沿いにも乃木将軍の立像があって、片瀬が乃木将軍ゆかりの地であったことはよく知られていた。

その年の九月、まだ夏休み中ではあったが、開校して間もないこの学校に、私は母に連れられて閉ざされていた厳《いか》つい青銅の正門を横目に、脇扉から入っていった。やがて先生との軽い面接を済ませると、来春になったら入学できるとのお話をいただき、それからはこの学校が向こう一二年間にわたる私の進路先となった。進学に臨んでは、帰国後お世話になった藤沢本町の家主からの紹介があったとはいえ、手続きなど事務処理のほかは、今から思えば考えられないほど簡単に入学の手筈は整ってしまった。

四月の入学式が近づくと、私は新しい体験を前に幼稚園願望などはさっさと消え、当日は母に連れられて真新しいランドセルを背に、両側に大きく開かれた正門をいそいそと入っていった。クラスは三〇名の少人数で一クラスしかなく、その半分は付属幼稚園から上がってきた人たちであった。幼稚園に行かなかった私にとっては真新しい環境で、ましてや見知らぬ人たちの間で私は必要以上に戸惑いを感じていた。物心がついて周辺に同じ年頃の友達がいなかったこともあり、同《おな》い年の友達と接する術を知らなかったからかもしれない。

大人の間で育った私は妙におシャマであったのに、同輩の友人にはどう接してよいかわからず学校にもなかなか馴染めなかった。そのくせ周辺を気にして妙な気遣いをしたせいか、昼食前になると決まって頭痛を覚え、授業の途中でよく休養室に連れていかれた。微熱もあり頭痛の抜けない私に、休養室の係りのマスール（シスター）は、もうお家に帰ってお休みなさい、と私を帰すのが常だった。

連絡を受けて最寄り駅で待つ母を見ると私の頭痛はとたんに消え、母がせっかく持たせてくれたお弁当を我が家で開き、美味しい、美味しいと満足そうに平らげるのであった。今でいえば、軽い登校拒否症のようなものであったのだろう。それでも次第に友達にも恵まれ、少しずつ学校にも馴染んでいった。その一方で、扁桃腺やアデノイドを腫らしては学校を休むことも少なくなかった。結局一年生の三学期は長期欠席となり、冬の間、私の居場所は学校よりも我が家で過ごす方が長かった。

その頃の鵠沼はまだ年に一、二度は雪の深い日もあり、そんな日はじっと炬燵でうずくまって外の雪景色を眺め、床に就くような日は天井の羽目板の枚数を何度も数えて時間の過ぎるのを待っていた。まるでご隠居さんのような毎日が帰国後二年目の冬であった。

担任の教師は私の弱い体を心配し、扁桃腺やアデノイドを摘出することで元気になる子もあると、健康への一選択肢として手術を勧めた。幸い近所の知己が軍医で執刀してくださることになり、私は一年から二年に進学する春、東京九段に在る病院で手術を受けることになった。病院に行く途中、電車で靖国神社の前を通ると、ここで皆一礼するのよ、と母に言われ、私たちは乗客の皆に倣って椅子から立ち上がり神社に向かって礼拝した。それがその頃の風習であり、規律でもあった。

手術は当初順調に進行したが、扁桃腺を一つ取り除いてから二つ目の扁桃腺を切り終わる頃に、用意された麻酔が足りなくなるという珍事が起こった。当時、戦時下では医薬品が優先的に戦地に調達されることも多く、麻酔の量が不足気味であることは手術前に知らされていた。だが予想外に手術が長引いたのであろうか。あとは麻酔なしで行ないます、と医師は付き添いの母に告げた。たとえ痛みはあっても手術の成功に確信のあった医師の判断であった。

痛みを覚えた私は、手術中も手術後も痛みを訴えてワーワーと大声で泣き叫んだ。おかげで手術は無事終わったが、それから三〜四日経っても激痛は収まらず、喉の痛みで唾《つば》すらも呑み込むことが困難であった。随分乱暴な話だが、それが戦時下では最善の道であったのだろう。というのも、この手術のおかげで私はその後ほとんど風邪を引くこともなく、元気に学校に通うことができたからである。

そういえば、私は戦争中にもう一つ手術を受けている。生まれながらにして脱腸症状のあった私は、それが病弱の今一つの原因であり、次第に肥大し悪化することを恐れた母の判断で、小学四年を迎える春に鎌倉の病院で手術を受けることになったのである。

この時は麻酔の切れることはなかったが、病室や看護婦の手が足りず、私はその前日に盲腸で入院していた見ず知らずの小学五年生の男の子と、畳に床《とこ》を並べて入院した。常識外れの手配ではあったが、野戦病院を思えばやむを得ぬと、戦時下ならではの「常識」に従った。

入院している間、春休み中とはいえ、忙しい時間を割いて担任の教師が私を見舞い励ましに来てくれた。一年から三年までの持ち上がりの担任で、その先、四年からは担任が変わることになっていたため、思えばこれが最後の担任との付き合いであった。生徒の分際で言うことではないが、それまでの三年間、ウマの合わない教師だと思っていたのに、私の健康を慮って誠意を尽くしてくれたのは、実はこの担任であったのかもしれない。

敵国アメリカからの帰国子女

病弱の私に教育機関としての学校は寛大であったが、私個人に対する担任の先生の目は必ずしも寛大ではなかった。一つには私が変にオシャマで、その上、母に言わせれば「オチャッピー」であったことが、もしかすると先生の気にいらなかったのかもしれない。私の言動は上辺だけは早熟し言葉遣いも大人言葉で丁寧だが、人の機嫌を窺ってから周囲を気にして落ちつかない子どもであった。

そうした私の態度のせいか、授業中の姿勢が悪いと、入学早々よく母が呼び出しを受けては注意された。立っていても頭がぐらついていて落ち着きがない、座れば両手で頭を抱え込む、お宅のお嬢様ははなはだ行儀が悪いと叱られた。とかくアメリカ帰りのお嬢様はね、と付け加えられるのも常であった。

注意を受けて帰ってきた母は、「レイコちゃん、この畳の縁に沿って真っ直ぐ前を向いて歩いてご覧。キョロキョロしないで、頭は真っ直ぐにね」と言い、時には軽い冊子やお盆を頭に載せて特訓した。その上で「大丈夫よ、ちゃんとできるじゃない」と言った。一方、頭の後ろで両手を組むことについては、父親の癖を真似ているだけですから注意します、とすでに先生にも説明済みで、「貴方が悪いわけでなくても、お行儀良くは見えないからね」と言われただけだった。

このお行儀への注意があってからしばらくして、私にとってはちょっとした事件があり、母はまた学校から呼び出しを受けることになった。それはたまたま母が外出しなければならない急用ができ、私の帰宅時に家を空けることを案じた母が、知り合いの家で午後だけ預かってもらうという話に端を発した事件であった。その家は私どもが帰国早々、一時、仮住まいをさせていただいた藤沢本町の洋館の家で、私にとっては場所も人も十分に馴染みのある家だった。

学校の最寄り駅は小田急江ノ島線の終点となる片瀬江ノ島駅で、折り返しての上りで次の駅が鵠沼海岸となる。それが私の家に近い駅であった。だがその日、預かっていただくことになっていた家は、その駅からさらに二駅先の藤沢まで行き、しかもそこで乗り換えて新宿方面に向かい、最初の駅となる藤沢本町にあった。この複雑な行き方に娘を一人行かせることが不安であった母に、先方では顔馴染みの手伝いの者を片瀬江ノ島駅まで迎えに寄越してくれることになった。「アイちゃんが来るまで、ちゃんと待っているのですよ」と言い含められ、私は何の不安もなく言われた通り迎えを待った。

だが不運にしてその日、些細な行き違いがあって手伝いの者は子どもにとっては長すぎるほどの小一時間も遅れて迎えに来た。出がけに手間取った上、乗り換えの連絡が上手くいかずに時間が過ぎてしまったという。友達が皆、発車する電車に乗ってそれぞれ家に帰るのに、私だけが駅でただ待っていた。改札口に立つ駅員のお兄さんも、「どうしたの」と聞いてはくれたが、「お迎えを待っているの」と言う私に、時折声をかけてくれたりしただけで私は何をするでもなく駅で一人時間を過ごした。やっと現れた迎えの人は、今や泣きじゃくらんばかりになっていた私に、遅れたことの詫びをさんざんに言い、無事私を連れていってくれた。

ところがその日、駅で長時間待っていた私を不審な目で見ていた上級生が二、三人いたのに私は気づかなかった。理由がわからなければ当然のことであろうが、上級生たちから見れば、家に帰らずにいつまでも駅で駅員と遊んでいた不埒な下級生がいたと、翌日学校に報告した。すぐさま担任の先生から呼び出しを受けた母は事の次第を聞き、こちらの事情をも説明して言った。

「私はむしろ言いつけ通り、ずっと約束を守って待っていた子どもを褒めてやりましたが」。学校にとってはこの子にしてこの親と、なおのこと面白くない親子の存在であったろう。理屈が立てばはっきりモノ言う母こそが、実は教師の言うアメリカ帰りであったのかもしれない。

国民学校一年生

教師の目から見て、私がとかく他の生徒から突出していて気にいらない存在であったのは、一つにはやはり私がアメリカ帰りという「規格外」の子どもであったことだろう。たまたま私が一年に入学した年の一二月、日本は真珠湾攻撃を契機に第二次大戦に突入した。しかし開戦以前から、すでに日本国内には有事に向けての挙国一致体制がとられ、国民が一丸となるべく国家奉仕の精神が強化されていた。その象徴となるべき新しい教育制度のもと、私たちはその一年前まであった「尋常小学校」ではなく、「国民学校」一年生として小学校に迎えられたのであった。

教科書も、私たちの世代からは「サイタ、サイタ、サクラガサイタ」ではなく、「アカイ、アカイ、アサヒガアカイ。ススメ、ススメ、ヘイタイサンススメ」に変わっていた。それは、桜の開花が地方によって異なり、四月初めの入学時に一定でなかったからだと聞いたことがある。その点、新しい教科書に載る「朝日」は、全国津々浦々どこでも赤く地域差がない。国家統一が進むなかで、いかにも穿った理屈に思えるのであった。

いずれにせよ、私たち国民学校一年生は、愛国少国民の象徴として新たな一歩を踏み出した。

このような時代に、ましてや敵国アメリカから帰ったばかりの児童は、所詮、負のレッテルを貼られるに足る十分な存在であったのだろう。

大戦が始まって間もなく、英領シンガポール（英領マレー）が日本軍により陥落したというニュースが伝わった。国中がその勝利に沸き、家の近くにある藤沢の町でも、ある夜ちょうちん行列が行われたことを覚えている。一九四二年二月のことで、前年一二月の開戦からわずか二カ月しか経っていなかった。

勝利に沸いた私たちは、その陥落によって「昭南島」と改名されたシンガポールで、抗日派と目された人々がトラックで強制連行されて殺害されたという悲惨な「シンガポール華僑粛清事件」のことは知る由もなかった。やがてシンガポール以外の地へも日本軍による侵略が進み、日本人や占領下にあった国の人々すらもが否応なしに日本への忠誠を迫られ、「愛国精神」の流れが一入《ひとしお》渦巻く時代に入っていた。

その頃、開戦時の我が家はまだ父が単身で海外勤務にあったため、言ってみれば、戦時下での母子家庭であった。その我が家に、ある日突然所轄の交番から巡査が来て、お宅には「ショートウエーブの取れるラジオがおありですね」と尋ねた。「しばらくお借りします」と言って巡査はそのラジオを持ち去った。やがて何日か後に再び現れた巡査は「短波放送は絶対に聞かないように」と、ダイアルを封印したラジオを返しに来た。「お宅は海外との連絡がとりやすいので」、とも言った。

ラジオの一件は海外に通じる情報の道を塞いだだけで、私たちをスパイ容疑に問うとまではいかなかった。だが、誰しもが何かを疑われ、何かに怯えていた時代であった。私たちの学校も外国系のミッション・スクールという宿命もあって、より一層に愛国心を示そうとしていたのかもしれない。毎月八日には、生徒たちはご飯の上にたった一個の梅干を載せた「日の丸弁当」を持って登校した。倹約と忍耐と愛国の魂を示したものであった。また開戦日である一二月八日には近隣の諏訪神社に詣で、境内の清掃を行なった。そして私たちは、道すがら兵隊さんに会えば、「ご苦労様、兵隊さんのおかげです」と感謝の意を表わした。

国語の授業では、出征している兵隊さんたちに慰問の手紙を出すように言われ、自分の知っている人が出征軍人であったらその人に宛てて書きなさい、と言われた。私は近い親戚の中でたった一人出征軍人であった従兄に宛てて書くことにした。父方のその従兄は私とは年が一五近くも離れていたが、出征を前にわずかの間、我が家に止宿していたことがあり、よく遊んでもらった。

ある日のこと、従兄が自転車の後ろに私を乗せ、二人で藤沢まで鯛焼きを買いに行った。餡子《あんこ》の甘い匂いがするホカホカの鯛焼きを抱え、家に向かって海に近い道を走っていると、突然、駐在の巡査に呼び止められ、どこに行くのだ？　と訊問された。「買い物をして家に帰る途中です」と従兄が答えると、「ちょっと、降りなさい」と警官は言った。「なんでこの戦争という非常時に昼日中から女の子と遊んでいるんだ？　不届きじゃないか！」と言う。「いや、使いです！」と従兄は懸命に答えたが「とにかく自転車の二人乗りは禁止だ。降りて歩いて帰りなさい」と再び巡査は言った。結局、私たちは家まで自転車を曳き歩いて帰ったが、少なくとも戦時下にあっては、たとえ従妹であれ妹であれ、若い男女がペアでいること自体がご法度だということがわかった。

従兄は可笑しがって、帰ってから皆にその話をした。だがその話を聞いていた母は、いつになく不機嫌だった。それとは対照的に意気揚々としていた従兄は、買ってきた鯛焼きを手で摘《つま》みあげ、「釣れた、釣れた！」と言って頭から貪った。見ていた兄も同じように「釣れた、釣れた！」と嬉しそうに食べ、それならば私もと、「釣れた、釣れた」と鯛焼きを頬張った。すると母は「なんです！　女の子のくせに、お行儀が悪い！」と私を叱った。いつもは女の子だから男の子だから、とあまり言うことのない母に何が起きたかわからなかった。私としては、かつて「キャンプターレー！」と兄の口真似をしたのと同じであった。

その時は母の怒りにたじろいたが、あとから思えばおそらくそれは巡査が不謹慎だと娘を窘《たしな》め、まるで娘が不良でもあるかのように言われたことへの不快感と、同時にそれを喜ぶ従兄が許せなかったのであろう。それにしても子どもの私にとってさえ、むしろ強烈に印象的だったのは、戦時下にあっては、喜び遊ぶ時間など許されないのだという不文律が社会にあったことである。

その従兄に、私は国語の課題でもあった慰問文を書いた。彼もよく知る我が家の近況を伝え、戦地での事態を案じて彼の健康を祈った。だが私の慰問文は、定かではないが市の検閲で書き直すように命じられて返ってきた。理由はその手紙が明かるすぎるのであり、戦地の兵士に郷愁をそそるようなものは慰問文としては不適当だという。書き直しを求められた私は何を書いてよいかわからず、「お兄様お元気ですか？　こちらも皆元気です。では、どうぞお元気で」といったような手紙を書いた気もするがあまり確かではない。とにかく生真面目こそが大事で、楽しいこと、横道に逸れることはご法度であった。

そういえば当時は「欲しがりません、勝つまでは」というキャッチ・フレーズが少年少女の愛国スローガンであった。子どもたちもまた禁欲こそがお国のためになるのだと、節約と質素が強要されるようになった。学校に通い始めた頃には、アメリカ製の玩具《おもちゃ》や飯事《ままごと》道具に惹かれ、珍しがって家に友達が遊びに来た。だが、やがて私たちは石蹴りや陣取り合戦などもっと戸外で遊ぶ遊戯やゲームに夢中になり、松の木の上で格好のいい枝ぶりを見つけてはそこに登り、「冒険ダン吉」まがいの気分で木の上での仮想生活を楽しんだ。もはや私たちの遊びにアメリカ製のキッチンセットはとんと不似合いとなり、たとえ飯事《ままごと》をしても、庭で摘んだグミの実やスイカズラの花などを不要になった皿に盛って「お客様ごっこ」をしたのであった。

一期一会――学童疎開の友人たち

戦況が次第に緊迫度を増し、やがて本土にも及ぶ敵機の襲来を知らせるサイレンが鳴るようになると、世の中は一変し、愛国少年少女たちや銃後の守りといわれた「国防の母」たちにとっても、日常すべてが非日常となっていった。男たちは皆カーキ色の上下服を着て足にはゲートルを巻き、女たちは和服を直したいわゆるモンペに身を包んだ。

国民学校の児童たちもまた、入学時のセーラー服からモンペ姿に変わったが、私たちの学校では上着はセーラー服を着用し、スカートだけをモンペに穿き換えていた。それは動きやすくするための防備ではあったが、通学の子どもたちはさらに頭に防空頭巾をかぶり、片方の肩には水筒を、反対の肩には煎り米と煎り大豆の入ったズックかばんを襷《たすき》がけにして登校した。それらが子どもたちにとってのランドセルに代わる所持品となったのである。

学年が上がるにしたがい戦局はさらに悪化し、先輩となる女学校の生徒たちは近隣の軍需工場で働くようになった。いわば勤労のための学徒動員であった。一方、低学年の私たちは学童疎開の世代と呼ばれ、クラスには集団疎開や個人疎開などによる学童がいつの間にか転入し、いつの間にか転出していった。級友の輪も広がっては解体し、前日まで隣の席に座っていた級友が、明日には別れを告げて去っていく。いわば一期一会の出会いが日常となった。

この何人かの疎開児童の中には、四谷の雙葉小学校から転校された正田美智子様の姿もあった。わずか八カ月しか在学されなかったが、可愛らしく都会的で、なんとなくあか抜けた容姿と振舞いにたちまちクラスで人気を博した。一期一会でありながら、当時のクラスメートの間で強く印象に残る疎開生の一人であった。はきはきとされ、かけっこのような競技でも群を抜いて早く、いつの間にかそのイメージは皆のうちに強烈に残った。

たまたま疎開先の住まいが私の家のすぐ近くで、私たちは帰宅後も一緒に遊ぶことが多かった。近くの路上で、たとえ人数が少なくとも二組に分かれ横一列になって向かい合い、手を繋いで「花、一もんめ」と歌っては、相手のグループからジャンケンで一人ずつ引き抜いては自分のグループに取り込んでいく。その他愛もない遊びを私たちは日が暮れるまで飽きずにやった。

時には正田家に伺い、日の差し込む食堂で、可愛いキャラクターのシールを二人して水に漬けては広い窓ガラスに貼り付けて遊ぶこともあった。それは当時子どもたちの間で圧倒的に人気のあったくるみちゃんのシールで、松本かつぢが描くマンガ『クルクルくるみちゃん』の主人公であった。

だがある日、それも夕方になって突然、美智子様が拙宅を訪れ、「私、明日お引っ越しするの」と別れを告げに来られたのであった。「今まで一緒に遊んでくださってありがとう」と言われ、思い出のシール遊びをしたあの大事なくるみちゃんのシールを何枚か小箱に入れて私にくださった。昨日までともに遊んできた級友を一夜にして失い、この時ほど子ども心にも一期一会の悲哀を刻んだことはなかった。

戦時下で流行った轟沈ゲームと「お山の杉の子」

学校での授業も次第に戦時体制に合わせるかのように、私たち学童は戦時下らしい授業体験をすることが多かった。例えば初等科四年生になった頃、授業では算盤が教科に取り入れられるようになり、算数の授業はいつも教室が賑やかだった。それは「轟沈《ごうちん》ゲーム」という競技で、算盤の答えを間違えた生徒は「轟沈！」と言って椅子を立ち、床に座らなければならないというゲームであった。

算盤でお馴染みの「願いましては～」という言葉で始まり、「何々では～」と答えを求められると、答えを間違えた生徒は敵の潜水艦に轟沈されたという想定で床に沈没する。まことに屈辱的なものではあったが、教室には椅子を引く音、「轟沈！」と叫ぶ声、それに混じって笑い声も漏れ、なんとも賑やかな時間であった。それにしても、いったい誰がこの競技を考えたのだろう。「轟沈ゲーム」は戦争ごっこにも等しかったが、考案者の思惑通り、見事に子どもの興味を掻き立てたのであった。

一方音楽では、必ずしも教科とはいえないが、子どもの興味をそそり、今思えば懐かしくなるような歌が歌われていた。それは当時、ほぼ強制的に歌わされていた暗い旋律の鎮魂歌「海行かば」や、「火筒の響き遠ざかり、あとには虫も声立てず～」といった凄まじい戦場に立つ従軍看護婦を讃えた歌ではなく、もっと明るい響きのある童謡であった。なかでも「お山の杉の子」は爆発的に子どもたちの愛唱歌となっていた。

「むかしの、むかしの、そのむかし、しいの木林のすぐそばに小さなお山があったとサ～、あったとサ～」に始まり、四番では、そのお山で育った小さな杉の子が、隣の山の椎の木たちにいつも馬鹿にされながら、いつか自分だって立派に成長し、兵隊さんを運ぶ船になって必ずや「お国ためになりますル～、なりますル～」と歌い上げるのであった。終戦になるとこの歌はいつとはなく自粛されたが、やがて復活して歌われるようになっても、最後の四番だけは戦争に加担した語句があると削られて歌われない時代があった。

この歌の他に、歌謡曲として歌われた「真白き富士の気高さで〜」で始まる「愛国の花」は、銃後「心の強い盾として、皇国《みくに》に尽くす女等《おみなら》は、輝く御代の山桜〜地に咲きそろう国の花」と、銃後を守る女性たちを褒めそやしては彼女らの精神を鼓舞したのであった。だが、むしろ歌の内容というよりも、名歌手・渡辺はま子が歌うメロディーの美しさで一世を風靡した感があった。それは子どもたちの心をも捉える名歌で、凛々しい女性像を描く憧れの歌であった。

さらに当時大流行し、教室でも習った歌に、軽快なリズムを持つ「空の神兵」があった。それは冒頭の「藍より蒼き大空に、大空に、たちまち開く数千の〜」というとてつもないスケールの大きさに加え、リフレーンで歌われる「見よ、落下傘、空を征く〜空を征く〜見よ、落下傘、空を征く〜」という歯切れのいいリズムが、暗い戦時下にある人々を魅了した。

後年、「空の神兵」の作曲家高木東六氏は、この作曲により、自分も戦に加担したとしてこの歌を嫌悪されたと聞く。だが当時の愛国少年少女ならずとも、この歌には人を惹きつける響きがあり、今もこの歌を聞けば耳に沁みつくものであることに違いはない。ただそれだけに、歌の効果が戦時の人心を煽ったとすれば、心の咎を負う作曲家の言葉は重く響いてくる。それは人々がプロパガンダによって容易に躍らされるという戦争の恐ろしさを伝える意味そのものであったのかもしれない。

現実味を帯びる「鬼畜米英」

歌でなくとも、戦中の言葉遣いはさらにとげとげしくなり、人々は敵国のイギリスやアメリカを鬼畜英米と呼んでは、ひたすら相手を誹謗し憎むことで挙国一致の精神を自ら推進した。戦地に赴いた友人の父たちを慰める意味も込め、私たちは盛んにわら半紙に鬼畜英米と書き殴っては、書いた紙を八つ裂きにして足で踏みつけ、どこにもぶつけようもない戦争への苛立ちと、人を失う寂しさを癒そうとした。だが戦況は悪化する一方で、その恐ろしさは今まで思いも及ばなかったごく身近にも迫り、人々は今や自分自身の生死に関わる思いで自らの身を守ることに徹していくのであった。

やがて日本各地に空襲が迫り、東京でも横浜など京浜地帯でも、そして家に比較的近い平塚でも夜空を焦がす火の手が上がっていった。たまたま東京から平塚に疎開していた母方の祖母と叔母は、この平塚の空襲で罹災し、鵠沼の我が家に一時身を寄せることになった。

空襲を知った母は、翌日になり中学生であった兄を伴って直ちに被災地に赴き、祖母をリヤカーに乗せて運んできた。道中は無論交通機関が閉ざされ、陸路を徒歩で動く往復の行程であったが、旧道の東海道を平塚から一路鵠沼まで歩くのは大層な道のりであった。今でいえば、正月の恒例行事ともいえる大学駅伝の平塚中継所から藤沢遊行寺中継地点に抜ける行程にも匹敵する。

当時はまだ海沿いの湘南遊歩道、つまり一三四号線は十分に整備されておらず、平塚の花水川にかかる湘南大橋もなかった。その上、戦時中は鵠沼の隣村となる辻堂海岸に陸軍演習場としての軍用地があったため、海岸沿いの直線行路は途中で遮断され、軍用地をコの字に迂回しなければならなかった。そのため、旧街道からどのように鵠沼に入ったかはわからないが、長い道のりをほとんど一日がかりで歩いて抜けるのは、決して簡単な行程ではなかっただろう。

額に軽い傷を負った祖母を除き、幸い誰も怪我することなくこの難事を切り抜けたのは、それに越したことのない幸運であった。だが我が家では、中国赴任中に病に倒れて帰国した父がずっと床に就いていたため、ただでさえ狭い家は皆が身の置き所もないほど、ひしめきあって生活した。

警戒警報や空襲警報のサイレンが段階的に、やがてほとんどひっきりなしに鳴り響くようになり、人々は防空壕に駆け込んだりして避難することが多くなった。そのような日々、それでも「日常通り」通学していた子どもたちは、昼前になると決まって不気味に響くサイレンとともに学校を離れ、集団で下校することが多かった。サイレンが鳴るとすぐさま防空頭巾を頭に被り、足早に、しかしどことなく場馴れた手際よさで帰路についた。

当時は、歩いて帰れる者は電車通学ではなくできるだけ徒歩で通学した。片瀬から歩いて鵠沼まで来ると、途中、三井家の大きな別荘があり、その家の前にはこんもりと松の木の茂る広い空き地があった。かつてそこには馬が一頭繋がれていたが、その馬も徴用されていつしかいなくなってしまった。だがそこには馬の等身大の窪みがあり、私たちはそれを「馬の防空壕」と呼んでいた。

　ある日のこと、下校の際にその空き地の前まで歩いてくると、突然、低空飛行の「敵機」一機が私たちの頭上をかすめ襲っていった。歩いていた道路はそれほど広くはなかったが、三井家の別荘から道を隔てたところに桑の木の茂る野原があり、道を歩く子どもたちの姿は低空飛行の飛行機からは丸見えであったのだろうか。

　なぜこんなところに、と思う間もなく私たちは無我夢中で咄嗟に「馬の防空壕」に飛び込んだ。機転のおかげか幸い私たちは難を逃れたが、後から噂に聞けば、その日私たちが避難したすぐ近くに、機銃掃射で落とされた不発の焼夷弾が見つかったという。今や「敵機」は軍需工場や軍事基地だけでなく、一般市民にも攻撃の照準を定めるようになっていた。

　皮肉にもそれは、ピューリッツァー賞を受けたアメリカのジャーナリスト、セオドア・ホワイトが描くような《一般市民に対しては無害なアメリカの軍事作戦》、つまり彼の言葉を借りれば「アメリカ軍飛行機は（日本との戦闘においては）一機たりとも低空飛行して路上の人々を機銃掃射したことはない」と記述したこととは裏腹の事実であった（セオドア・H・ホワイト著、堀たお子訳『歴史の探求』サイマル出版会、一九八一年）。今や私たちにとってアメリカは、真に迫った「鬼畜」となったのである。かつてアメリカといえば知人のアメリカ人を頭に描き、十把一絡げに「鬼畜米英」と呼ぶことに強い抵抗を感じていた私にとっても、一瞬とはいえ、この機銃掃射はさすがに現実を突きつける出来事であった。

戦局はますます悪化し、学校での勉強もしばしば警戒警報や空襲警報で中断された。学校の環境も変わり、なぜか陸軍が校内に持ち込んだ膨大な数の缶詰を入れた木箱が、講堂兼雨天体操場の床に何段にもうず高く積み上げられ、やがて室内を埋め尽くすほどになった。私たちは、始業式や終業式などの式典があると、その箱の上に登って整列し、自宅から持参した座布団を敷いて座ったりした。一方、防火のための砂が必要とされるや、全校生徒が駆り出され、バケツを持って長い行列を作っては海岸の浜辺から校舎までをリレーして砂を運んだ。かくするうち、初等科五年生の夏休み中に、私たちは終戦を迎えたのであった。

終戦――墨で塗った教科書の「神風」、沿岸に並ぶ黒船艦隊

思えば戦時最後の夏休みとなる前の日に、休み明けの新学期には「蒙古襲来」について学ぶため、その課題について予習をしてくるようにと言われ、私たちは一学期を終えた。その項目は五年生になって初めて教わる歴史の教科であった。

夏休みには、当時どこの家でもしていたような家庭菜園でサツマイモやカボチャやサトイモづくりの手伝いをして過ごした。春には麦踏みをし、秋にはそれを脱穀するということすら、すべてが家庭での手作業で行われていた時代であった。正直、肥料も与えない作物が美味しいはずはなく、水っぽいサツマイモや味気もないカボチャがどこの家でも家庭菜園の乏しい収獲であった。

そして八月。広島、長崎と原爆投下が続き、その間にソ連の対日宣戦布告があって、ついに日

本は無条件降伏を迫るポツダム宣言を受諾し、長い戦争は終わった。八月一五日のその日、私は終戦に寄せる玉音放送を我が家で聞いた。

ラジオの受信状況が悪く雑音に掻き消されそうな音声ではあったが、その時、ふと気づいたことがあった。それは流れてくるラジオの音声以外、一切の音が周辺になくなったことである。そういえばここ二、三日、敵機襲来を告げてひっきりなしに鳴っていたサイレンもピタリとやみ、飛行機の空飛ぶ音も消えて、不思議なほどに音のない真空状態の中に自分がいた。不気味なまでに静寂なその無音の世界は、なぜかキーンと耳が痛くなるようであり、こんな静けさというものが世の中にはあったのかと思えるほどであった。

九月二日、終戦から二週間経ったある朝、海岸沖に軍艦の列が見えると聞き、療養生活で家に居た父に連れられて私も海岸まで行った。相模湾の沖合は、いつもならば真っ平な水平線が眺望でき、左に見える江の島、右沖に見える烏帽子《えぼし》岩を除けば何一つ眼前を遮るものはない。ところがその日、目の前に見えたのは、アメリカ国旗をかざし横須賀に向けて隙間もなく一直線に並んでいる真っ黒な軍艦の放列であった。横須賀は旧日本軍の重要基地であり、一方相模湾の広がりを西に追えば、その先の厚木には旧日本海軍の航空基地があった。おそらくアメリカ軍艦の縦列はその動線上にあったのであろう。ペリー以来の黒船だ、と誰かが言った。いかにも重圧感があり、威圧感があった。一一歳の私は初めてその時、日本は戦争に負けたのだという実感を覚えたのである。

海岸に近づくと怖い目に遭うと言われ、そのせいか夜になると夢にまでうなされ、学校の二階に通ずる階段をアメリカ兵に追われる夢を見た。夢だというのに膝がガクガクし、ヘナヘナとして走ることもできず、一人、這いずって逃げ回っていた。もしもそれが正夢で、本当に逃げられなかったらどうしようかと、不思議なことに朝目覚めてもリアルに痛む膝を抱え、昼間でもうなされていた。

やがて二学期が始まり、私はいつも通り登校した。戦時と同じくモンペ姿で行くべきか大いに迷ったが、結局は今まで通りモンペ姿で学校に行った。多くの級友も同じ選択をしたとみえ、新しい学期は今までと同じように始まった。朝礼では終戦のことを学校として改めて報じ、これからは平和を守る時代が来たのだと告げられた。だが思えばその時、またそれに続くのちの時代にも、学校のみならず社会全般で、なぜ平和を守らなければならないのか、なぜ戦争がいけないのか、その根源的理由を一度も説かれたことはなかった。

授業に入ると、筆と墨を持ってくるようにと言われ、実際に筆と墨を持って登校した日、教科書の何カ所かを墨で塗るように命じられた。そして、夏休みが明けてから学習する予定になっていたあの蒙古襲来の箇所も、墨で塗り潰されることになった。あれは、何ページ目であっただろうか。少なくとも本を開いて初めの方の見開きとなった右ページ中ほど三分の二辺りに「三、神風」と書かれた表題があり、私たちはその表題と、それに続くすべての文章を墨塗りした。だが塗られたその奥に、塗っても、塗っても見える「三、神風」の文字を、今でもはっきりと読めるのはなぜなのだろう。そして戦後とはいえ、急場とはいえ、こうしたお座なりの「とりあえずの」教育方針は、実は今でもそれを引きずる日本教育にとっての因果なのであろうか。

そういえば、かつて国民学校一年生といわれた私たちの学年は、その後も絶えず新しい制度のモデルででもあるかのように、新制中学の第一期生であり、それに続く新制高校、新制四年制の大学へと進んでいった。つまり私たちの世代は、新モデルを教育現場で実践に移すテスト・パイロットであったのだ。

そしてかつての愛国少年少女は、もはやモンペやゲートルを装着することもなく、モノのない焼野原から、たとえお腹を空かせていようとも、まるでお山の杉の子のようにすくすくと未来に向けて歩んでいった。だが思えばその未来は、新しい教育制度と同様、戦後になって急激に流入したアメリカ流の制度やアメリカ文化に目標を置いた未来像であったのかもしれない。

5　戦後日本になだれ込んだアメリカ文化

私にとって再び身近となったアメリカは、終戦後のしかも日本が敗戦したという特殊な事情のもとで、いかにも荒々しく猛々しくやってきた。日本が降伏して国の中心軸を失い、人々が頼れるものすべてを失ったかのようないわば心の真空状態のなかで、今や未来像となりつつあるアメリカ文化が、占領下の進駐軍駐留により怒濤のように敗戦国日本になだれ込んできたのであった。

連合国軍の最高司令官として日本占領の統帥に当たったマッカーサー元帥。コーンパイプを手に厚木飛行場に降り立つあの写真。あるいは燕尾服姿の昭和天皇と、略式軍服で会見に臨んだ元帥とのアンバランスな写真像。それらは往々にして占領下にある日本のイメージとして、事あるごとに終戦を語る番組にアップされてきた。たしかにそれらは占領下にあった日本を象徴する紛れもない史実であり、当時の日本の現実でもあった。

かつて戦時下にあって「鬼畜米英」と罵ったアメリカの本尊的存在が、今や連合国軍統帥官として日本を統括する。そして驚くべきことに、やがては日本国民の間に異常なマッカーサーブームが起こり、マッカーサー崇拝熱をさえ浸透させる。あれは何だったのだろう。それは変わり身の早い日本の姿ではあったが、たとえ表層的な現象であれ、マッカーサー統治の占領下にあった日本では、アメリカ文化やアメリカ式生活様式に触れることで、やがてそれらが日本人の生活に溶け込む日常となっていった。

駐留軍によるアメリカ文化の流入

本来、連合国軍による占領政策は、ポツダム宣言前には占領直後のみアメリカ軍に統治を委ね、その三カ月後には北海道のみならず日本全土を分断して連合国四カ国、すなわちアメリカ・ソ連・イギリス・中国による分割統治に委ねるものであった。さらに首都東京については四カ国で共同占領するものとした。この案を出したのはアメリカのペンタゴンであり、主としてアメリカ軍の過重な経済負担を案じての策であったが、もしこれが実現していれば東京は間違いなく第二のベルリンとなるところであった。

連合国の中でもソ連の対日意欲は最も大きく、すでにヤルタ会談の席上、ソ連は抗日戦の見返りとして北方領土占有の権利を得たが、日本がポツダム宣言を受諾した直後の八月一六日に、最高責任者スターリンは北方領土のみならず北海道の半分をソ連が統括することをトルーマン米大統領に求めていた。しかしトルーマンはこのソ連案を即座に却下し、分割統治を回避するという国務省案に同意した。

またその後、ドイツ分断をはじめ冷戦下での世界分裂が一層激化していくと、この現状を憂うる声はアジアやヨーロッパでも高まり、日本分断案に代わって日本の戦後統治は総司令部を構えるアメリカ軍に委ね、その統治は日本政府を介しての間接統治とする案が固まっていった。その結果、若干の事例を除けば日本のほとんど全土にわたり、アメリカ軍を中心とする連合国軍が駐留することとなった。

こうして戦後の街には、駐留軍のアメリカ兵たちがここかしこに繰り出し、銀座や横浜の港町にはジープが走り、陽気なジャズが街の巷《ちまた》に流れていった。駐留軍家族のファッションやモダンな生活の佇まいはニュースやグラビアで報じられ、映画館ではハリウッド映画が上映されるようになった。その賑やかさと陽気なイメージが、灰色にくすんだ日本の街には不釣り合いなほどに目の覚めるような色彩を放っていった。

だがこの明るさとは対照的に、いまだ焦土の痕跡残る東京の街々、その雑踏の中から立ち上がらんとして並ぶ掘立小屋の闇市、浮浪者や浮浪児が街に溢れて屯《たむろ》す日比谷公園や上野駅周辺の地下道、そして駅や道端では松葉杖を脇に、アコーディオンを弾く白衣《びゃくい》姿の傷病兵たち、一方で戦地からの復員軍人を港で待つ憔悴しきった家人たち、それらもまた当時の日本の実像であった。

その困窮の中で、人々は配給を通して駐留軍から支給された乾パン・粉ミルク・缶詰のコンビーフやオイルサーディンなど、アメリカ産の食料品を初めて口にした。いわずもがなチューインガムやチョコレートもまた、進駐軍の兵士が子どもたちにバラ撒いて有名となり、これがアメリカ菓子を代表するかのように思われた。

配給といえば、私たちの住まい周辺でもアメリカ軍が放出した乾パンの配給があるというので、ある日、隣組の責任者の家まで取りに行った。どんな勘定に基づいて計算されたかはわからないが、一家族に一人当たりに配給された乾パンは、一食分が一一個。

「これが一回分のご飯ですって」。母は皮肉とも感慨ともとれる口ぶりで言い、小さなビスケット風の乾パンを大人にも子どもにも等しく一一個ずつそれぞれの皿に盛って配膳した。いまだに一一個の謎は解けないが、まことに印象的な数字であり、印象的な乾パンの味であった。

だがこれらの食品は、冒頭に触れたような陽気で憧れの対象としてのアメリカのイメージではなく、むしろ終戦後の困窮にあったからこそ日本人が口にした、いわば背に腹は代えられずしての異国の味であったかもしれない。それでも異国の味は、家の小さな庭で育った水っぽいサツマイモやカボチャやサトイモよりもはるかにうま味があり、栄養価があった。こうして受け身の立場であったにせよ、アメリカ文化は戦後の日本に食文化を通しても溶け込んでいったのである。

教育にも及んだ占領政策

占領下の日本では、進駐軍の総司令部ＧＨＱを通し、軍部解体のみならず従来型の保守的な制度や慣習にも及ぶ様々な改革がもたらされた。民主的な経済基盤を作り、かつては軍部の強力な後ろ盾ともなった財閥を解体し、少数の地主による膨大な土地占有を禁ずる農地改革もまた、日本の民主化を進める上でのＧＨＱの理念であった。さらにＧＨＱが求めた民主化は、選挙制度などを含む政治改革をはじめ、司法制度の見直し、特高警察を含む警察権の民主化など、かつて日本が全体主義や軍国主義に暴走した体制そのものを解体させていった。そのモデルとしたものの多くは民主主義国家アメリカの制度であり、その中でも教育改革が最もアメリカ体制をモデルとしたものであった。

いわゆる六・三・三制による学校教育制度の制定にしても、教科や教育指導の面でもGHQの指導を仰ぐことは少なくなかった。軍歌の禁止はもとより、歴史や国語、そして九九算が幼い児童には早すぎるとした数学教科に至るまで、戦後の教育にはGHQの指導が及んだ。私たち児童が自ら墨で塗った満身創痍の教科書も、あるいはその象徴であったかもしれない。

さらに推し進めれば、戦後の日本では平和が最も重要な課題だと教えられ、今後日本は一切の戦争を仕掛けてはならないと終戦直後から教わった。だが、なぜ戦争をしてはならないのかと、児童が根源的に教えられたことが一度としてあったであろうか。人の命が誰にとってもかけがえのないものであり、何人《なんぴと》もその命を奪ってはならないが故に戦をしてはいけないという人権の尊さを、学校で、社会で、国で教えられたことがあったであろうか。戦争をすれば親や兄弟や息子を失い、家や街を焼かれる悲惨な状況を生むのだという因果関係については、日本人は身に染みて体験した。つまり原理ではなく、自分の身に及ぶことだけで平和の必要性を痛感していたのかもしれない。

そして戦争を放棄するということは、軍歌を歌ってはならないのだと暗黙の裡に認識し、あるいは日本固有の神話に秘められた古代の歴史記述を墨で塗ることで、平和への意思表示になると思っていた。それはただ、マニュアル通りの方式で、ＧＨＱの禁令を犯すまいとしていたに過ぎなかったのではなかろうか！　混乱した国家再建の政策に、基本的人権という重要な課題は届かなかったのであろうか。

この人権の課題に比べ、アメリカが立国の志とした「民主主義」の概念については、戦後の日本教育にいち早く、そして間違いなく反映されていった。身分制度の廃止、男女平等の理念、不当に搾取されてはならない労働の原理など、農地制度改革や財閥解体、税制改革、法改革などに伴って逐次改善を求められていった。推論すれば、民主主義の浸透の速さは、かつて福沢諭吉などが説いた民主主義論や大正デモクラシーなどが多少なりとも根付いた日本の精神史に負うところがあったからであろうか。

そういえば私たちの学校では、ＧＨＱのお達しとは関わりなく、小学校でありながら戦後いち早く英語教育を学科に取り入れていった。それは、もともと戦前からフランス語が普通教科であった本校での前例もあり、姉妹校にとっても外国語の導入はごく自然な推移であったのかもしれない。終戦を迎えた小学五年生の秋、二学期の半ばに英語の授業が始まり、美しいブリティッシュ英語で私たちに語りかけたのは、袴姿の凛とした日本女性であった。

その発音に瞬く間に虜となった私たちは無我夢中で先生の真似をし、オウム返しに英語の語句を口ずさんだ。教科書もなく、しかも教わった文字はアルファベットではなく、まずは黒板に書かれた発音記号から英語のクラスは始まった。そして毎週の授業が何回か行われてから、私たちは初めて英語の歌を習った。それは *America is Beautiful* というポピュラーなアメリカ唱歌であった。

だが思えば、昨日まで「鬼畜米英」と罵っていたアメリカを、俄かにその国は美しい国だと褒め讃えるのは、私にはなんとも皮肉としか思えなかった。それでもこの歌に対し、意地の悪い見方をしたのは私だけのようで、友達は皆素直に美しい旋律に乗せ *America is Beautiful* を歌っている。もしかしてそれは、敵国からの帰国子女であった私が、悪いところはすべてアメリカに影響されていると教師に言われ、それでいて戦後になれば、アメリカ礼賛と化した日本の変わり身の早さに、子どもながらに戸惑い、"America is Beautiful" と歌うことを躊躇《ためら》ったのであろうか。

だが、それだけではなかった。当時の市中で、そして身近で目にしたアメリカ軍人の挙動や振る舞いは、必ずしも"America is Beautiful" と美化されるに足るものではなかった。その現状を子どもの私は覚えているのである。

例えば、今も鮮やかに私の脳裏に刻まれた光景の一つに、近くの海辺を水着姿で歩くアメリカ男性と日本女性のカップルがあった。いわずと知れた関係とはいえ、子どもの耳にも響く嬌声を女があげ、挙句の果てに戯れにせよ、体格のよい大男が女の尻を蹴り上げたのであった。その一方で、鎌倉海岸の防波堤では若い兵士数名が連れだって後ろ向きに並び、海辺に向かって放尿する姿を見た。無論、それはアメリカ社会を象徴するものではなかった。だが私が幼児の頃に見知っていたアメリカのイメージとはあまりにもかけ離れたものであった。

占領地では何もかもが許されるといった解放感からなのか、勝者の驕《おご》りであったのか、あるいは個人的な品格のなさからなのか、子どもの頃からずっとその答えを見出せず、しかもその時に見た光景を、以来八〇年近く経っての今もなお、誰にも明かすことはなかった。一つにはその時代の風潮が、そのような話題を口にすること自体、はしたないとされていたからかもしれない。それでいてあの光景は、もしかして映画のワンシーンだったのか、などと決して誤魔化すことのできない、占領下で見た日常の中での実写であった。

アメリカ将校の来訪

そのようなある日、突然、アメリカ軍人が我が家を訪ねてきたことがあった。二人連れの海軍将校で、彼らはハリウッド映画にでも登場するような凛々しい軍服と制帽に身を包み、我が家の玄関口に立っていた。

「もしやアメリカはロスアンジェルスに住むウィリス夫妻をご存じか?」と片方の将校が言った。聞けばその青年はウィリス夫妻の知己であるウエザビー夫婦の甥ファランディーで、日本に行ったらぜひ私たちの消息を尋ねてほしいとウィリス夫妻から頼まれたという。そのため彼らは、所属艦隊が停泊していた横須賀基地から私たちを訪ねてきた。いうまでもなくウィリス夫妻というのは、父母が在米中に親しくし、しかも私たちをサンフランシスコで見送ってくれたあのウィリス夫妻であった。

当時、日本の住所は今のように何丁目何番地といったシステマティックな表記ではなく、登記上の古い地番で表記されていた。その大雑把でおよそわかりにくい住所表記を頼りに、よくぞ我が家に辿り着いてくれたと感嘆した。しかも彼らは、私どもが戦禍を潜り抜けて生存していたことを確実に突き止め、帰国後それをウィリス夫妻に報告してくれたのであった。

束の間の訪問でありながら、まだ父の闘病中であったことから家も裕福ではなく、せっかくの来訪者をもてなすことも叶わず、近くに開いたばかりの和菓子屋から、当時まだ貴重であった「上菓子」を急遽求めて器に盛り、一服の茶を供すのが精一杯であった。彼らは茶を飲み、菓子には手をつけたものの、珍しいもの故、残りは持って帰りたいと言った。

「きっと甘すぎて食べられなかったのだね」、と後で父が言った。まだ純粋な砂糖がふんだんにあったわけではなく、あるいはサッカリン混じりの甘味であったかもしれない。だがそれにしても、わざわざ生存を確かめに出向いてくれたその将校の苦労と、思いの丈を繋いでくれたウィリス夫妻との篤い絆を思い、その日は感動の収まらない一日となった。そして開戦時に、戦争になったら「ウィリスのオバチャマは死んじゃうの?」と泣きながら問うた自分の幼き日を重ねてもみた。

新制中学一年生

やがて戦後の混乱が少しずつ収まり、終戦から二年目には中学に進み、校舎も新校舎に移った。かつて女学校の校舎として初等科時代には憧れの建物であったが、今や女学校は新制中学という新たな学校制度による体制に移り、女学校という響きはむしろ古めかしく思えるのであった。

戦後の庶民の生活は依然として闇市に支えられてはいたものの、日本経済も次第に安定し始めていたのであろうか、初等科の卒業式には、私たちは皆揃って制服姿で正門の脇に並び、記念撮影に収まっている。思えばそれが小学校時代の唯一の全体写真であった。そしてその写真には、長いこと正門脇に置かれていた乃木将軍の青銅の座像はもはやなく、それに代わって、いかにもミッションスクールらしいルルドの聖母像が写っている。

中学生となった私たちは、学校の名称は中等科と呼ばれていたが、今まで初等科の授業が英語を除いてはすべて担任による授業であったのに対し、中等科では専門別の教諭がそれぞれの教科である理科・数学・社会・国語・家事（家政）などを担当した。それがいかにも上級校に進んだようで新鮮に思え、それなりに自分たちが成長したかのように思えたものだった。

休み時間には、皆で興じた川柳づくりが流行っていたが、昼休みには校庭でテニスをしたり、ドッジボールをしたりして遊んだ。学年が上になってからは、体育の授業に新体操も取り入れられ、各自の創意工夫が求められてダンスをやった。依然として試行錯誤の教育現場ではあったが、一貫校でありながら高校進学に向けてのテストや学習が行われ、次第に現在の教育体制に移行される過程にあった。

時折、学校から映画や能楽の舞台を観に、先生に引率されて近郊の劇場に行くこともあった。前進座の公演があるというので鎌倉まで出かけたことを覚えている。一方で友人の中には稽古事を始めた人があり、踊りの発表会があるからと誘われ、母とともに東京に出かけたこともあった。

東京は、かつて戦後すぐに母と出向いた時と違ってはるかに復興し、みじめさよりも活気にあふれている感がした。それでいて東京の街には、いかにも占領下にあったことを物語るように、GHQなどに接収された建物が、Aアヴェニューと呼ばれた日比谷通りや内堀通りに並んでいた。

「接収家屋」と豪華客船での午餐会

私たちの住むここ湘南でも、駐留軍に接収された民間人の家があり、その特徴はいわゆる西洋館で、ある程度間取りに余裕のある家であった。鵠沼の家近くで記憶に残るこれら接収家屋はいずれも藤沢市のFの字と数字が付され、一つはF1（Fワン）と黄色いペイントで書かれた江ノ島電鉄（通称江ノ電）鵠沼駅前にあった渡辺家、今一つは小田急沿線でF9（Fナイン）と記された第一書房の長谷川家であった。F9は、前に触れた三井家のすぐ近くにあったが、いかなる理由からか同じ洋館建てであった三井家が接収されることはなかった。これら接収家屋が接収を解かれたのは一九五四年。それは私が大学在学中のことで、この時になってもなお黄色いペイント塗りのF1やF9が見かけられたのは、日本の戦後処理がいかに長引いたかを物語る。

Ｆ１やＦ９は私たちが住んでいた家の比較的近くにあったが、接収されている間にその家の軍人家族が外出したり、街を散策したりする姿は一度も見たことがなかった。ただＦ９で働くメイドがそこで出たいわゆる「残飯」を近所の人たちに配るというので、週に一度、その家の前に行列ができるという話を聞いた。「残飯」といっても食べ残しではなく、残った具材や料理を一種救済で近隣の人たちに配っていたのだが、母は頑なに「それだけはいや！」と拒み、行列に並ぶことはなかった。震災や戦災後の炊き出しと違い、駐留軍の余り物をもらうというのに抵抗があったのだろう。

その母が、ある日のこと、鎌倉にある駐留軍の家から、引っ越しで出た放出物資を見に行かないかと、友人に誘われて出かけていった。そしてその日、母は私のために一着のオーバーコートを買って帰ってきた。それは、アイボリーのソフトなウール地に、薄茶色の矢羽根模様が織り込まれたイエガー風のお洒落なコートであった。私が何よりも気に入ったのは、ウェスト下のポケットに金色のチャックがついていて、そのチャックの止め金に同じく金色のチェインがゆらゆらと揺れていたことであった。襟はスタンド風のカラーで、ウェストには共布で綴じつけられたベルトが結ばれていた。母は、「なんだか湯上りのバスローブみたいね」と言ったが、私は意に介さず、早速翌日からそれを着て学校に行った。

それから二年ほど経ってからであろうか、私たちが高校生になったばかりの頃、学校ではそろそろ時代も安定してきたので、制服にそぐう紺または黒の落ち着いた色のコートを着用するようにとの通達を出した。私はお気に入りのアイボリーのコートで十分と思っていたが、ついに学校からの呼び出しで、母は校長と面会することになった。

しばし歓談したのち、校長は言った。「お嬢様のオーバーですが、そろそろ紺もしくは黒色のコートに変えるようにご用意願えましょうか」。母は今少しの猶予を求め、「いずれご要望に沿うようにしますから」と言った。校長もこれを了承し、母が立ち上がって暇《いとま》を告げたその時であった。修道女の校長はさりげなく母に言った。「あの、今奥様がお召しの黒いコートをお嬢様に差し上げては？」。着たきりスズメでそれしかなかった母は、その日、アメリカから持ち帰った黒のコートを着ていたのであった。

母も不意を突かれたのか思わず校長に、「それでは私は何を着ますの？」とオウム返しに尋ねた。聞くなり校長は破顔一笑し、「それはそうでございますねぇ」と、爽《さわ》やかな笑顔を見せたという。おかげで私はその後もしばらくはアイボリーのコートで登校し、やがて翌年の冬になって、学校規定のオーバーを着用した。だが校長は母のことをよほど記憶していたとみえ、卒業後も会うたびに、「ママ、お元気？」と尋ねてくれた。

このコートの一件に先立っての少し前、私の周辺には思いがけないことが起こり、ちょっとした興奮に包まれた。それはアメリカの豪華客船アメリカン・プレジデント・ラインの一つ、プレジデント・ウイルソン号が横浜港に入港した一九四九年のことである。

大統領の名前を冠したプレジデント・ラインは、ウイルソン号のほか、クリーブランド号やローズヴェルト号などもあり、日本でもよく知られた船舶であった。元はといえば、大戦中の一九四四年に、輸送艦アドミラル・B・アップハムとして竣工された起源をもつ。やがて対日戦の終結が見込まれるようになり、海軍が発注をキャンセルしたために宙に浮いたこの軍艦を、戦後アメリカン・プレジデント・ライン社が世界一周航路の再開を目指し買い上げたという。かの秩父丸とは、逆の運命であった。

こうして民間船となったプレジデント・ウイルソン号は、一九四八年、太平洋航路を目指し竣工された。その後五三年には、当時の皇太子明仁親王（今上上皇）が天皇名代としてエリザベス女王の戴冠式に臨まれるためこのプレジデント・ウイルソン号に乗船されている。

竣工されて間もなくの一九四九年、ウイルソン号は横浜入港を祝し艦内の見学と船のお披露目のための午餐会を催し、病が癒えて復職を果たしていた父が夫妻で招待された。あいにく体調のすぐれなかった母に代わり、私が父の供をすることになったが、何を着て行くかと迷う暇もなく、生徒にとっては制服が最高の礼服ですよ、と言われ、私は校章である百合の花の刺繍がついたセーラー服を着て豪華船の見学に出かけた。

母はまだ病み上がりであったにもかかわらず、初めて午餐会に臨む娘のため、出かける前日には洋食のフルコースを整え、私にナイフやフォークの使い方を特訓した。幼児期のアメリカ時代には、テーブルマナーとは無縁であった私に、洋食の「食《しょく》し方いろは」を教え、大げさにいえば、初めて社交に臨む一種のデビュタンへの準備を整えてくれたのであった。無論、戦後のこととて細《ささ》やかな具材での模擬ディナーではあったが、その晩のために用意されたフルコースのオードブルには当時の日本ではまだ珍しいラディッシュが付き、船内で出された当日のディナー料理よりもはるかに美味であったことを今も覚えている。

横浜港ではアメリカの海軍軍楽隊が演奏する華やかな吹奏楽に迎えられ、私は父とともに乗船した。この横浜港をかつて幼児期に出入りしたことを多少なりとも私が覚えていたとすれば、きっと懐かしかっただろう。しかし船内は絢爛でこそあれ、温かみを感じることはなかった。思えば「船の出自」が軍艦であったからであろうか。とはいえ、客船としての船はファーストクラスとエコノミークラスを備え、戦勝国アメリカの威信を示すそれなりの装備が施されていた。むしろ私が船に温かみがないと感じたのは船の豪華さのせいではなく、華やかに振る舞うクルーや大勢の社交慣れした大人たちに混じって、少女の私がぎごちなくなっていたからかもしれない。

私は制服を着ていたこともあり、しかも当時の中高生は化粧一つしていなかったので、周辺の大人たちの間に混じる私は一段と子どもに見えたのであろう。食事が済みデザートとなって飲み物のオーダーが取られたので私はコーヒーを注文した。するとウェイターは一瞬戸惑い、本当にコーヒーでよいのかと隣にいる父に確認した。アメリカの家庭では子どもには決してコーヒーを飲ませない。刺激物として子どもの脳の発達に良い影響はないと考えられていたからである。私は明らかに「子ども」と認定され、いくら気取ってみても、所詮は大人社会へのデビューを果たすには無理があったのである。

FEN放送やハリウッド映画にはまった英語漬けの日々

やがて高校生になると、周囲の環境も一段とアメリカ化が進み、私はポピュラーソングやハリウッド映画にはまるようになった。英語の勉強と称しては、毎週土曜日、駐留軍向けのラジオ放送FENから流れる「ヒットパレード」をラジオにしがみついて欠かさず聞き、歌詞を夢中で筆記した。当時は録音機もなく、レコードも高かったので、耳で聞いたものを書き留めるほか歌詞を残す方法がなかったからである。

「ヒットパレード」の良いところは、毎週ヒットチャートに残れば、何度でも繰り返し同じ歌が流れ、一度目に書き取れなかった部分は次の週に埋めればよかったことである。ダイナ・ショアの「ボタンとリボン」、パティ・ペイジの「モッキングバードヒル」や「テネシーワルツ」、そしてペリー・コモの「イフ」といった歌はすべて、こうして覚えたものであった。ヒットパレードが放送される三〇分間は文字通り部屋に閉じこもり、誰にも声をかけられぬように「オフリミット」と部屋の前に張り紙をした。ちなみに「オフリミット」とは、駐留軍関係者以外立ち入り禁止として、当時盛んに使われていた言葉であった。

一方映画の方は、中学生時代は保護者同伴でないと映画館に行ってはならないという学校の方針で、春休みに、級友の父親に連れられて八人ほどで横浜の映画館まで行ったことがある。ジューン・アリスンやピーター・ローフォードが演じる『若草物語』は、夢多き私たちにロマンスへの憧れを彷彿とさせたものである。そのほか、兄に連れられて『仔鹿物語《イヤリング》』や音楽映画『青春の歌』を観たりもした。やがて高校生になってからは、友人同士で近くの映画館に行き、グレゴリー・ペックの『頭上の敵機』などの封切映画を観に行った。当時は地方の映画館でさえもが、新作のハリウッド映画を封切早々に上映していた洋画全盛期であった。

私は友人たちと、これまた英語の勉強と称し、今度は憧れのハリウッド・スターたちに盛んにファンレターを書くことにした。一カ月もかかる船便の時代で、それがハリウッド・スターたちのサインを運んで帰ってくるまでには、さらに一カ月以上もかかっていたであろうか。それでも見事成果を挙げ、今も私の手元にはジューン・アリスンやグレゴリー・ペック、それにイギリスのモイラ・シェアラーなどの直々サインが「お宝」で残っている。いずれの手紙にも一九五一年か五二年のアメリカ、もしくはイギリスの消印があり、ジューン・アリスンには二度もファンレターを書いたのであろうか、二枚目には私の名前に宛て、インクも鮮やかなサインが残っている。

このファンレターに加え、私にはもう一つ英語の手紙を書かされていたという事情があった。それは、戦後に我が家を訪れたあの海軍将校のファランディーが私たちの消息を伝え、それを聞いたウィリス夫妻から三カ月に一遍ぐらい手紙が届き、それに対する返事を、「お前の英語の勉強になるから」と、父に見事に丸め込まれて私がウィリス家への通信係に任じられていたのであった。苦し紛れに書いた手紙で、英語も間違いだらけであったろうに、この手紙をウィリス夫人は全部小箱に入れて大事に仕舞っていたと、後日、夫のアドレアンから聞かされ、それを見せてもらったことがある。驚いたことに、彼ら夫妻は私をゆくゆくはアメリカに留学させたいと願っていたのだとも聞いた。

大学への受験勉強を前に、この手紙書きやら映画やらラジオやらと、よくもこれだけの時間が割けたものだと感心する。事実、高校に進級したばかりの頃は、夢中になってラジオ放送や映画を通じて「英語を勉強」していた割には、私の学業における英語力は他の学科に比べると評価が低く、担任教師も憂慮するほどであった。

多分それは、英語に対する自身のおごりが招いたもので、慢心と自信過剰が英語の授業への関心を薄れさせていたのであろう。実際、英語の授業は、私にとっては最も興味のない授業であったのだ。さすがに大学受験前には少しは奮起したのであろうか、幾分は成績を取り戻していった。

思えばこの時代は、日本国内の生活環境が以前と比べ一段と賑やかで煌《きら》びやかになった時代であった。一つには一九五〇年に勃発した朝鮮戦争が軍需景気を招き、それが日本の経済をも一挙に押し上げたからだという。たしかに日本は、戦後短期間に急成長を遂げ、物品もそれなりに街に出回るようになっていた。無論すべての人が豊かになったわけではない。しかし少なくとも日本の経済が上向きとなり、次第に人々が楽観気分を味わうようになったという実感はあった。そして何よりも、将来に対する何がしかの希望が見え始めていた。

この上向きとなった日本経済を実証するかのように、私たち高校生も、中学時代には決して果たせなかった修学旅行に行くことが叶い、奈良・京都を巡る二泊三日の旅を楽しんだ。戦中は無論のこと、戦後も近隣の遠足にしか出向けなかったことを思うと、それは私たちの世代にとっては一世一代のイベントであった。

我が家の経済も、病から立ち直った父が復職し、豊かとまでは言えないものの、少しは楽になっていたのかもしれない。だがその間に、かつてアメリカから持ち帰ったアイスボックスをはじめ多くの家財が、戦後の生活費や学費に変わり、私どもの生計を助けてくれたのであった。結局、かつて見慣れた調度品が今も身の周りにあるかないかで、戦後はこのようにして生きてきたのだと、遡ってあの時代を検証することができるのであった。

世界の覇者となったアメリカと冷戦の脅威

こうして戦後の日本が、経済復興を成すまでにはある一定の長い経過があったが、日本が経済面だけではなく国家として国際間で認められるのには、さらに一九五一年九月調印、五二年四月発効のサンフランシスコ講和条約を待たなければならなかった。その間、国際関係は大戦の終了と時を同じくして連合国間に亀裂が生じ、それ以来、共産圏と自由主義経済圏とで東西間の対立があからさまになっていた。

ギリシャ、ベルリン、あるいは両陣営圏内での経済対策や防衛政策を巡って、マーシャルプランに対抗するコメコン、北大西洋条約（ＮＡＴＯ）に対峙するワルシャワ条約と、目まぐるしい政策の応酬があったが実戦に至らなかったため、これを冷戦と呼ぶようになった。この「冷戦」

の脅威を実戦にと至らせたのが一九五〇年の朝鮮戦争であった。

朝鮮半島は旧日本帝国の占領から解放されて独立したが、やがて北緯三八度線を挟んで大韓民国と朝鮮人民民主主義共和国に、南北で二分された。しかし一九五〇年、北の朝鮮人民民主主義共和国が半島の統一を図って南に進軍したことから、両者は半島の主権を争って対立し、ここに朝鮮戦争が勃発した。

北朝鮮にはソ連と、ソ連に急接近していた中国が加担し、南の大韓民国には国連軍の名のもとにアメリカが介入して相対峙した。結局、朝鮮戦争は三年にわたる激戦を続けたが、南北間での決着を見ることなく、一九五三年、休戦協定を締結する。

しかし冷戦の脅威は、朝鮮戦争の休戦で収束するものではなかった。なぜならばそれまで、唯一核兵器を持っていたアメリカに対し、やがてソ連による原水爆実験が成功し、米ソ対立は確実に核闘争の時代に入っていったからである。こうして第二次大戦後のアメリカは戦勝国でありながら、不安定な国際情勢に置かれたのであった。

だが国内を見れば、折からのアメリカは危うい国際関係にもかかわらず、第二次大戦終結直後の一〇月には早くも戦時生産局が廃止されて統制が外され、その上、大戦来の軍需景気にも押されて戦前の不況を吹き飛ばすかのように大繁栄期を迎えようとしていた。それは未曾有の好景気ともいわれた一九二〇年代の繁栄に次ぐもので、軍需産業から商業産業にと切り替えられた工場生産は飛躍的に向上し、すでに二〇年代に基盤が作られていた消費社会は、ますます簡便化される生活環境に適応するべく物資の生産と流通を進行させていった。

前線から帰還した兵士は、一九四五年で一二〇〇万、翌四六年には三〇〇万、四七年には一五〇万と次第に縮小したが、第一次大戦後に比べれば、復員兵たちが職場復帰をする際に起きたような混乱はなかった。四六年七月には物価統制も廃止され、そのため物価高となって実質賃金は下落した。だが、トルーマン大統領は四八年の選挙後、「フェア・ディール」政策によって最低賃金の引き上げ、スラム地区の再開発、公共住宅の建設や社会保障を諮り、ある程度は経済の立て直しに成功した。冷戦による問題は山積していたとはいえ、帰還兵の若者が社会復帰したことで、今や平穏な家庭づくりが社会生活の理想ともなった。いわゆるマイホーム主義が謳歌される時代を迎えようとしていたのである。

その上、国際金融の面からみても、アメリカ経済は一九四四年に成立をみたブレトンウッズ体制により、金との交換が保証されたドルを基準に各国通貨価値が定められるなど、安定した固定相場で世界の金融市場をリードした。日本でもそれを受け、一ドル対価が三六〇円という時代を迎えることになった。

こうして一九五〇年代に入ったアメリカは、東西の対立と核戦争の脅威に自らを晒しながら、世界の覇者としてのゆるぎない立場を確立させていく。そこから来る恐怖と自信が、やがては「パックス・アメリカーナ」や「世界の警察」を標榜する基盤を築いていった。その中で日本は、この危うげな国際関係のバランスを巧みにすり抜け、ソ連、中国、北朝鮮の近隣にありながら、日本独特の操縦法で西側陣営にくみし戦後の国際復帰を図っていく。次なるステップへと続く、微妙な時期でもあった。

6　世界に開かれる日本、繁栄に影さすアメリカ社会

朝鮮戦争が休戦協定により終結した一九五三年、私は高校を卒業し、大学に入学した。私なりに将来への期待を新たに大学に進んだが、当時はまだ高校を卒業する女性が四年制大学を目指すことは必ずしも一般的ではなかった。家庭環境も社会風潮も、女性の高等教育への進出を当然のことだと考えるには至っていなかったのである。つまり女性が大学に行くには、あえて自ら希望しなければならなかった。

私は初等科時代に初めて英語を習った先生の感化もあって、その師の母校と同じ大学を目指すことに意を決めていた。それは東京渋谷の広尾にある女子大学で、日本における女子カトリック系ミッションスクールとしては、古い歴史を持った聖心会が経営する四年制の新制大学であった。

その大学は、日本の女子専門学校が戦後間もなく格上げされて初の四年制女子大となった五校のうちの一つで、伝統を背負って立つ教育基盤の上にあった。だが、大学は母体となる旧専門学校から離れた場所に建つ新校舎であったため、むしろ開校されて間もない大学だという印象が強くあった。しかも戦後の日本にあっては、当時の文部省規定が許す限りの斬新な制度を持ち、そ

の上、世界各地からミッションに加わる修道女が多かったため、当初から国際性に長けていた。そのこともこの大学が私の関心を強く惹きつけた理由であったかもしれない。

リベラルアーツの大学教育

初代学長のエリザベス・ブリットはニューヨーク生まれのアメリカ人修道女で、戦前から日本に滞在し、すでに日本の女子教育に携わる経験を持っていた。戦時中は日本政府の命で本国に帰国を余儀なくされたが、終戦と同時に日本に戻ることを強く希望し、来日後、一九四八年に設立された新制大学の初代学長に就任した。その経歴が反映されてか、大学は当初からリベラルアーツを標榜する教育を理念とし、アメリカの女子大学（カレジ）にも通じる理念から、学年や専攻を跨いで一般教養課程（当時の呼称。後に一般教育課程となる）と専門課程を上手く連動する仕組みになっていた。

無論リベラルアーツや、一般教養課程と専門課程との二本立てシステムは、戦後日本の新制大学がアメリカ方式に倣って教育改革や大学設置基準認定を行なったため、決して私たちの大学だけが持つ独特の体制ではなかった。ただ多くの大学が国公私立を問わず旧学部制度を維持し、その中で一般教養課程と専門課程を二分化し、いわば一般教養を専門課程に進む予備段階としたのに対し、私どもの大学では学部は文学部に一本化し、その中に多様な専攻を擁することで相互間に流動性を持たせ、一般教養で得た知識がやがて上級学年で専門性を高めてからもうまく咀嚼されて機能されることを目指していた。

例えば、これから進む専攻分野を入学時に決めるのではなく、二年次（現在では一年次）を終えたところで選択する。つまり、高校ではおよそ未経験な分野に進む場合、その分野の概説や入門などの講義を一・二年次で取ることによって専門課程の内容をある程度把握し、言ってみれば「お試し学習」をすることで専攻を決める手助けが得られるようになっていた。無論それらの科目は専攻が決まってからの学年次でも学習できるが、逆に一・二年次で一般教養科目として履修した概説や入門については、専攻が決まった段階で、専門科目としてその単位に数えることが認められていた。

一方、専攻の分野にかかわらず全学生必修の科目は、語学（英語）、体育（講義・実技・公衆衛生）、倫理（宗教）、それに加えて、自然科学・人文科学・社会科学分野で開講されていたいずれかの授業でありそれは文部省が定めるガイドラインに沿っていた。それらのうち、英語・体育・倫理（宗教）・公衆衛生などの授業はかなり大学独特のものであった。特に英語については、少人数制を目指し、それぞれ英語力に応じて多数のクラスに小分けされたが、語学の得手、不得手にかかわらずいずれのクラスでも、これからの国際社会に向け、耳に馴染む英語を特訓した。しかもそのクラスは二年間に亘って継続され、持続性のある学習を目指していた。大学は、それだけ英語に堪能なネイティブ・スピーカーの教師を、クラスの数に見合うだけ豊富に抱えていたのであった。英語以外のフランス語やドイツ語やラテン語などの外国語は、多くは三年以上で学習することになっていた。

習得単位については、もちろん卒業間際に取りこぼしがないよう、ある程度、学年ごとに学習すべき授業が決められてはいたものの、一般教養の単位が年次にかかわらず取れることで、卒業までには文部省が定める一般教養課程と専門課程の単位が総じて取れるようになっていた。こうして少なくとも理念の上では、一般教養が単なる専門課程への準備段階ではなく、むしろリベラルアーツの本髄を担うものとなっていた。

錚々たる教授陣

大学は新制女子大学でありながら、当時一級の錚々《そうそう》たる学者や気鋭の研究者を常勤・非常勤の教授陣に揃え、それは豪華な陣容であった。東洋哲学の第一人者・宇野哲人。書家としても歌人としても有名な国文学者・尾上紫舟《さいしゅう》。ドイツ中世史が専門の西洋史家・山中謙二。スコラ哲学の第一人者であった松本正夫。東洋史・考古学の重鎮・原田淑人。歴史哲学の神山《こうやま》四郎。地理学の別技《べっき》篤彦。美術史の村田良策。臨床心理学の霜山徳爾。航空宇宙学の先駆者で気鋭の若手教授・近藤次郎。源氏物語の大家で、聞くところでは当時、博士論文執筆中であった壮年国文学者・阿部秋生。

こうした日本の名立たる学者に加え、イギリス人でロンドン大学出身の英文学・戯曲の専門家・ドクター・マーガレット・ソーントーンをはじめ、英文学者のマザー・フローレンス・アトキンソンなど多くの修道学者たちが、英語による特講・入門の授業、あるいはエッセイや英作文の書き方・話し方（英語学）などを受け持った。特に英文学専攻では、そのほとんどの授業がネイティブ・スピーカーによる英語の授業であったことは、大学黎明期にあっての大きな特徴であった。

また、日本でもエッセイストとして知られたフランスの神学者ソーブール・カンドウ神父や、非常勤ではあったが、ポーランドの政治学者で亡命中のイエジー・ラースキー、その夫人で中世美術史のハナ・ラースキーなど、異才な国際人の講義に直接触れ、学生は国際的視野と世界観を知らず知らずのうちに広げていった。

国際感覚は、授業からのみではなく、掃除やキッチンや雑務に携わる世界各地から派遣されてきていた修道女たちからも、大学での日常生活で折々に教わることが多かった。彼女らを通し世界にはこうした国々やそれぞれの考え方もあるのだという知識と認識を植え付けられていった。そして彼女らからは、アングロサクソン英語ではない英語をも耳にする機会が与えられたのである。

同じ英語圏であってさえ、スコットランド出身のマザー・メアリー・マッカーディー・フリントからは、およそ聞き馴れないスコティッシュ訛りに交じってヒッス、ヒッスという発音が聞こえ、英語とは違う別の言語かとさえ思った。それでも廊下でこのマザーと雑談をしているうち、なぜかロンドンの街に話が及び、私がふと「テームズ川で」と言うと、マザーはいかにも失望した顔で、「テムズ、テムズ、ノット、テームズ」とタップするようにアクセントを刻んで私の発音を糺された。そうか、あの川はテームズじゃないんだテムズなんだと、教室ではないところで教わった。

ベルギー出身のマザー・アンナ・ギースンは、母国語のフランス語はもとより、英語も日本語も見事に熟《こな》されるトライ・リンガルの修道女であった。ある日、開通後間もない新幹線に乗った時、最大の願望が車窓から富士山を見ることだったので、万が一にも見逃さないようにと車掌に頼んでおいた。「アノ、スミマセン、もしフジヤマサン見えたら、教えてクダサ〜イ」。しかし新大阪に着くまで車掌は現れず、幸い「自力」で富士山を見たものの、きっと「シャショサン、忘レタノネ」とマザーは思っていた。すると、新大阪で降車寸前に車掌が現れ、「せっかくですが、藤山様はお見えになりませんでした」と告げたという。彼女にまつわる日本語に関しての傑作なエピソードは枚挙に暇《いとま》がないが、ほかにもアメリカ、オーストラリア、フランス、マルタ島、中国、韓国、台湾と修道女の国籍は多様で、彼女たちの共通語は概して英語であった。

こうした雰囲気に知らず知らずのうちに包まれて大学時代を過ごしたが、まずは入学早々からこの大学独特のシステムや慣行に遭遇した。近年、ことに新型コロナウイルス流行以前には、新入生のオリエンテーションを兼ねて二、三日の合宿をする大学もあったが、私が入学した頃は、まだ日本の社会全体としてそのような余裕はなかった。それでも大学は今も続く慣行として、新入生を馴染ませるため、入学式に続く最初の一週間をキャンパス内でのオリエンテーション・ウィークとした。その間授業はなく、時間割作成や教科書の購買、健康診断、その他種々の手続きや全体的な説明会などが開かれていた。

一年生はまだ学内の地図にも疎く、ましてや新しいシステムに順応するには、ただただウロウロすることが多かった。そこでこの新米を助けるシステムとして、当時、二年上の上級生、つまり三年次のクラス全員が一年生の個人個人に振り当てられ、手助けをすることになっていた。それをジュニアー・シスターズ（Junior sisters）と呼び、その付き合いは卒業するまで続いた。

一学年の級友は全員でわずか百人に満たないという少人数で、しかも当時は、大学の姉妹校となる系列の高校や、それと似た環境をもつミッションスクールからの進学者が多かった。それでも大学の姉妹校の高校が東京以外の地にもあったことや、そのほか公立高校、あるいはミッションスクール以外の私立校から入学してきた者もあり、私のように一二年間を通して一貫教育を受けてきた者にとっては、疎開時を除けば初めて日本全土の様々な地域から進学してきた友人と交わることになった。さらには、日本に駐留するアメリカ軍将校や軍属の子女も同級生にいて、自分の住む湘南地域の人としか馴染みをもたない者にとっては、大げさにいえば、幼児期以来、再び外に向けて開かれた世界であった。

この入学して間もないオリエンテーション・ウィークのある日、私は事務手続きのため、教室がある一号館校舎から、アドミニストレーションなど事務室のある久邇ハウスと呼ばれる建物に向かっていた。それらはコネクションと呼ばれた狭く短い渡り廊下で繋がっていた。一号館のドアを開けて渡り廊下に差しかかったその時であった。たまたま向かい側の建物のドアが開き、一人の新入生が歩いてきた。新入生同士にまだ面識はなかったが、二人は行きすがりにどちらからともなく「あら！」と思わず驚きの歓声をあげ、「もしかして？」と互いに相手の名前を呼んで、確かめあった。

それは紛れもなく、かつて一期一会と別れを惜しんだ旧友の「疎開生」、正田美智子さんであった。再会は八年ぶりで、しかも子どもから成人するまで多少は容姿に変化もあったであろうに、互いに一目《ひとめ》見るなり直感的にわかりあえたこと自体が不思議でもあり、感動的でもあった。同時に、この一瞬にして生じた奇遇は、一期一会とも思えた人と人の絆が必ずしも永劫の別れに終わらず、いつかまた再開をもたらすこともあるのだという、戦後ならではの一条の希望の光を窺い知る機会でもあった。

湘南電車での早朝通学

こうして新しい友、懐かしい友との出会いがあって、大学生活がスタートした。その中でまず得た強烈な印象として今も残るのは、一・二年では全学生必修の英語の授業があり、それが一コマ四五分ずつで週を通し、毎朝八時二〇分から始まることであった。そのため、私たち遠方から通学する「通い生」は、月曜から土曜までの一週間のほとんどを、朝まだきに必死の思いで家を出なければならなかった。

自宅から小田急線で藤沢まで行き、そこから湘南電車に乗り換えて品川まで行く。湘南電車は、当時の国鉄としてはド派手な緑と橙色に彩られ、近距離通勤列車として昭和二五（一九五〇）年に運行を開始したばかりで、まだ三年と経っていなかった。その湘南電車が藤沢を発車するのが六時四五分。それは工場通勤者と学生で込み合う時間帯であったが、当時、湘南電車は戸塚にも川崎にも止まらなかったため、藤沢から次の停車駅大船までが所要時間五分、大船から横浜までが二〇分、横浜から品川までが二〇分と、判で押したように時刻を正確に刻んで走っていた。

東海道線を品川で下車すると、四谷三丁目行きの都電（現在では都バス）に乗り換えて広尾へと向かう。その乗車時間はおよそ二〇分。これだけの全行程を行くには、少なくとも六時一五分には家を出なければならなかった。冬には明けやらぬ朝、星空を仰ぐ毎日であった。それでも分厚い教科書やルーズリーフを手に、眠気をこらえて列車に乗る。この苦行は、専攻課程に入り必修の語学などがなくなるまで、少なくとも二年間は続いた。

一方授業が終わり、部活動や奉仕の仕事がなければそのまま帰宅する。少なくとも専攻課程に入るまでの二年間は、専門科目の多い午後の遅い授業を履修する必要はなかった。それであれば、遠方からの通学生はできるだけ早く明るいうちに帰宅したいと、東海道線でいえば品川を二時台か三時台に発車する下り列車で帰ることを目指していた。授業の時間割さえも、それに合わせて調整した。

ところが、当時の東海道線の列車ダイヤは限りなく本数が少なく、しかも近距離・長距離が混在し、通学にははなはだ不便であった。というのも乗客の少ない昼の二時・三時台の時間帯は、一時間にたった二本、しかもそれらは意地悪でもするかのように集中して運行されていた。その上、二本のうちの一本は近距離の湘南電車であったが、そのあとを一〇分程して長々と連結された黒い車両、いわゆる「棒汽車」を曳いた遠距離列車が追いかけて来る。遠距離列車は、各駅停車ではなかったため、列車が通過する途中駅で下車する人は、その棒汽車よりも一〇分から一五分ほど早い湘南電車に乗らなければならなかった。彼らにとっては結局、一時間に一本しか乗るべき列車がなかったのである。この不便極まりないダイヤは昭和三九年まで続き、そのあと少しずつ改善されていった。

その不自由なダイヤ編成で東海道線が運行されていた頃、私たちが東海道線に乗るためには、大学最寄りの広尾から品川まで路面電車で行った。四ノ橋、古川橋、魚籃坂、伊皿子を通り、やがて泉岳寺、高輪でそれぞれ大きくカーブを切れば、国道一五号線に入り終点品川に到着する。もし午後の授業が二時半に終われば、帰り支度をして広尾まで歩き、うまく三時少し前に都電が来れば、品川発三時二六分の湘南電車に間に合うのである。とはいっても、それは市中を走る都電の運行状況次第であった。

ある日、私たちは都電のできるだけ車両最前部に立ち、品川駅が間近になると、「間に合うかしらね、東海道線。あと〇〇分。それに一番遠いホームまで地下道を走らなきゃならないし……」などと、運転手にこれ聞こえよがしに話していた。すると思いなしか運転手はチンチン、チンチンと思いきり警鐘を鳴らしてスピードを上げ、私たちの意図した通りの時間帯すれすれに到着した。どこかで、「ふー!」という運転手の安堵の息を、かすかに耳にしたような気がした。今となっては、我ながら嫌味なことをしたものだと申し訳なく思う行為であった。

通学といえば、在学していた大学では制服着用の義務があったため、都電でも湘南電車の中でも時折、どちらの制服ですか、と聞かれることがあった。制服は通学時だけでなく、授業中も、たとえ昼食時に学外に出ようともそれに身を包んで過ごす日々であった。

当時の制服は深い鶯色のしっかりとしたサージ生地で、六枚はぎのスカートに上着が付いていた。当時としては珍しいほどにきちっとしたスーツ仕立てであった。それもそのはず、大戦中にアメリカ陸軍の女性将校が使っていたものと同じで、新品ではあったがララ物資の供給品だったという話もある。スーツは夏冬兼用で四年間着用したが、それに耐える生地と作りであった。このスーツに白のブラウスが制服の規定で、ブラウスは各自自由だが、長袖が正装、夏は半袖が許されていた。

「聖体行列」と「リパブリック賛歌」

授業が始まって二カ月ほど経った六月のある日、学期初めの行事として、宗教的なものではあったがキャンパスの門から庭に向けての「聖体行列」が執り行われた。それはカトリック教会では公式な行事で、復活祭の日から数えて一〇週目となる「聖体の日」に、行列を組んで聖体への賛歌を捧げるのである。聖体とは、受難に遭ったキリストが最後の晩餐で、自身に代わるパンを祝して弟子たちに与えたことを記念するもので、カトリック信仰では聖体は中心的な霊的存在であり、その聖体に敬意を表わす行事が聖体行列であった。

その日、門の所からアメリカ空軍の軍楽隊が盛装で臨み、彼らの奏でる厳《おごそ》かとも陽気ともいえる華やかな吹奏楽のバンド演奏で私たちの行列も進んだ。その行進中、いくつか曲が変わり、やがてアメリカでは馴染み深い愛国唱歌「リパブリック賛歌」が流れてきた。

原題は *The Battle Hymn of the Republic* で、南北戦争時には北軍の愛国歌であり進軍歌であった。リフレインで"Glory, Glory, Halleluja"と歌われるその曲は、その後様々なヴァージョンを生んで、人々に愛唱されてきた。エルヴィス・プレスリーもまた、この曲と南軍のテーマをモチーフにしたアレンジを残している。そして私たち日本人にとっては当時であれば誰もが知るあの曲であった。

つまりそれは、「オ～タマジャクシはカエルの子、カエルの孫ではナイワイナ～、ソ～レが何より証拠には、ヤガ～テ手がデル、足がデル！」と歌われたあの歌以外の何物でもなかった。厳粛な聖体行列が進むなか、どこからともなくクスクスというかすかな笑い声が零《こぼ》れ、「リパブリック賛歌」は、いくら私たちの頭を厳かなものに切り替えようとも、「オ～タマジャクシはカエルの子、カエルの孫ではナイワイナ～」としか聞こえてこなかった。

実はこの替え歌についていえば、私は長いことそれが日本人の作った戦後のユーモアだと思っていた。ところがその後、作詞者は無論日本人だが、大戦勃発直前の昭和一五（一九四〇）年にすでに日本語で歌われていたことを知った。替え歌については諸説あるが、その曲をハワイアン風にアレンジしたのがハワイ出身の歌手・灰田勝彦で、戦後、「オタマジャクシはカエルの子」は彼のバンドをバックに日本中で大流行した。

だがこの原曲についての日本での由来を見ればさらに奥が深く、曲自体はすでに明治時代に日本に入ってきていたという。しかもそれが日本の軍歌にもなっていたことを知って驚愕した。それは曲が持つ魅力とともに、荘厳な曲風でありながらも、どこか歌いやすさがあったがため、様々な形で歌われて来たのであろう。それにしても、戦後に流行った「オタマジャクシはカエルの子」は、終戦直後の日本人にとっては、明るさを求めて心逸《はや》らせる歌であった。

心逸らせる明るい歌といえば、私が住む湘南地方では海辺が醸し出す環境ということもあってか、当時ハワイアンが大流行していた。灰田勝彦・晴彦兄弟をはじめ、バッキー白片とアロハ・ハワイアンズ、大橋節夫とハニーアイランダースなど、その頃日本で絶大な人気を博していたハワイアンバンドのいくつかが、時には浜辺で、時には近隣のホテルで演奏するため、湘南に巡業公演をしにきたものであった。

その後、灰田勝彦はハワイアン一筋ではなく、美しい旋律と甘い声で魅了するボーカルシンガーとなり、「森の小径」などヒット曲を発表した。それでもウクレレを手に、アロハシャツに身を包み、ハワイ出身という彼の背景は、ここ湘南のみならず日本中の人々を虜とした。

当時、たしかに日本人にとって地理的に身近だということもあってか、なんとなく一番親しみの持てる外国の地は圧倒的にハワイであった。岡晴夫の歌う「憧れのハワイ航路」。そしてコマーシャルといえば「トリスを飲んで、ハワイに行こう！」おそらく、トリスという酒の銘柄よりも、トリスを買って当たる「ハワイ行き」というボーナスくじに老若男女が魅了されたのではあるまいか。それは戦後、皆の耳に最も長く残ったキャッチコピーの一つであった。

もしハワイ行きのくじが不幸にして当たらなくとも、当時の日本人には自国に居ながらにして身近に感じた外国が、ハワイの他にもう一つあった。それは埼玉県所沢にあった「ユネスコ村」である。一九五〇年代に開設され、九〇年の平成初期まで西武鉄道が運営していた遊園地で、日本ではおそらく初めての文化村であったろう。今でいえばテーマパークの走りでもあった。五三年、私たちもこの開園したばかりのユネスコ村に遠足した記憶がある。それは大学に入学したばかりで、ちょっとした里心も手伝ってか、高校までずっと一緒に過ごした友人たちと一〇名ほどで出かけて行った。

ユネスコ村は、一九五一年七月に日本がユネスコ（国際連合教育科学文化機関）に加盟したことを記念して作られたものだが、世界各国の独特な建物や風車（オランダ）やトーテムポール（アメリカ先住民族）など各地の風物を模したミニチュア建造物が、木々に囲まれた起伏ある丘や谷合に並び、それは楽しい見学コースであった。ことに色彩豊かな建築物が強い表現力を持って迫り、真に新鮮な気分であった。

今ならばユネスコといえば小学生ですら知る世界機構だが、当時の日本人にとっては、そのほとんどが初めて触れる日本の外にある文化であった。ちなみにユネスコの機関は一九四六年に創設され、日本は六〇番目の加盟国となる。それでもその加盟は、戦後の日本にとっては五一年九月に調印したサンフランシスコ講和条約に二カ月も先駆けての国際デビューであった。私ならずとも、戦後の若い世代として生きる学生たちが、キラキラした目で世界に広がるユネスコの存在を見ていたことを思い出す。

学科専攻での選択の岐路

一方私自身の世界も、大学生活を通じ、知らず知らずのうちに広がりを見せていった。大学の授業では、当時の履修便覧を改めて眺めれば、驚くほど多岐にわたる分野の講義や演習を受けていた。自分の興味ある専門学科に入ってからは、さらなる知識と関心を高めるべく必至の努力を重ねなければ追いつけないほど、盛り沢山の内容であった。それでも当時は、そのありがたさよりも、辞書引きに追われ、レポート提出を迫られる苦痛の方が重くのしかかっていた。元来、怠け者で、できれば要領よく勉強したいタイプの私は、必ずしも優秀な学徒でないことは確かであった。

それでいて、山中謙二先生の西洋史概説には、余りあるほどの興味を抱き、先生の真面目で格調高い講義は、アメリカや英語圏にとかく関心の行きがちな私に、広く世界の動きを知る大きなきっかけをつくってくれた。今でも、ふとその講義を思い出す。「あのビスマルクってェ〜奴は、凄い奴でありまして〜」という先生の口調が耳に響いてくる。滔々と淀みない口調で話される講義は、理路整然としてわかりやすく、過去の史実が蘇ってくるような生々しい描写であった。

歴史の授業と併せ国際関係の授業では、外務官僚出身の内藤智秀先生の国際関係史のほか、のちに国連で活躍した緒方（当時中村）貞子先生の国際関係も学んだ。緒方さんは学年にして六年私たちより先輩となるが、当時アメリカで学位をとるため、修士を終えて一時帰国されていたこともあり、その間非常勤講師として母校で授業を持たれていた。四年次生のわずか半期の授業ではあったが、明快で切れ味鋭い講義であったと記憶する。

世界史や外交史は、もともと興味ある分野ではあったが、そもそも私がこの大学に進学したかった目標は、英語を言語基盤とする英文科志望にあった。だが、いざ大学三年を前に専攻を決めなければならない時、予想もしない迷いに私は捕らわれた。今よりももっと広い世界を見たい、一方では子どもの時から親しみ馴染んだ英語圏に身を置きたい。西洋史か、英文科か、その迷いは突然大きな暗雲が目前に浮かぶように、私を覆ったのであった。

その迷いを解いたのは、母の一言であった。自分が選びたい専攻に進むのもよし、とはいえ、これからの社会で女性が生きるには、何か自分を支える中心軸、そしてそれが生活の場でも生かされるものを身に付ける方が良いのではないか。その意味では、今自分が特技とする英語を生かし、さらに就職するにしても、英語の方が今の社会では実用性があるのではないか、と言ってくれた。

たった一度の助言で、あとは私の選択に任されたが、現実味のある助言には妙に説得力があった。もしかすると、私がいくら御託を並べても、所詮は私の願望が実は英文科にあったことを母は見抜いていたのかもしれない。そしてこの迷いの結論は、大学での専攻は英文としたが、今少し先には、大学院で願望の西洋外交史を専攻することになったのである。

だがこの英文科を専攻したという選択は、長い目で見れば、歴史を専攻した大学院時代に、思わぬ効果をもたらしてくれた気がする。一つには文学を学んで歴史を見ると、歴史の中にある市《し》井《せい》の出来事や人々の間にある葛藤が、たとえフィクションであれ、詩情であれ、文学を介して見た史実を生きたものとして捉えられる感性を授かったことかもしれない。

第二の利点は、文章の理論《ロジック》の仕組みについて、英文専攻の授業でいやというほどで叩き込まれたことであろう。史実の証拠を求め、その証拠を明らかにするには、化学記号ではなく明解で正確な文章でなければならない。その文章を正確に書くには、まず文章が主語、述語から成り立つと、英文法では必ず教わる。そしてその文は短くとも長くとも、次の文に繋がる妥当性がなければ、文章は続かない。それは一つの段落が終わって、次の段落に移る時でも同じである。

無論、日本語で文を書く上でも変わりはない。だが日本文の場合、文章と文章を繋ぐ、あるいは段落と段落を繋ぐのには、接続詞を使えば、なんとなく繋がっていくこともある。これに対し英語の文章では、接続詞を使うよりも一つの文の文意がそれぞれ次の文の文意に繋がる連鎖性で文の展開が図られる。つまり内容的に繋がっていなければ良い文章とは言えない、と教わった。だからこそ段落は、一つの文だけでは成り立たず、必ず二つ以上、つまり複数の文がなければならないという理屈になる。

このほか英語では、英語独特の動名詞や副詞句や形容詞句を使うことで、文と文が繋がりを持つことができるのである。つまりこれらの語句は、単に物事を形容したり、時間とか場所とか状況を伝える副詞の役割をするだけでなく、例えば動名詞を使うことでその文章の中に表わされる事象を説明できるような言葉となって、文章間に連携性を持たせることができよう。

この理屈で行けば、真に理路整然とした文が並ぶことになり、それに起承転結を文全体に持たせることで、大まかにいえば、主文・本文・結論から成るバランスよい構成になる、と教わった。無論、この書き方がすべてではない。この手法は論文やレポートを書く時の要領とはなるが、文章の妙味は著者の本意や感性によって創意工夫されるものだからである。だが、少なくとも私がアメリカの大学院でレポートや論文を英語で書く時にはこの手法こそが大いに恩恵を与えてくれることになった。

そういえば、大学に入学して早々、学長との個人面談で、学長から問われたことがある。「夢を見る時、英語で見るか、それとも日本語か」。さらに続けて学長は尋ねた。「ものを考える時にはどうか？　あなたは英語で考えているか？　それとも日本語で考えているか？」と。

今まで思ってもみなかった。大体、英語で考えるのと日本語で考えるのと、考え方に違いがあるのだろうか。この疑問は、私にとって長いこと解けない謎を残した。もし違いがあるとすれば、それはもちろん、考え出される結論に違いがあるのではなく、考え方の行程に違いがあるのではないか。つまり、今でも正解かどうかはわからないが、その違いは英語にある「論の筋道《ロジック》」が導き出すものではないか、ということであった。

このことのほかに、もし英文専攻で培われたものが特にあるとすれば、それは絶え間なく辞書を引くことであったろう。何でもかんでもわからなければ辞書を引くという意味ではなく、まずは単語がわからずとも素読みをする。同じ単語が何回か出てきてもなお文意が通じなければ、辞書を引く。そのことにより辞書に依存せずして、新しい言葉を覚えていった。辞書を引く時には、ついでにその単語の意味だけではなく、その言葉の応用例や述語や変化形も読み込んだ。そうやって語彙を増やしていった。

それから何十年もたったある日のこと、文章を書いている時に突然見慣れない単語が頭に閃《ひらめ》いたことがある。辞書を引けば、その言葉を除いて的確と思える表現はほかになかった。おそらくは、かつて辞書で引いた言葉が、記憶の古い引き出しのどこかにしまい込まれたまま、いつか使える日のために何十年もの間ストックされていたに違いない。単語を覚えるということはそういうことかと、改めて思い知らされた体験であった。

辞書とは別に、実地に英語を覚える機会が何度かあったのは、ネイティブ・スピーカーの先生が多かった当時の大学のおかげであったかもしれない。ある日のこと、大学の受付で電話をかけたい用事があった。当時はまだ携帯電話もなく、外で電話をかけるとすれば、いわゆる公衆電話のみが頼りであった。構内にも、公衆電話といえば当時は緑色の電話のほか、マリアンホールの受付には、ピンク色をした小さめの電話機があった。

私はそのピンク電話を借りたいと、受付に座っていたアメリカ人の修道女に申し出た。たまたま彼女は私たちに英語学を教えていたマザー・マテイアーであった。小柄でニコニコした笑顔のマザーに"May I borrow this telephone?"と私は訊いた。

するとマザーは冷ややかな声で私の申し出を断った。"No, My Child, you can't borrow it." だが、間髪を入れずに付け加えて言った。"Just use it."

私としては「お借りしたい」と日本流に訊いたのだが、私の訊きようではまるで私がピンクの電話機をコードごと引き抜き、そのままどこかに運んでいってしまうことになる。電話をかけたい時には、「借りる」ではなく、「使う」のでいいのだと身に染みて知り、覚えたものである。

大学で学ぶこととは

こうして四年間の授業を通して様々な学習をしたが、それは学生としては当然なことであろう。だがある日、学長マザー・ブリットは私たちに言った。大学で学ぶということは、学問としての知識だけではない。その四年間、勉強を通して知らず知らずのうちに培ってきた探求心、緻密さ、冷静さ、バランス感覚、忍耐、挫折感、そこから立ち直る躍進力など、学ぶ過程で体験して得たそれらの実力こそが人生を生きる糧になる。

学長は、こうも言った。人が学ぶべきは学業の尊さだけではなく、大学人が人間として、社会に関わるべき責任とそれを実行する心構えをも学ぶことである。人は他人に無関心であってはならない。人は社会に顔を背けてはならない。人は自分の国のことだけではなく、世界に、そして世界の人々に目を向けなければならない、と。

それは隣人に干渉し、他人のことに首を突っ込み、余計なお世話を焼くことではない。もしその隣人が何か助けを求めた時、すぐにでもその力になれるようにするためだと、ボランティアの基本精神をも伝えた。

ボランティアという言葉は、その頃まだ日本では全く知られていなかった。だが、入学するなり、ボランティアという言葉をあらゆる機会に聞かされた。適当な訳語がなく、言葉の意味もあやふやに、そのままボランティアという言葉を使っていた。一九五〇年代のことである。そして現在の日本でもおそらく訳語が見つからないまま、原語が定着したのであろう。

思えば大学では、ボランティアという言葉はごく日常生活にあった。その多くが、必要とあればその場で手を挙げ、自らの有志で参加する。例えばそれは学内で部屋から部屋へと椅子運びをするといった些細な労働であったり、あるいは自分よりも恵まれない人への寄付や小さな贈り物であったりする。だが、これらの行為は決して強制的ではなく、あくまでも任意つまりボランティアであった。

ただ、一つだけ強制的なことがあった。例えば毎年クリスマスの頃、恵まれない人へのわずかな贈り物を求める掲示が出る。贈りものは任意であって、してもしなくてもよい。だがその通知とともに、全学生の名簿が束になってぶら下がり、各学生は掲示を見た！　というチェックを自分の名前のところに記さなければならない。他人を思いやることに対し、たとえその趣旨に賛成であれ反対であれ、無関心であってはならないということであった。

他人に関心を持つ、他と関わる。それは学長の、あるいは大学教育の基本姿勢でもあった。自分の周辺の人に関心を持つ。自分だけではなく、自分が生きる社会に関心を持つ。そしてそれは大きくいえば、自分の国だけではなく、世界に関心を持つ、という一貫した他との関わりを説くものであった。だが同時に、他と関わるということは、自分自身が確固たる自己を確立していなければならない。自分の意見を持ち、自分の意見を堂々と人に対しても表明できる女性であれ、というのもまた、学長からのメッセージであった。

学生の間ではマザー・ブリット語録といわれるほど、学長からのメッセージは多々あった。一つのことだけではなく、複数の仕事が同時にこなせる人になれ。世の中の変化に敏感で、臨機応変の対応ができる人になれ。

だが、それら語録の中でも、強烈なインパクトを持つメッセージとして記憶していることがある。それは、もし誰かに仕事を頼まれた時、たとえその任が自分の身に余るものであっても、遠慮や出しゃばりを恐れて身を引いてはならない。むしろ自分ができることならば進んで引き受けるべきだというのである。

古い日本の考え方では、出る杭は打たれるとか、能ある鷹は爪を隠すとか、とかく人前に出ることをできるだけ慎しむ。だが「それは謙遜の美徳には当たらない。自分が最善を尽くそうと試みもしないで断るのは、むしろ責任逃れであり、罪なのだ」と学長は言った。そしてそこにこそボランティア精神の真髄があることをも、彼女は教えたかったに違いない。

ボランティアと同時に、よくチャリティーという言葉も聞かされた。チャリティーという言葉は今でこそ日本でも定着し、「被災地救済のためのチャリティー・コンサート」と言ったりする。だが私どもが聞かされていたチャリティーは、少しニュアンスが異なっていた。それはある意味ではもっとドライではあったが、無限な善意をも意味していた。

チャリティーの語源は、キリスト教でいう「愛（Caritas）」だとされている。もともとヨーロッパのキリスト教会中心の社会では、今であれば国が補償すべき福祉事業でさえ、信徒の善意による寄付を求め、とかく憐れみの気持ちから貧者に恵んで施すという風習が強かった。しかし一九世紀頃になると、ヨーロッパ特にイギリスでは福祉観念が高まり、チャリティーは恵まれないものに「憐れむ」という概念よりも、社会にある同じ人間として不幸や困難を分かち合い、必要なものを「助け合う」という互助精神に変容していった。

おそらく大学で使われていたチャリティーという言葉には、このヨーロッパ的、あるいは欧米型の助け合いの慣行を反映し、一つの目的実現のため、もしその目的が他の人にも共有されれば、そのための寄付を募る、というものであった。したがって大学におけるチャリティーは、ある時は人道的な愛に基づく救済もあったが、ある時は相互扶助的なニュアンスを持つファンド・レイジングでもあった。

大学の黎明期には、校舎も含め教育環境が物理的にはまだ充足しておらず、それを補充するため多くの寄付を仰がなければならなかった。校舎は白亜のコンクリート造りではあったが、当初は三階建ての建物が一棟あっただけで、教室や会合やイベント・スペースなどを充足させるため、新築や増築事業を進めていた。そのため大学ではバザーを開くなどして、懸命に資金調達を図ることもあった。

例えばクリスマスには、学生グリークラブやオーケストラクラブを動員し、立川の米軍キャンプなどでクリスマスキャロルを歌って多少の寄付を仰いだりした。また企業から求めた寄贈品を賞品としたラッフル（くじ）を売り出し、駐留兵の多い日比谷のAアヴェニューや銀座界隈で、ラッフル券やバザー券を売りに学生たちが街頭に立った。券は一枚が米ドルならば一ドル。日本円にすると当時の為替レートで三六〇円であった。支払いはドルでも日本円でも構わなかった。

ある日、通りがかったGI（兵隊）が、券を購入したいが細かいお金を持ち合わせていない。五〇〇円札で支払ってもよいかと尋ねた。ちなみに五〇〇円札が日本で初めて発行され流通されるようになったのは一九五一年であったから、その時の五〇〇円札は新札ほやほやであったろう。すると学生は、GIが何度も断ったのに、杓子定規におつりとして一四〇円を返金した。だが戻ってきた学生からこの話を聞いた学長は、決して笑顔ではこれに応じなかった。「あなた方はチャリティーというものの意味がわかっていない。券はたしかに一ドルと価格が定められている。だが寄付はあくまでも好意でされるもので、お金の高が問題ではない。お釣りを渡そうとしたあなた方の行為は、寄付をしたいと思った人の好意を踏みにじったのだ」と、きつく諭された。学生にとって、その時の学長の姿勢はいかにもドライでアメリカ的で、日本人にはないもののように映ったという。正直を是とせず、逆にその律義さを窘《たしな》められたこの逸事は、長いこと学生間で話題となった。

チャリティー精神の根底に「愛の精神」があることはいうまでもない。だが広い意味での助け合いの精神としてのチャリティーには、ある関心事を自分だけが負うのではなく、他とも分け合う、だからこそ自分もまた他に対して関心を持つというものであった。今振り返れば、大学時代の様々な指導や体験は、この自己と他との交わり合いという一つの原点にすべてが帰趨していた気がする。それは、社会奉仕だけではなく、日常の些細なこと、例えば自分自身の立ち居振る舞いやマナーに至るまで詳細に及んだ。

学長が諭したところの他人との関わりは、例えば身だしなみやマナーや挙句の果てには化粧にまで及び、厚化粧をするな、ルージュを濃く塗るな、他人を不快にするような服装で身を飾るな、と諭したのであった。かつてアメリカの思想家ベンジャミン・フランクリンが、「食物は自分のために摂る、だが服装は他人のためにまとう」と言った言葉を思い出す。

相手にとって不快な思いをさせない努力は、例えば公共の洗面所を使う時にも必要で、自分の使った洗面台に髪の毛を残すことなく綺麗に拭き取るなり洗い流すなりしておくことが公衆マナーだと学長は諭した。今でこそ日本でも、ホテルや飛行機など公共の場所で、「後に使う人のために綺麗に使おう」という張り紙を見ることがある。公共の場所を皆で気持ちよく使うという精神は、結局他人を思いやらないと生まれてこないものであろう。

これらの助言は、ここにまとめて羅列してみると、はなはだ陳腐でお節介で小うるさく聞こえるかもしれない。だが学長は、これらのことを絶えずユーモア交じりに説き、話は爆笑に包まれることが多かった。そしてそれは、当時の学生にとって、今も忘れられない教訓として残っている。

人によっては、修道女が服装や化粧への注意をすること自体に違和感もあろうし、そのような躾は大学の場で教えることなのか、という人もいよう。だが、自己と他をあえて意識して考えることにこの話の原点があるとすれば、真に筋が通っている。あの時代にそれができたのは、学長個人の人徳としかいいようがない。あえていえば、学長は、「良き時代のアメリカ」を代表する賢き「善きアメリカ人」であったのかもしれない。

卒業論文提出と日本の国連加盟

こうして学ぶことの多かった学生時代も、四年生の大学生活最後となる年は、ほとんどの時間が卒業論文の準備に追われる日々であった。その年の夏休みは、たまたま猛烈な暑さに襲われたこともあり、最悪の時期であった。それは六〇年経った今でも忘れられない。体力的にも、そして論文の構成のまずさから来るもがきもあって、ほとんど私はスランプ状態にあった。それをどう乗り越えたかは、今となっては覚えがない。だがこうした経験こそが、かつて学長が諭《さと》したように、学生時代に体得した一つの学習であったのかもしれない。

一年以上にわたる卒業論文との格闘は、年の終わり一二月一〇日に論文を提出して終了した。習いたてのタイプを精いっぱい叩くように打って、英文での論文を整えた。なかには、当日、提出期限の時間が迫っても、表紙や清書した用紙をバインダーに綴じつけられない者もあり、教室にいた皆で手分けして提出論文の体裁を整えたことも記憶に残る。

このように私たちが卒業論文という真に個人的な次元での体験に忙殺されていた頃、実は、日本では今後の外交を大きく左右する一大事が起こっていた。それは、日本が国際連合への加盟を承認されたというビッグニュースであり、それが正式に日本に伝達されたのは一二月一八日であった。

日本が国際連合に加盟することを正式に承認される六日前、当時日本の女性運動の指導者であった市川房枝などの提唱により、国連総会の代表団には必ず民間女性を含めるようにとの要望書を、植村環らの手で重光葵外務大臣に提出した。時の総理大臣は鳩山一郎であったが、この要望が聞き入れられ、翌一九五七年に日本が初めて臨んだ第一二回国連総会には、藤山愛一郎が率いる日本政府代表団に藤田たきが参加した。以後、毎年の国連総会に、今も民間人の女性が政府代表団に入っている。日本が国連を通し戦後の世界に羽ばたこうとしている時、日本の女性もまた世界に向けて大きく前進するのであった。

こうした女性の社会進出の動きは日本のみならず、世界においても次第に趨勢となっていく。国連憲章の草稿に関わったヴァージニア・ギルダースリーヴス、国連でアメリカ代表を務めたエレノア・ローズヴェルト夫人と、多くの女性が国連では当初から活躍していた。それは国連が、国家間の紛争を政治的に調停して世界平和を築くためだけのものではなく、性別を問わず、国籍を問わず、人種を問わず、宗教を問わず、世界に住むあらゆる人々が直面する社会的問題を解決せずして世界平和は構築できない、とする国連創設の意図を実現せんとしたからであった。市川房枝が国連に女性代表をと唱えた問題意識はまさにこの点にあった。ここにもまた世界に向けて開かれるべき窓が求められていたのであった。

些細なことながら、その頃、我が家にも新しい動きがあった。それは父が戦後初めて海外出張をしたことであった。国連の信託統治理事会に出席するため、父はニューヨークに出張した。父にとっては、戦前のロスアンジェルス赴任から一六年ほど経っており、しかもロスアンジェルスとニューヨークとの違いもあって前回との詳細な比較はできないが、それでも帰国した父の写真を見る限り、近代的な高層ビルが街を塞ぐようにして立ち並ぶ風情は、当時の日本にはほとんど見られない大都会の豪勢さをまざまざと見せつけていた。

一九五〇年代のアメリカ――繁栄の陰の閉塞感

実際その時期、戦後のアメリカ国内ではいったい何が起こっていたのであろうか。第二次大戦後のアメリカは、前の大戦後に比べれば戦争終結による社会的混乱もさしてなく、むしろ平時体制への切り替えはスムーズに移行した。兵役についた人々は、志願兵を併せ、男女総計で一五〇〇万人余。それら前線から帰還した兵士たちの多くは、それぞれの家庭に、職場に、と復帰した。そして彼らを迎え入れたアメリカ社会はといえば、かつてないほどの繁栄と経済的安定の時代に入っていく。それは冷戦や朝鮮戦争などによる軍需産業の需要が引き続きあったこともあるが、むしろ社会基盤の根底に、かつて一九二〇年代に築かれた近代産業の発展と消費社会の原型が残されていたからであろう。

服飾産業（今でいうアパレル業界）、自動車産業、広告産業、通信業界、娯楽産業など、大恐慌により一時壊滅状態に陥ったものもあったが、景気復興とともに次第に需要も伸び、業界はむしろ更なる発展にと伸長していった。ことに自動車産業は、不況期にあっても絶望的なほど落ち込むこともなく、第二次大戦後は自動車の大型化と豪華さをもって消費をも煽った。かつて一九二〇年代に一世を風靡したラジオ産業も、いまや新しい情報網としてのテレビを開発し、それとともに広告業界も一段と飛躍的に発展した。

一挙に多くの帰還兵を受け入れた戦後のアメリカ社会は、マイホーム志向を押し上げ、人々は美しい庭園付きの憧れのマイホームを求め、それを瀟洒な調度品で飾り、しかも簡便な電化製品で家事労務を減らす夢を抱いていた。その結果、かつて一九二〇年代に巨大産業となった不動産業や建設業、家具調度品メーカーや家電製品業界などをも蘇生させた。

マイホーム主義に伴い、家庭で消費する食品や物品も増大し、それを求め、車社会が生んだ郊外への発展、それとともに開けた大手スーパーマーケットの発展ぶりは、かつての一九二〇年代の成長のスケールをさらに拡大させたものとしてみることができよう。こうした消費社会の肥大化は、その後私自身がそこに生活し、目にした生活環境と符合する。実際、第二次大戦が終結してから二〇年の間に、アメリカの生活水準は飛躍的に向上し、一人当たりの実質所得も増大した。それを裏付けるかのように、ＧＮＰ（国民総生産）もまた一九五〇年から六〇年の一〇年間に、三六〇〇億ドルから五一〇〇億ドルにと上昇している。

だがこの繁栄の影で、社会が背負ったいくつかのマイナス面もあった。一つには、冷戦のために社会的な不安が払拭されなかったことである。そのため、世界大戦が終わっても、第一次大戦終結後のように、手放しで終戦を喜ぶ楽観主義や厭戦気運が漂うことはなかった。しかも冷戦は核戦争の恐怖と隣り合わせにあり、米ソの核競争が加速し、現実には朝鮮戦争という実戦へと繋がっていった。人々の不安は一層募り、その恐怖の中でアメリカ社会に一気に蔓延したものが、共産主義への過剰なアレルギーであり、それを利用した政治勢力がマッカーシー旋風であった。

一九五〇年二月九日、アメリカ中西部ウイスコンシン州選出のジョゼフ・マッカーシー上院議員が、ウェスト・ヴァージニア州の共和党関係者の集会で述べた発言により、マッカーシー旋風と呼ばれる「赤狩り」が始まった。その発言は、国務省の現役役人の中に、共産主義者と目される人々がリストとなって彼の手中にあるというものであった。

その後マッカーシー上院議員による「告発」対象者は、国務省のアルジャー・ヒスをはじめ、財務次官補ハリー・ホワイト、中国通の学者オーエン・ラティモア、経済学者シルバー・マスター、マンハッタン計画に参加したジュリアス・ローゼンバーグ夫妻など広範囲に及び、映画界でも、チャーリー・チャップリンやウイリアム・ワイルダー等ハリウッドの俳優や監督が非米活動委員会の喚問を受けた。スパイ容疑をかけられた人々は留まることを知らず、なかには自分の身の潔白を証明するために他を告発するなど、ヒステリックな状況にさえ転じていった。

執拗で異常とも思えるほど続いた告発の連鎖は、やがて上院議会内部にも告発の正統性に疑問と批判が生じ、一九五四年、マッカーシーは一転して上院議会の名誉を貶《おとし》めたとして譴責《けんせき》決議を受け、圧倒的多数をもって上院から追放された。ここに三年余にも及んだマッカーシー旋風はようやく終焉する。だがマッカーシー旋風の背景には、二〇年代以来の狭量な反共産主義やスパイ絶滅を標榜した非米活動委員会の動きがあったことは確かであった。しかもマッカーシー旋風とは別に、一九五〇年には「国内治安法」または「破壊活動取締法」として知られるスパイ抑制を狙ったマッカラン法が通っている。繁栄の陰でアメリカ至上主義が生んだ社会的歪みがあったことは否めない。

一方、この繁栄の中で今一つ社会が背負ったマイナス面はといえば、差別意識の蔓延と、それと表裏をなす格差社会の増長であった。労働者の生活が安定し、マイホームが人々の夢であったといわれる一九五〇年代の豊かさとは裏腹に、これら差別や格差といった社会的マイナス要素はやがて六〇年代の変革の時代へと繋がっていく。その意味で五〇年代は、いずれ来る大きな社会的うねりの助走を思わせる時代でもあった。


差別と格差は時に表裏一体をなすが、一九五〇年代の場合、貧困の問題はとかく繁栄の陰に隠れがちとなっていた。これに対し、差別の方はむしろあからさまな現状と不満を露呈して目に見える問題となっていく。なぜならば、差別は法にも抵触し、あらゆる人々の平等を謳った憲法修正条項第一四条に触れるものであったからである。それは、主として黒人差別の問題ではあったが、そのほかにも差別の対象はネイティブ・アメリカンズであったり、移民であったりする。

つまり表向きとはいえ、奴隷解放を謳った南北戦争の終結と南部の敗退により、法の下での平等が叶ったとはいえ、実際のアメリカ社会では、地域によっては選挙権の行使が黒人には認められていなかったほか、禁止項目によって、黒人が社会で差別され不利益を被ることがあまりにも多くありすぎた。黒人であるが故に手近かにあった白人専用の水飲み場で水を飲むことも許されず、公共の乗り物を待つ停留所や車内でも、白人を優先させるがために場所を区分され、屈辱と苦痛を味あわされることは日常茶飯事であった。

　黒人に対する差別的な規制はヴァージニア州以南の南部諸州に多くみられたが、それぞれの州法でガードされ、合法でさえあった。その南部の鉄則にメスを入れたのが、一九五四年の「ブラウン対教育委員会」の最高裁判決であった。判決はカンザス州の州法が黒人と白人の学生を分離教育する公立校の設立を認めているのは、黒人の学生にとって教育の機会均等を阻害し、それ故に、法の下の平等を保障する合衆国憲法修正第一四条に違反するとした。ここに長年にわたり君臨した「分離するとも差別せず」とした南部白人至上主義の牙城が瓦解し、この最高裁判決がその後の公民権運動の旗頭になった。

　ブラウン裁判事件に次いで一九五六年には、アラバマ大学の院生オーザリー・ルーシーが学内で差別を受けたとして訴えた、いわゆるルーシー事件が起こっている。しかしこの訴訟に対し大学側は、学内を混乱させた廉《かど》で逆にルーシーを停学処分にする。これを不服としたルーシーはアラバマ州最高裁に訴え、州最高裁は復学を大学側に求めたが大学がこれに応ぜず、結局ルーシーは永久追放されるに至った。

　さらに一九五七年アーカンソー州では、州の教育委員会が成績優秀な九人の黒人学生を白人限定のリトルロック・セントラル高校に進学させようとした。だが州知事の権限で阻まれ、州兵をもって阻止するその構えの前に、学生たちは登校を諦めざるを得なかった。これら教育をめぐる黒人への不平等措置が高まるなか、社会的に大きな動揺を生んだローザ・パーク事件が起こった。

それは一九五五年、アラバマ州モントゴメリーの公共交通機関であるバス車内で、座席をめぐって起きた事件であった。州の規定では乗車の優先は白人にあり、乗った者から順次、前列の席が埋められる。ところがその日、発車直前に駆けつけた一人の白人乗客があり、そのため後部座席にやっと席を得た黒人女性のローザ・パークに、運転手が席を譲れと命じた。だが、それに応じなかったローザは逮捕され、その不条理に反駁した黒人市民が一斉にバス利用のボイコットに及び、全米に大きな反響を呼んだのであった。

一九六〇年の人口調査では、黒人は全米総人口の約一一パーセント近くを占め、それからすると、まさにこの五〇年代にあった一連の動きは、長きにわたる不条理な差別意識への抵抗が黒人自身の間で強く芽生えた、いわばターニング・ポイントとして捉えられるであろう。経済的には栄光を誇った五〇年代は、一方で革新に向けての重要な足場を築いていった時代とも記憶されることになる。

日本が戦後、閉塞感から解き放たれ、次第に世界に向けて開かれていった時代に、アメリカは世界に冠たる経済力と軍事力を誇りながら、社会的にはマッカーシー旋風や差別による閉塞感を充満させていった。同じ時期の日本とアメリカを比べれば、皮肉な展開としか思えない。戦時に閉ざされていた日本が、戦後突如、アメリカ駐留軍による様々な影響を受けて開かれた世界へと邁進してきたことを思う時、なお一層その皮肉が強く感じられるのである。

7　空路往く二度目のアメリカ

日本が戦中・戦後とめまぐるしい激動の時代を経て、様々な変化を体験しながら見事な戦後復興を成し遂げたといわれるのは、やはり東京オリンピックが開催された年、つまり一九六四（昭和三九）年辺りであったろうか。とはいえ、戦中・戦後を体験した者にとっては、戦争により焦土と化した日本の町々が、あの闇市のごった返す混乱から抜け、たとえ表面的とはいえ安定した日常生活をどうにか取り戻していくのは、それよりもずっと前、つまり終戦から数年も経った頃であった。それは一九五〇（昭和二五）年に勃発した朝鮮動乱による軍需景気がもたらした経済効果ともいわれ、五〇年代初め頃には、すでに生産ラインも動き始め、流通機構の重要な足となる鉄道の復旧やあるいは新たな路線の開通も促されていた。

海外渡航の解禁

しかもこの頃になると、国内における復興だけではなく、閉ざされていた海外との活路も開かれ、国境を越える人々の交流も進んでいった。当初、外国から日本への流入は大陸から帰国する引揚者や戦地から帰還する軍人などと並行して、連合国軍の駐留軍人やその家族、あるいは軍関係者、そして占領国の統治・改革・組織改造や復興に関わった識者や支援者、あるいはジャーナリストたちであった。

逆に日本から外国への渡航は著しく少なく、一九四七年の特別法でいわゆる「戦争花嫁」が婚姻により「アメリカ人」として出国を許されたのが特例であった。それ以外は一九四九年から五一年まで続いた「ガリオア・プログラム」によりアメリカに留学した人々などに限られていた。日本からの海外渡航が解禁となるのは一九五一年のサンフランシスコ講和条約調印以降のことで、以後、在外公館や在外事務所に勤務する政府関係者や企業関係者、文化やスポーツなどの人材交流で海外に派遣される人々、あるいは「ガリオア・プログラム」の後を継ぐ「フルブライト交流事業」で留学する学生や研究者などが渡航するようになった。そのほか戦後の国策に基づき、五二年以降には海外移住を目指して南米などの国々へ渡航した人々もあった。

いずれにせよ、当時の国際為替レートは一米ドルに対して日本円は三六〇円であり、しかも日本円の持ち出しには厳しい規制があったことから、一般人にとっては高額となる渡航費用を払い、レジャーとしての海外旅行を楽しむ時代にまでは至っていなかった。それでもこうした限られた人々とはいえ、日本人が再び国境を越えて海外に出るようになったのである。

往来の手段としては、一九五〇年代前半にあってはあくまでも船による移動が主軸であった。その船舶がすでに翳りを見せ始めるのは二〇年代初頭であったが、さらに顕著となるのは五〇年代半ばであった。戦中・戦後を通じて著しく進化した航空技術の恩恵を受け、海外からの渡来はもとより、日本から欧米への旅も次第に、そしてやがては圧倒的に海路から空路へ、つまり船ではなく飛行機に変わっていったのである。しかもその転換はまことに飛躍的なものであった。

再度の訪米はプロペラ機で

日米間の空路は、太平洋航路でいえばアメリカのNorthwest Orient AirlinesやPan American Airways（PANAM《パンナム》）、イギリスの航空機BOAC（現在のBritish Airways, BA）がすでに一九四七年から運航を開始しており、四九年には、カナダのTrance Canada（現在のAir Canada）もこれに加わった。日本航空（JAL）はそれから五年遅れの五四年に、ノースウェストやパンナムの後を追うようにして、ホノルル経由の羽田―サンフランシスコ便を開通し、DC6を就航させた。

当時、国際線航路は、アメリカやヨーロッパの航空会社が圧倒的なシェアを占め、日本は路線の拡大を前に路線取り合いの前哨戦的時代にあった。その中で太平洋航路を飛ぶ便では、ジェット機の購入を各社がすでに検討・発注し始め、空路争奪を懸けて時間を短縮し、長い距離を飛べるジェット機就航を目指していた。

実際に、長距離飛行の太平洋航路にダグラスDC7やDC8、あるいはボーイング707型機が就航するようになると、航路は画期的に伸び、大型輸送も可能となっていく。一九五四年に、羽田―サンフランシスコ間をDC6の就航で開通させた日本航空も、四年後の五八年六月には、DC8による試験運行を太平洋航路で行ない、その本格的な運用を翌五九年九月に開始する。これにより、空の旅はいわゆるジェット機時代にと入っていった。まさに船舶に代わる画期的な進行が、五〇年代後半に一気に進んでいったのである。

その頃、一九五八年四月に、私は再度国境を越えてアメリカに行くことになった。それは父の最後の海外赴任と私の留学願望とが重なってのことであったが、両親とともに三年余にわたり、再びアメリカに住むことになったのである。前回、開戦直前に帰国してからすでに一九年もの歳月が経っていた。

私どもの二つの渡米が決定的に違っていたのは、一つは目的地がかつては北米大陸極西部の太平洋沿岸となるロスアンジェルスであったのが、今回はその対極地、大陸東部の大西洋沿岸に面したワシントンDCであったことである。そして第二に、戦後の渡航ルートが、前回の船による国境越えではなく、飛行機による空からの国境越えであったことである。

興味深いことに、渡米がたまたま一九五〇年代であったことから、飛行機の機種や飛行ルートが目まぐるしく変わり、航空史上最も劇的な変遷をみた時期とも重なった。まさに身をもって、航空革命の様相を体現する旅となったのである。

その様相は出発時から顕著であった。利用した便は私どもの個人的事由で、日本航空ではなくパンナム機であったが、私たちが搭乗したその時期はちょうどパンナムや日本航空がともに太平洋航路でのジェット機就航を実現させる一年半前のことであった。そのため私たちの便は、おそらくはプロペラ機時代の最後を飾る太平洋就航便の一つであったろう。

この時期太平洋航路に就航していた大手の航空会社は、性能の高いダグラス社のＤＣ６、ＤＣ７、ＤＣ８、それにボーイング社やロッキード社の新機種を競って、しかも矢継ぎ早に採用した。そのため、当時、自分がどの機種に乗ったかは、運行スケジュールでも追ってみなければわからないほどであった。それでも私たちが羽田から乗った機種は、たしかにレシプロ商業機の四発プロペラ機であり、ウェーキ島に給油のための着陸もしている。

航空史によれば、ウェーキ島で給油していた機種はプロペラ機のＤＣ６型機までだったというから、私たちの乗った飛行機は、紛れもなく当時の航空界で人気の高かったＤＣ６型機であったのだろう。ちなみに一九五六年と五七年、アメリカに単身出張した父もＤＣ６型機で飛行している。

振り返ればあの日、一九五八年四月の夕刻に羽田を発った私たちの飛行機は翌日夜明け前に給油のためウェーキ島に着陸した。乗客は皆機外に出て、しばし硬直した足を延ばしたが、私はやっとまどろみかけたところを起こされ、しかも強い湿気とむせ返る花の香りに酔ったのか、経験したこともない不快な重圧感に襲われた。

このウェーキ島への寄港は、太平洋北米路線のプロペラ機にとってはいわば宿命的なもので、プロペラ機で長距離を行くにはどうしても途中の給油が必要であった。飛行機はウェーキ島離陸後も、本土までの長旅に備えハワイで再度給油と整備を行なう。したがって私たちのようにハワイの先アメリカ本土まで行くには、一度ハワイで飛行機を降り、本土往きの飛行《フライト》までほぼ半日ほど待つことになる。いうまでもなくそれは、東京からアメリカ本土への直行便がまだなかった時代の話であった。

ジェット機DC8の就航

ジェット機が就航してからは、ウェーキ島はもちろん、ハワイへの寄港もなくなり、羽田から一気にサンフランシスコやロスアンジェルスに飛ぶようになった。その分、飛行時間も短縮され、アメリカ西海岸であれば日本からは約八時間。ほぼ現状の飛行時間となる。一九六一年、三年間余りのアメリカ滞在を終えて帰国する時には、すでにジェット機が通常便であり、私たちが帰路に搭乗したJAL便は、奇しくも日本を出た直後に日本航空が機種変更したばかりのDC8であった。

つまりこの激しい太平洋航路での機種変遷の渦中にあっては、たとえ航空会社がパンナムであれ日本航空であれ、私たちは往路と復路とでは全く異なる出力と、異なるエンジン仕様の機種に乗ったことになる。この飛行機の変遷にもみる通り、めまぐるしく変わる時の変化に晒されて、なにかと落ち着かない時代であった。

思えば、一九六〇年秋には、当時皇太子・皇太子妃であった現上皇・上皇后も、ご成婚後初めての親善旅行ではハワイ経由の飛行機で訪米されている。それは私たちがワシントンに在住する最中《さなか》のことであった。当時は太平洋路線でのジェット機就航が実現したばかりで、両陛下のご旅行はてっきりジェット機に切り替わっていたと思っていた。ところが当時の写真では、前方には四発のプロペラが、機尾にはJALのマークとともにくっきりとDC7Cの文字が見えている。同じプロペラ機でも、DC6よりもはるかに飛行距離があり、しかもスマートな機体からこのDC7は「空の貴婦人」と呼ばれていた。

DC7は、私が往路で乗ったDC6、帰路のDC8のちょうど中間に製造され、本格的なジェット機DC8の就航を待つ中継ぎ的な機種であった。そのためDC7は、同じプロペラ機でもDC6より飛行距離がありながら、短期間しか就航していない。両陛下もまた、機種変更の激しい時代の中で、貴重な体験をされたことになる。

ちなみにJALマークが示すように、当時の皇太子・皇太子妃両殿下のご旅行は、まだ公用機によるものではなかった。日本で政府専用機が初めて運行されるのは一九九二年であり、さらに皇室がその政府専用機で外国訪問をされるようになったのは、現上皇・上皇后が皇太子・皇太子妃殿下時代に欧州を訪問された九三年のことであった。

いずれにしても、一九五〇年代は航空機が画期的な改良を遂げた時代であり、それにより短時間の旅が可能になった。とはいえ当時の飛行状況は、決して現在のように太平洋をひと跨ぎするようなものではなかった。ましてや日本から太平洋を越え、さらにその先、大陸の反対側アメリカ東海岸へノンストップで繋ぐ直行便もまだなかった。日本からアメリカ北東部に向かう直行便が開通するのは一九七一年。それは中西部シカゴ行きの貨物便の運航が始まりであった。さらに、ニューヨークや首都ワシントンＤＣへ直行する旅客機が就航するのは、七〇年代も半ばを過ぎてのことであった。

それにしても、かつては日本とアメリカを隔てる海こそが両国の国境を越える象徴であった。そしてあたかも旅の長さが、両国間の隔たりを表すバロメーターであり、船旅は時間をかけることで異国へ渡る実感が得られたであろう。しかし、今やその体感は失われ、どこまでも続く空の旅では、日本を離れたという感慨を抱かせるのは、せいぜい日付変更線を越えるくらいであった。

さて、四月九日夕刻にハワイを発った飛行機は、翌一〇日早朝にロスアンジェルスに着き、私たちはそこで一泊してのち、翌朝に目的地ワシントンに向かった。初めての飛行体験で軽く酔ったのか、ロスアンジェルスでは極度の疲れと眩暈を覚えていた私は、体が宙に浮いてふわふわと舞っているようであった。もはや空を飛んでもいないのになぜか足が地につかず、真っ直ぐに歩くことさえできなかった。それでも一泊休養したのが功を奏したのか、翌日は無事、再び機上の人となった。

西海岸から東海岸への移動は、国内線大手のアメリカン航空で、すでに乗り換えなしの直行《ノンストップ》便になっていた。アメリカン航空がこの大陸横断路線にボーイング７０７型機を就航させたのは一九五九年一月であったため、私たちは九カ月の差でこの新機種を逃し、それ以前の機種となる

DC8に乗っている。だがDC8もすでにジェット機能を装備していたため、私のジェット機体験はここから始まったことになる。つまり、太平洋をプロペラ機で飛んだのち、わずか二四時間後には国内便でジェット機に乗っているのである。

ジェット機で北米大陸横断

このジェット機初体験となる北米大陸横断は、フライト時間にしてわずか五時間ほどだったが、体感としてはかなり圧巻となる旅であった。それはもちろん、北米大陸の広大さにもよるが、それとは別に海上ではなく陸を上から見て飛ぶため、絶えず眼下に変化に富んだ地形の様相を見据えたからであろう。広大な北米大陸の西から東へと向かう航路下に延々と続く乾燥地はやがて緑地にと転じ、その変化の様相をまざまざと見せつけるのであった。

例えば北米大陸極西部のカリフォルニアでは、赤茶色に染まった地表に、地面の乾燥度が如実に示されていた。やがて東に移動してミシシッピー川に近づくと、今度は、徐々に地面が緑色で満たされていく。

この西部地帯の乾燥地を象徴するのは、カリフォルニア州からアリゾナ、ニュー・メキシコ、果てはテキサス州北西部に横たわる広大な砂漠地帯である。そこにはアメリカ最大の砂漠といわれるデス・ヴァレーが広がっている。そして、その乾いた地形の上に大きな起伏を見せるのがシエラネバダ山脈。さらに、それを越えて東側に走るのがロッキー山脈。ロッキーはアメリカ大陸を南北に縦断する長大な山脈で、北はカナダへと伸び、カナディアン・ロッキーとなる。

飛行機でロスアンジェルスから東へ飛ぶには、まずカリフォルニア州からネバダ州に広がるシエラネバダ山脈を越えて奥地に向かう。ちなみに私が乗ったアメリカン航空は、ロスアンジェルスからワシントンDCに行く大陸横断路線の多くがそうであるように、離陸後まもなくネバダ州ラスベガスの南方を経て、やがてアリゾナ州北部の境界線ぎりぎりの上空を飛んでいく。そのあと、当時はコロラド州のパイクスピークからコロラド・スプリングスに、そして現在では多少南下してカンザス・シティへとルートを取り、いずれもアメリカ中西部にと向かう。そのルートでは、ロッキーの山越えといってもその最南端部分の上空をわずかに飛ぶに過ぎない。私たちが見たロッキー南端の砂漠の山は、さしずめグランドキャニオン上空になる。

グランドキャニオンについては後年、つぶさにその地に触れ、忘れ難い感激を覚えた。悠久の年月が過ぎるなか、大河コロラド川が幾層にも堆積した岩を削り、その結果として渓谷が生まれた。渓谷の側壁は風光に晒されて赤茶けた岩肌となり、その延々と織りなす様を見るだけでも驚嘆に値する。さらにその岩肌にひとたび朝日や夕日が当たると、屈折した光の彩を山襞一つ一つに残し、自然界の一大スペクタルとなる。正直にいって、その細微な光景は飛行機からは臨めない。

それでいて、シエラネバダ山脈に始まりグランドキャニオンを含むロッキーの山々が褐色の岩肌を露わにして延々と帯なす様を見ると、逆に空から俯瞰しなければ得られない鳥瞰図の妙味と醍醐味もある。鳥瞰図だからこそ山々の広がりを感じさせ、鳥瞰図だからこそ眼下に広がる山への畏敬をしみじみと感じさせるのであろう。この上空から見た山脈が起伏する光景は、いつまでも忘れ難いものであった。

大きな大陸であるアメリカは、ロッキーやシエラネバダのほかにも、北西部にはカスケード山脈、東部にはアレギニー山脈と、大陸を縦に走る山脈が複数ある。それが州と州の間の自然境界線になったり、時には開拓の行程で越すに越せない関所であったりした。

それらの山脈と並び、大河コロラドや大河ミシシッピー、ミズーリ川、リオ・グランデ川などの大きな河川が南北に走り、大陸を潤している。これらの大きな流れは広大な大陸の貴重な水源となると同時に、山脈と同様、開拓を阻む難所ともなった。

ロスアンジェルスからワシントンDCに向かう空の便から眼下に見渡せるのは、大自然の采配で色の変化のグラデュエーションを施したこれら山脈の筋と大河の帯によって隔てられた変化に富む大地であった。翻ってみれば、この変化に生涯をかけて挑戦し続けてきた開拓民が、アメリカの歴史を作り上げてきたのである。

ワシントンDCに到着して

この巨大な大陸を空から俯瞰してからワシントンDCに入った私は、以前住んでいたロスアンジェルスとはあまりにも違う別の風景と街の佇まいがあることを知る。その違いは空から見た風景が示すように、西と東の地形差に由来するところが大きい。無論そのほかに、それぞれの町がつくられた歴史的背景にも負っている（『私の中のアメリカ@us/nippon.com』（論創社、二〇一二年）に詳述）。

西と東の極端に違う地でアメリカを体験したことは、私にとっては幸運であったが、その違いが州境を跨いで地域差を生み、ひいては国の命運を左右した。かつてアメリカを二分した南北戦争もまた、根底にはこの地域差が異なる経済基盤を生み、悲運な分裂へと至ったからである。空から見る地形の鳥瞰図は、人の生活基盤さえ変えさせるような「境目」の存在を窺い知るプレビューであり、全体像をも浮かび上がらせるパノラマでもある。

こうして空を旅した二度目のアメリカ行きは、様々な思いを私に抱かせた。一つは、すでに触れたアメリカ大陸の持つ多彩な表情であり、今一つは飛行機が飛ぶ速さのために、実際に越えてきた物理的距離を、私たちが感じる距離感ではもはや換算できなくなったということであった。

広大な海を越え、何日もかけて国を越えるという、かつては漠然とあった距離感が、飛行機のあまりもの速さで失われ、一足飛びに海の彼方にいる自分に、どこかで追いついていない自分がいる。真に不思議な感覚であった。それがいわゆる時差ボケを助長させ、時には体調を崩すのであろうか。だがやがてそうした感覚のギャップは体験を重ねることでいつしか慣れてしまう。しかもそれは、やがてくる通信革命でインターネットがもたらす衝撃よりは、はるかに小さいものであったかもしれない。

しかし振り返れば、急速な変化の渦中にあったその時には、流されるように変化に巻き込まれ、やがてはそれに慣れっこになる。だが案外、日常生活が刻む生活リズムの中では、そのギャップはそう簡単には消化できていないのかもしれない。つまり表面的には進化に適応しているように見えても、実は時代の変化に追いついていけない人のメンタリティーがどこかにあるようにも思えるからである。

たとえば航空事情をめぐる急速な変化と、その飛行機自体が時空を超えて飛ぶ速さのために、後から思うと一挙に時代が変わり、今知る世の中へと一足飛びに飛び込んでしまったような錯覚を覚えてしまう。だが実際の変化は、変化に対応するその時々に私たちを驚かせ、躊躇《ためら》わせて段々と進んでいったはずである。だからこそ後から、あの時代にはそんなことがあったのかと思わせるような、記憶と現実との間にあるチグハグさを覚えるのであろう。

物事が進化する渦中にあればこそ、人はその進化を記憶する。だが進化がひっきりなしに続くと、絶えず変化が起こる過渡期にあり、しかもその進化が加速度的に起こるとすれば、連続してくる過渡期の衝撃はその時々では一層大きくなったはずなのに、いつの間にか激しい変化に麻痺し、時が経つにつれて、私たちはいったいどこで、どのように物事が変わっていったのか、わからなくなる。

こうした錯覚や誤解を解くためには、時代時代の検証が必要となろう。私の一度目の渡航、そして二度目の渡航。その都度の違いは単に交通の便が船舶から飛行機に変わったというだけではなく、変わったことによって生ずる感覚の違いこそが、私の旅の回顧で去来するのである。

8　豊かな国で豊かさを享受する人々

私が首都ワシントンDCに滞在したのは、一九五八年四月から六一年八月。今にして思えば、物質的に、少なくとも人々の生活面においてアメリカが最も豊かな時代であったかもしれない。しかし、初めてここワシントンに来て得た第一印象は、春の浅い時期という季節のせいもあってか、どんよりと曇った街には色が乏しく、ショーウィンドーの飾りさえもが地味で寂しく、どことなく野暮ったく見えたことであった。

一つには、幼児期とはいっても私が知っていたアメリカは、燦燦と陽が注ぐ明るい開放的なロスアンジェルスであって、それこそがアメリカのイメージだと思い込んでいたからであろう。だがのちに知り合ったアメリカ人のクラスメートから、「灰色で、鳩と老人しかいないこの町、どう思う?」と尋ねられたことがあった。とすると、やはりこの町は地味な土地だとは衆目の認めるところであったのだろう。

ただこの地に二、三年も住んでみると、一概に色のない町だと一言では片づけられないところがある。それは季節が移ろえば木々の緑や花々が色づき、しかも短い春にふさわしく、桜、アゼリア、ダグウッド、マウンテンローレル、マグノリアなどが一斉に芽を吹くさまは、まさに百花繚乱の賑わいとなるからである。やがて秋ともなればダグウッドをはじめ落葉樹の多くが紅葉し、さらに年を越しての冬は雪の間から除く裸木の肌にも深い紫がかった色があることを知った。色のない町との第一印象は、真《まこと》に浅薄であったと痛感する。

もう一つ地味という言葉について付け足すと、首都ワシントンDCは政治的に中立の町だとはいえ、北にはニューイングランド、南にはヴァージニアといったアメリカ古来の町々があっての影響をそれぞれから受け、歴史的にも由緒ある土地柄であるせいか、どちらかといえば無鉄砲ではない、控え目で落ち着いた気風が漂っていた。それがために羽目を外すことがない、地味な町であったのである。

ワシントンDCでの生活

私たちがこの地に馴染むために、当然とはいえ、まずは基本的にしなければならないことがいろいろとあった。その一つは家探《やさが》しであり、そしてそれが落ち着いたら、生活をするための食料品や日常品を買う店を見つけることであった。さらに私にとっては滞在の本命となる進学先選びや、交通の便を確保するための運転免許取得という大事が控えていた。

家探《やさが》しは決して簡単ではなかった。それでも知人の世話になったり、あるいは時間のある限り街中を歩いて探すなどして、結局、いささか古めかしくも、由緒があるというアパートを市内に見つけ、まずはそこに住むことにした。

家探《やさが》しに関しては、郊外に戸建てを一軒借りるという選択肢もあったが、庭の手入れや街中に出る不便さから労が多く、このアパートを選んだのであった。それはコロンビア通りを北東に向かい、ロック・クリーク・パーク沿いの一地区にあったが、近くには国立動物園もあって周辺は鬱蒼とした森に囲まれていた。それでいて、街の中心部からも決して遠くなく、比較的便利な所に位置していた。

ハーバード・ホールという名のそのアパートは、玄関前の広いエントランスに弧を描いた車寄せがあり、中に入ると玄関脇にレセプショニストの部屋があってそこを通らないと建物内に入れない。セキュリティの面でも十分に整っているというのが第一印象であった。そのレセプショニスト・カウンターの先には、いささか古色蒼然たる構えのホテル風の広いロビーがあった。そこには絵画に囲まれて木彫の家具がいくつも並び、部屋の片隅にはグランドピアノが置かれてあった。欧米によくある古い格式あるアパートといった風情であった。

家を出て、表通りのコロンビア通りに出れば、そこでは賑やかに車が行きかい、道の中央には市電が通っていた。市電はワシントンＤＣにあっては交通の要所となるデュポン・サークルを通り、ペンシルベニア・アヴェニューに合流して目抜き通りのＦストリートに達していた。Ｆストリートの通りにはウッドワード百貨店や高級店のジェリフやガーフィンケルなどいくつかのデパートが並び、当時としては洒落たショッピング街を成していた。とはいえ、かつて住んでいたロスアンジェルスや、のちに目にするニューヨークやシカゴなどの大都会に比べれば、真にこぢんまりとしたスケールのショッピング街であった。

便利な大規模スーパーマーケット

一方、車ならば、家から一〇分とかからない所にスーパーマーケットがあり、日頃の買い物は「ジャイアント」という名のスーパーマーケットですることにした。当時ワシントンには、「ジャイアント」のほかに「セーフウェイ」という別のスーパーマーケットもあり、それぞれが市内随所にチェーンストアを持っていた。いずれのスーパーマーケットでも、店に並ぶ物量の多さや、多岐にわたる商品を自分の手で選んで買えるその簡便さに、初めて店に入った時には度肝を抜かれる思いであった。今ならば何のことはない、ごく当たり前のスーパーマーケットだが、当時の日本では、明治屋や紀伊国屋といった一部の商店を除いては、まだ、その片鱗すらも窺い知ることのできないものであった。

アメリカのスーパーマーケットは、グロサリー・ストアと呼ばれていた食品や日常用品を個人経営で扱ういわゆる雑貨店が元祖となる。それはロスアンジェルスに在住していた時にも身近にあった。グロサリー・ストアは、一九一〇年代から二〇年代にかけて多角的な商品を扱うようになり、当時としては画期的といえるセルフサービスの仕組みを取り入れることで、やがて現代のスーパーマーケットの原型を成すようになった。

一九三〇年にニューヨークに生まれたキング・カレンの店がスーパーマーケットの第一号とされるが、こうした形態は、多くの企業に波及し受け継がれていった。一方、二六年にメリルリンチ社の出資でアイダホ州で創業され、やがて三〇年代にはアメリカ西海岸に拠点を移すとともに他のスーパーマーケットを合併し、アメリカ全土や海外に広くチェーンストアを展開させたのが「セーフウェイ」であった。「ジャイアント」の方も、二三年に精肉業から興して小規模なスーパーマーケットを創業し、やがてペンシルベニアを中心にメリーランドなど東部都市に大きく伸び、三〇年代には東部での本格的なスーパーマーケットを、ワシントンＤＣに開店した。

こうした大型店舗が栄えていくのは、なんといっても物流の豊かさと、消費者の購買意欲が増大したからであった。それにはセルフサービスなどによる買い物の簡便化も貢献したが、一九三七年に開発されたキャスター付きのショッピングカートがスーパーマーケットでの買い物を一段と進展させた要因であったろう。これにより個人消費者の大量購買が一気に進み、現在のスーパーマーケットの形態が整えられていった。

スーパーマーケットの拡大化にとって基本的な問題は店舗内のスペースであり、同時に物品を倉庫から店舗へ、店舗から消費者の自宅へと運ぶ輸送方法にあった。まずスペースに関しては、物を置く店内でのスペースに加え、搬入や来客に必要な駐車スペース、さらには貯蔵のための倉庫スペースなど多岐にわたる便宜さを意味していた。

そもそもニューヨークのスーパーマーケット第一号店がキング・カレンと名付けられた理由は、

一説によれば、商品が所狭しとばかり天井に届くほどうず高く積まれた様相を巨大類人猿キングコングになぞらえてのことだったという。土地の狭いニューヨークの第一号店は、想像するに、今、日本の街々にあるドン・キホーテ式のレイアウトであったのだろうか。

こうしたスペース拡大の要望に応えるには、チェーンストアをいくつも市内に持つか、あるいは広大な土地と店舗を郊外に求めるかであった。そういえば、ワシントンに滞在していたわずかな期間にも、市内にあるジャイアント一門のチェーンストアは、街中ではとかく不足がちとなるパーキング・スペースや巨大店舗を求め、ワシントンでは街端《まちはずれ》となるヴァージニア州の一画に出店した。そこはセブン・コーナーズと呼ばれる造成されたばかりの新開地で、アーリントン・ブルバードを南西に下った所にあった。フードストアのみならず、アパレル用品など総じて七店の店舗が参入した巨大なショッピングモールとなっていた。

郊外に進出しての営業は当時、全米でもまだ新しい試みであり、ショッピングモールに限らず、洋服などのアウトレットの店でも同様であった。ヴァージニア州のヘイガースタウンでは、目が回りそうなほど多数の製品が並ぶ洋服専門のアウトレットショップが、すでに五〇年代から六〇年代のアメリカで賑わっていた。

このような郊外の発展は無論、車社会の利便性が生んだもので、すでにアメリカでは一九二〇年代から車の普及とともに郊外進出の傾向が顕著にみられていた。週末やホリデイに備えて郊外に別荘を求める意欲的な人々もあったが、むしろその頃の人々の多くは、車を使って日帰りの物見遊山に行くといったレジャー目的で郊外に赴く傾向が強かった。ところが五〇年代になると、郊外はレジャーの対象というよりも、むしろ日常の生活の延長線上にあり、郊外と住宅地がもっと一体化されてきたようにみえた。そのため車は移動の必需用品となり、その相乗効果でスーパーマーケットの郊外進出もまた一層に進んだ。

ある日、物見高く私たちもワシントン郊外の新開地セブン・コーナーズを訪れてみた。店内は市内のスーパーマーケットに比べてたしかにゆったりとはしていたが、あまりもの広さと商品の多さにいささか辟易した。おそらくは、私どもが買い物上手ではなかったからであろう。広い空間をあちこち商品を探して動き回るには体力も神経も消耗したというのが実感であった。それでも買い物を終え、これまた広い駐車場に止めてあった自分の車を建物入口まで運べば、買い物袋を積んだカートは係員によってしっかりと保管され、大きな買い物袋をそのまま車に運び入れてくれるのであった。そうした運び込みのサービスは別としても、今ではこの種の巨大なスーパーマーケットが日本でも、アメリカでも、当たり前となっていることを思えば、私たちはここでその先駆けとなるものを見たのであった。

こうして二〇世紀初頭にスーパーマーケットが誕生してから、今や馴染みとなった効率よい売り場スタイルとなるのは、アメリカにあってさえも一九五〇年代になってようやくのことであったという。そうであれば、それはまさしく私たちのワシントン生活が始まるほんの数年前のことであり、私たちは本格的なスーパーマーケットの駆け出しの時期に、そこで買い物をしていたことになる。

同じ頃日本でも、ある程度戦後景気が定着してきた一九五二年に、世界の趨勢を受けて大阪に店舗を置いた「京阪スーパーマーケット」が、日本初のスーパーマーケットとして誕生した。京阪電鉄の直営店舗で、現在の「京阪ザ・ストア」であるという。しかし、店はまだセルフサービスの制度を導入することもなく、いわばスーパーマーケットというネーミングだけが先行したものであった。

これに対し、日本で本格的なスーパーマーケットの営業を始めたのは、「紀伊国屋」(一九四八年に創立)で、五三年にはほぼ現状に近いスーパーマーケットを運営するようになった。キャスター付きショッピングカートを日本で初導入したのも、青山神宮前にある「紀伊国屋」店舗であった。ちなみに、「明治屋」が開業したのは一九一一年と「紀伊国屋」よりもその社歴は古いが、初期の明治屋は主として洋酒など輸入品を扱い、缶詰や瓶詰などストック用品が多かったように記憶する。この二店舗のほか、九州の小倉に一九五六年に開業した「丸和フードセンター」もまた、セルフサービスによるスーパーマーケットの元祖だと標榜する。というのも「紀伊国屋」はセルフサービスを最初に導入したものの、必ずしも庶民を対象とする安価な店ではなく、むしろ高級店のイメージだったことから、小倉の「丸和フード」の方が庶民の買い物便宜に利する現代型のスーパーマーケットだったというのである。

いずれにせよ、スーパーマーケットの概念自体が日本に導入されたのは一九五〇年代半ば、つまり昭和三〇年前後のことであった。だが、ついこの間まであった八百屋や魚屋や肉屋など専門店に特化して対人商売が主流であった個人商店に代わり、多角的商品とセルフサービスを売り物とする現代版のスーパーマーケットが日本全域に展開されるようになるのは、七〇年頃であったろうか。ちなみに東京麻布の「スーパーマーケット・ナショナル」は、近隣に大使館など在日公館の多いことから外国人客を想定し、一九六九（昭和三七）年、初のインターナショナル・スーパーマーケットを創業した。アメリカ型のスーパーマーケットを追いかけ、追いかけての日本のスーパーの歴史は、その形が本格化するまでにはアメリカとはほぼ二〇年くらいのズレがあったとみることができよう。

三種の神器が備わる新築アパート

アメリカでこのような大型消費型店舗が一九五〇年代に栄えていくのは、なんといっても物流の豊かさと消費意欲が増大したからであった。それらを支えたのは、個人が商品をまとめ買いして自宅に運ぶ輸送手段としての自家用車の普及と大量の商品を店舗でも家庭でも保存できる冷却設備の充実であったろう。

一九五〇年代当時のアメリカでは、冷凍庫はすでに業務用のみならず、家庭用としても冷凍に特化した大型のものが普及し始めている。だが一般家庭で多く使われていたのは、今、日本にもあるような冷蔵庫と冷凍庫を一体化した冷凍冷蔵庫（リフリジレーター）であった。少なくともそれは、かつて我が家にもあったあのアイスボックスとは一線を画すものであった。ちなみに日本の家庭で、アメリカほど大型ではないにせよ、冷凍室と冷蔵室を分けるツードアタイプの冷凍冷蔵庫が使われ始めたのは六九年以降であり、ましてや一戸に一台といった各家庭に冷蔵庫が普及するようになるのは、一九七五（昭和五〇）年のことであったという。

　そういえば、ワシントンに滞在していた頃、アパートメントの広告でも、こうした冷凍冷蔵庫を備えた「システムキッチン」が一つの売り文句になっていた。快適なアパートのセールスポイントはそれに留まらず、全館冷暖房、さらに高級アパートになればなるほど、リビングルームや食堂が広角のガラス窓で囲まれ、高層の上階になればなるほど見晴らしの効くパノラマビューが望めるというものであった。そして郊外の新築アパートであれば、多くがプール付きであり、専用のライフセーバーを抱えていた。

　だが、私たちが住むハーバード・ホールはこの規格からは全くはずれ、エアコンディショナーもそれぞれ個室に設えられている箱型のものであった。もっとも当時としては一戸建てであっても、アパートであっても、それがいわば標準的な仕様であった。ハーバード・ホールの場合、幸いキッチンについては冷凍冷蔵庫やオーブンが備えられていたが、建物自体が老朽化していたこともあって排水の便がそれほど効率的ではなかった。その上、欲をいえば、この土地に住むようになった最初の頃は、家具付きの方が便利かと思われたが、やはり清潔感からいえば家具は自分で揃えた方がよいようにも思われてくる。そして何よりも大事だったのは、かつて安全な地域と保証されていたこの界隈の治安が次第に脅かされているという風伝であった。

そのため、グローバー・パークと呼ばれるジョージタウンに近い場所に移ることにした。それはマサチューセッツ通りを西に向かい、住宅地となるアップタウンでひとまず左折し、アメリカ海軍天文台を回ってウィスコンシン・アヴェニューを越えれば、すぐその先、タンロー・ロード沿いの所にあった。周辺の土地は高低差があったが、アパートはその中間の高さにあり、決してパノラマビューとはいかないが、静かで落ち着いた街の一郭にあった。日曜の朝には、家庭菜園の作物でも運ぶのだろうか、馬の蹄の音がタンロー・ロードに響いていた。

ウォールトン・ハウスと呼ばれたその家は、仕上がったばかりの新築アパートで、さしずめ和風ならばヒノキの香りも漂うと言いたいところだが、鉄筋コンクリートに囲まれた家は少なくとも清潔感と明るさに包まれ、古めかしいハーバード・ホールとは大違いであった。ウォールトン・ハウスにも、ハーバード・ホールと同じくレセプショニスト・カウンターはあったが、ごく小ぶりで機能的なものであった。その代わりハーバード・ホールにはなかった駐車場スペースが十分にあり、車が必須となるこの国では、真に便利ではあった。

待望の全館冷暖房のその家は、決して高層の豪華な建築ではなかったが、十分に快適で住み心地のよいアパートであった。戸建ての家に住む知人はこの全館冷暖房を羨み、汗だくだくのアイロン掛けの時にはぜひ籠一杯抱えて押しかけたいと言ってくれた。それは当時のアメリカでも、まだ冷房装置が完備していなかったことを物語っている。

アパートの地下には共同のランドリー・ルームがあり、そこには洗濯機と乾燥機が一体化されたものが設えてあった。ちなみに、以前のアパートではそれぞれの機器が単独に配置され、洗濯し終えたものを乾燥させるには、いちいち乾燥機に入れ替えなければならなかった。モダンなアパートと古式なアパートの違いであったのだろうか。進歩の速さを窺わせるものがそこにはあった。

そういえば日本を離れる前、日本の我が家にもすでに洗濯機はあった。攪拌式で底の部分に取り付けられたお皿が回転することで洗濯物が洗われる。まだ脱水機能はなく、ローラーに洗濯物を巻き付けて手回しでぐるぐると搾《しぼ》り脱水した。一九五〇年代のことである。

家電史によれば、一九五二年に振動式洗濯機が発売されたとあるので、我が家にあった攪拌式タイプもやがては振動式にと、日本の洗濯機は逐次改良されていく。だが、まさか乾燥機までもが家庭用品として出回るとは、日本では想像もつかない時代であった。ところがアメリカでは、その頃すでに家庭用の洗濯機はドラム式で乾燥機が一体化されて使用されていたのであった。

グローバー・パークとジョージタウンの街並

新たに移り住んだ地域は、ポトマック川に注ぐロック・クリークの下流付近にあり、アパートから少し下ると、そこには小さな森があった。それは、土地の寄贈者である二人の名前を冠してアーチボルト・グローバー・パークと呼ばれ、ワシントンＤＣの古い街ジョージタウンに隣接する。ジョージタウンは、かつては独立した町であったが、一八世紀末に近隣の町とともにメリーランドに、そしてアメリカ独立戦争後には、ワシントン市、アレクサンドリア市などとともに、連邦コロンビア特別区に吸収された。

ジョージタウンの名所ポトマック川はかつては、チェサピーク湾を介して海に続く貿易ルートでもあったことから、この地域は水運業で栄え、私たちがいた頃にもその名残りとなる運河《キャナル》が観光名所として残っていた。水量のある時には、運河沿いの小径を走る馬にボートを牽引させ、運河を往く船の風情を見せて観光客を喜ばせた。実際に馬がボートを曳く現場を見たことはないが、その風物詩を求めて運河を見に行ったことはある。のどかな田園風の情緒が漂い、はや二〇世紀も半ば過ぎた時代とは思えない情緒があった。

ジョージタウンの街が私にとって特別感慨深いのには、今一つ別の理由があった。それは私の就学先がこのジョージタウンにあったからである。いくつかあった候補の中から、私の専攻目的に最も叶ったカリキュラムを備えた大学がジョージタウン大学大学院だったことからの選択であった。国内でも三番目に古いとされるこの大学では、ホワイトグレイブナーなど古い建物が並ぶメインキャンパスは大学敷地内にあったが、大学院の方は街中にあり、個人の住宅に混じって並ぶレンガ造りの建物の中にキャンパスがあった。

大学のすぐ北側にはジョージタウン付属病院があるが、逆にダウンタウンに向けて南下し、ウィスコンシン・アヴェニューからさらに、Ｋストリートを経てペンシルベニア・アヴェニューを行けば、国の政治の中心部に連なる建物が点在する。なかでもＨストリートのラファイエット広場の真南にホワイトハウスがあるほか、その東隣には財務省があり、さらに南西には国務省がある。そしてホワイトハウスから再び斜めに走るペンシルベニア・アヴェニューは、連邦議事堂にまで伸びている。

市内を抜ける大きな道の大半はこのように斜めに走るものが多く、そのためこれらの道が交錯するところでは、サークルが設けられている。デュポン・サークル、シェリダン・サークルなどがそれで、これらのサークルを回る放射線状の道の流れは、信号なしのいわゆるラウンドアバウト方式で通行する。また、ワシントンの道路は初期に設計されたものが何度も拡張されたり、他の道路と接続させたりして、その時期、その時期によって道路事情は変遷した。

一方、ホワイトハウスの南庭園に面してはコンスティテューション・アヴェニューが走り、さらにその南には、かつてはサウスＢストリートと呼ばれていたインディペンデンス・アヴェニューが走っている。この二つのアヴェニューが挟む空間にはナショナル・モールと呼ばれる広い公園があり、それが西のリンカン記念館と東の議事堂を真っ直ぐ繋いでいる。さらに中央にはそのモールを南北で挟み、ホワイトハウスとタイダル・ベイジンのジェファソン記念堂が対峙する。

こうした町のプランニングは、元はといえばワシントンＤＣが首都と決められたのちに、フランス人技師ピエール・ランファンにより設計されたものだが、この広大な基本プランに基づいて、その後も多くの重要な建物がこれらの道路沿いに建設された。例えばコンスティテューション・

アヴェニュー東端にある議事堂からわずか行った所には国会図書館があり、また議事堂の西には植物園が、その先、再びアヴェニューを西に向かえば、道沿いにスミソニアン博物館やアメリカ歴史博物館がある。そうかと思えば、美術の殿堂フリーア・アート・ギャラリーや国立美術館などもあるという賑やかさである。

ワシントンDCは、連邦政治からみればアメリカ国家の中心部となるが、生活圏としては真にコンパクトで、自在に行動ができる所であった。私たちが住んでいた頃には、まだ地下鉄は開通していなかったが、バスや市電などの公共交通機関もあり、DCの区間内では同じ路線を走るものであれば、途中下車してもトランスファーのチケット（乗り換え切符）で、いくつも乗り継ぎができて便利であった。それでも日常は、ほとんど車で動いていたため、私の頭の中に残る当時の市内や郊外の地図は、結局は車で覚えたものが多かった。

車社会アメリカと運転免許

車社会アメリカでの運転免許の取得方法は州により異なるが、私の体験はあくまでもワシントンDCで、しかも免許取得当時のものに限られている。他の州と比べ試験そのものは厳正といわれたが、それでも日本のものとは著しく異なり、制度としては真に実用的なものであった。

免許取得の課程としては、筆記試験と実地試験の二項目からなるのは日本と同じだが、ここでは筆記試験を通れば、「免許取得中」（Learner's Permit）という仮ライセンスを得ることができ、傍らに運転できる人が同乗する限り街中《まちなか》を運転することが許された。したがって実地運転を習うのは家人であれ友人であれ免許を持っている人なら誰でもよいのであり、あえて教習所に通う必要はなかった。またもし教習所の教官に指導を求める場合も、教習所に通うことなく電話一本で教官が家まで車とともに毎回出向いてくれるのである。

さすがは車社会で、子どもの頃から車について知識と体験を持っているからであろうか、運転指導にしても試験にしても、あくまでも基本的な運転マナーや規則を教えることにあり、徹底して実践に即したものであった。筆記試験にしても、専門知識を問うものは一切なく、むしろ運転する上で守らなければならない交通ルールや危険を回避するための基本モラルなどについて問う出題であった。

筆記試験に合格し、路上運転と駐車訓練を受けたあとは、教官の判断で交通局に実地テストの申請をする。試験当日は、試験官が同乗して試験場から出るとそのまま一般路上を走らせる。つまり検定試験は試験場という「箱庭」の中ではなく、実際に志願者に街を走らせて、運転の適性を見るのである。合否はその場で告げられ、正式免許証は後から郵送される。

たまたまこの時期、運転免許の取得希望者が多く、検定の予約を取るにもすぐにとはいかなかった。それだけ運転することへの関心や必要性が市民の間に高まっていたのであろう。思えば免許取得後の私もまた、この時期、車から多分に恩恵を受けた一人だが、それは車があったからこそ日常生活に限らず、異国のアメリカで近隣へのドライブを重ねてその国情を体得することができたからである。

翻って見れば、本来、初期車ブームとなった戦間期には、その利便性はさておき、車がもたらした最大の功績とは、広い大陸なればこそ人々の行動半径を広げ、それにより人々が従来の閉鎖的コミュニティから解放されてより広い世界で新らたな視点を培ったことであった。だが、年を経て第二期ブームとなる五〇年代になると、むしろ車へのフィーバーぶりは別のところに向かい、車はむしろステイタスシンボルとしての対象となり、人々は車の豪華性を求め、果ては一家で複数の車を所有するなど、車自体が消費欲の対象となっていったのである。

その結果、アメリカでの車の購買意欲は五〇年代から六〇年代にかけてピークを記録し、それは車売り上げのデータからも明確に読み取れよう。アメリカ合衆国商務省の統計をみれば、初期に車ブームをもたらした一九二〇年代以後、第二期ブームとなった五〇年代にかけての自動車売上高は、その間、不況と第二次大戦により激しく上下動したものの、戦後になると一気に回復は進み、第一期とは桁外れの売上高を記録した。一九五〇年には六〇〇万台以上もの乗用車を出荷している。以後、一〇年間の推移は同じようなペースであったが、ピークとなるのは六五年で、その年には九三〇万台を売り上げた。しかしそれを境に、アメリカ車の国内売上高は少しずつ低下し始める（合衆国商務省編／斎藤真・鳥居泰彦監訳『アメリカ歴史統計』原書房、一九八六、全三巻）。小型化した欧州車の進出やガソリン価格の上昇などが大きな理由であった。これを見ると、戦後の一九五〇年代後期から六〇年代にかけての時期こそが、アメリカ車の人気が最高に達していたことは明白であろう。

無論これら車の購入者すべてが、こぞって毎年新車を買うとは限らない。むしろ車の所有者の多くは、同じ車に少なくとも二、三年以上は乗り、また買い替えたとしても新車ではなく、中古車を買っている場合があると考えられる。それは先に挙げた年間売上高に対し、実際に車を所有する登録者数の方が桁違いに多いことからも類推できよう。

いずれにせよ、車ブームを象徴するかのように、当時の車への強い関心は、たとえ住む家はみすぼらしくとも車だけは見映えあるものにしたいといったものであった。もし、人々が車を放棄する日常があるとすれば、それはニューヨークのような大都会で、郊外から通勤する人たちがラッシュを避けて地下鉄などの公共機関を使うといったパターンであったかもしれない。

この車の普及と併せ、アメリカにおけるガソリンの消費も一段と増化した。当時は一ガロン三〇セントという安価でガソリンが供給されていた時代で、ESSOやGULF、MOBILなど、多数のガソリン会社が競合した。乗用車に注油するガソリンのグレードも三種あったが、中間のEXTRAは最も人気が高く、"Fill it up with extra（Extraで満タンに）"といった言葉は、私が当時ガソリンスタンドで覚えた車用語であった。

しかし、この時期、つまり一九六一年頃には、すでにセルフで給油するガソリンスタンドも出現していた。特に地方では人件費の節約と安価なガソリンを求めて、自動給油がガソリンスタンドの新しい動きとなっていたのである。

アメリカ全土を貫通するハイウェイの出現

アメリカの自動車ブームを押し上げたもう一つの要因は、USインターステート・ハイウェイの名称で、州から州へと繋ぐ大規模な国道としての有料高速道路が出現したことであろう。アメリカ全土を東西に、あるいは南北に貫通する国道の建設は、産業復興を後押しする国策でもあった。これらの有料道路、つまりインターステート・ハイウェイは、建設事業費が償還され次第すべてが無料となっていく。実際に二〇年後に走ってみると、かつての有料道路のほとんどが無料となっていた。

この一九五〇〜六〇年代に普及した全国貫通有料道路は、乗用車のみならず大型バスや途方もなく図体の大きいトラックの長距離運送も可能にした。実際、一九二五年には大型自動車の生産は五三万台に過ぎなかったが、五〇年から七〇年にかけては一三〇〇〜一六〇〇万台にと著しい増加を示している。それらの大型輸送車が乗用車と並び、時速一〇〇マイル（一六〇キロメートル）でこのハイウェイを走っていたのであった（一〇〇マイルの時速制限は、やがて一九七〇年代になると、環境エネルギー状況を反映し、八〇マイルに減速された）。

そういえばこの時期、ワシントンからニューヨークまで、片側数車線の幅広いレーンが延々と続くニュージャージー・ターンパイクを通り、ニューヨーク市の郊外にあるクイーンズまで行ったことがある。ニューヨークのマンハッタンで、知人から案内を受けて市中を見学・観光し、その後、彼ら夫妻の住むクイーンズで二泊させていただいた時のことである。その際、マンハッタンからクイーンズに入るハドソン川上の陸橋でレーンが狭まり、あいにくのラッシュアワーとも重なって、橋を通過するために一時間以上も微動だもせずに待たされた。なるほどこれが日常ならば、私も車ではなく電車で通っていたであろう。

このような車の混雑が都会を中心に激しくなっていくのは、いうまでもなく車が庶民の生活に浸透し、加えて輸送車による物流の増加が大きな原因であった。その上、一九五〇年代から六〇年代にかけてのアメリカ車は、おそらく史上最も車体が大型化した時代でもあり、それだけ車体そのものが道路を塞いでいたのかもしれない。各社がいかに豪華に車を仕立てるか、いかにファッショナブルにするかで、社名を賭けてデザインを凝らしたのであった。著名な政治家アドリー・スティーブンソンは、車はモデルチェンジのたびごとに「ますます幅広く、長く、低く、そして大きな尾鰭《テール・フィン》をつける」ようになったと当時流行の車を表現した。

しかも、これら大型化した乗用車には、ハンドルさばきやホイール回しを楽にするため、パワー・ステアリングが装備されるようになり、やがてはパワーブレーキも搭載されるようになった。いうまでもなくトランスミッション・シフトはとうの昔に自動化され、大半の車はもはやマニュアル車ではなく、オートマティック車となっていた。

キャデラック、ポンティアック、クライスラーといった豪華な車のみならず、大衆車のシボレーもフォードもまた、この大型化の流行を競って追い、まさに尾鰭《テールフィレ》といわれたようにテールランプを後ろに突き出し、風を切るような流線形がスマートさと威圧感を誇っていた。しかも本来優雅であったはずのキャデラックやポンティアックも、なかには真っ白なボディに真っ赤なシートといった鮮やかな色のコントラストで人目を惹き、ましてやそれがコンバーティブルといわれたオープンカー仕様であれば、ますますのこと車は際立って見えたものである。

この憧れのコンバーティブルに、私も一度でいいから乗ってみたいという願望を伝え聞いた友人が、本当に一度だけ載せてくれたことがあった。あいにく、並外れた高級車ではなかったが、長いボディが滑るように天蓋も付けず走っていると、その真っただ中に今、自分がいるのだと思うだけでわくわくした。この爽やかさ、この滑らかさ、この快適さ！　だが、途中で思わぬハプニングが待ち受け、その快感は一気にして破られてしまった。それは予期せぬ突然のスコールで、天蓋となる幌を覆いたくとも、走行中は向かい風の煽りを受けて閉められない。やむを得ずワシントンとアーリントンを繋ぐメモリアル・ブリッジの手前で車を止め、ジャバラ状の天蓋を開いてボディを覆った。だが車のルーフとなる天蓋の動きはいかにも遅く、車内の私どもはビショ濡れとなり、これでオープンカーへの憧れは束の間にして消えてしまった。

オープンカーであれ、中古車であれ、車への需要が高まった背景にはいうまでもなく当時のアメリカの経済力があった。技術革新やサービス業の進展によりホワイトカラー層のみならず、ブルーカラー層の収入も増大し、彼らの意識も中流階級化していく。当時のブルーカラー層に対するアンケートでも、その八〇パーセント以上が中産階級の意識を持っていたという。この意識の高まりや生活水準の向上が、一九五〇年代の繁栄の中でなおのこと豊かな消費社会を作り出していったのである。

「ステレオレコード」と「カラーテレビ」

こうした消費者の需要に応え、技術革新で高度化された家電製品や電気機器の生産も増え、一九五〇年代には自動車ブームのほかに今一つ、人々の日常生活に大きなブームを起こしたものがあった。それは音響や映像機器の分野であり、ことにレコードのステレオ化や、ラジオに代わるテレビが一大ブームとなったのである。

まずレコードについていえば、レコーディングのステレオ化により、いわゆるハイファイセットといわれるオーディオ機器やレコード盤が盛んに発売された。ハイファイ（Hi-Fi）というのはHigh-Fidelityの略語で、音響機器では原音に忠実な感度で音を再生することを意味する。ノイズやひずみを抑えたもので、特にクラシックレコードの分野では画期的にリアルな音の再現により、あたかもコンサートホールにいるかのような臨場感があると、業界では謳った。私が買い求めた幾枚かのレコードにも、この盤はハイファイで録音されたレコードであると、わざわざ断り書きがジャケットに記してあった。ハイファイ録音に伴い、コンポーネントステレオといった商品も盛んに出回るようになったのが、一九五〇～六〇年代のアメリカであった。

一方テレビもすでに多くの家で愛用されていたが、当時は後ろに出っ張ったブラウン管を装備していたため今のように薄型ではなく、大きな箱型のボックス式で家具調のものが多かった。かつて居間にあった暖炉のように部屋の中央に鎮座していたのである。チャンネルは、ワシントンではまだＡＢＣ、ＮＢＣ、ＣＢＳ、ＷＢＳといった四つの放送局《ステーション》しかなく、チャンネルを選ぶのにも、今のように無限とも思えるチャンネルをリモコンで操作することはなかった。

一九五八年にワシントンに着いたばかりの頃、これらの放送局では、ほとんどが白黒で放映され一定の番組のみがカラーで放映されていた。カラー放送が始まる前には決まって画面いっぱいにカラフルな孔雀の絵が現れ、これからカラー放送に入ると予告していたものである。

カラー放送をアメリカで初めて流したのはＮＢＣで、一九五四年のことであった。ちなみに日本でカラー放送が始まったのは一九六〇年とされている。その後アメリカでは、六五年になって番組の半数以上が本格的にカラー放送となり、翌六六年には各放送局で、再放送以外のほとんどの番組がカラー放送となった。それによりテレビ機器も白黒からカラーテレビにと買い替えが行われている。

今から思えば、当時のアメリカでは、「ルート66」「サンセット77」「アイ・ラブ・ルーシー」「オジーとハリエットの陽気なネルソン一家」「ベン・ケーシー」「アンタッチャブル」「名犬ラッシー」「快傑ゾロ」、エルヴィス・プレスリーやビートルズを紹介した「エド・サリバン・ショー」、シャンパン・ミュージックで知られる「ローレンス・ウェルク・ショー」「ペリー・コモ・ショー」など多くの番組が茶の間を楽しませていた。驚くべきことに、これらの多くがいち早く日本に輸出され、早くて二〜三年、遅くても数年差でほとんどの人気番組を放映していた。

消費文化の行方

六〇年代のアメリカでは、テレビの普及とともにテレビ生活に適応するような新たな家具調度品、あるいは食品などがデパートや通販に登場するようになった。それは、テレビ・チェアとかテレビ・テーブル、そしてTVディナーと呼ばれるものであった。いずれもが、リビングのソファーにかけてテレビを見ながら食事をとるためのもので、食事は食堂ではなく、テレビのあるリビングルームでとりたいという人々の心境を狙って生まれたのであった。

テレビ・チェアもテレビ・テーブルも折り畳み式で移動可能な小ぶりな調度品であったが、一方、TVディナーは、大きなプラスティックのお皿に盛りつけられたファスト・フードで、それをそのまま温めればよいというものであった。容器も中身も必然的に使い捨てで、料理の手間を省いた上でテレビを楽しむ、というのがキャッチフレーズであった。それでも皿一つに魚や肉や野菜を豪勢に盛る色彩豊かな献立で、今ならばどこにでもあるようなファスト・フードなのだが、それをTVディナーと名付けて売り出したのは、いかにも当時の世相を語るようで面白い。

使い捨て文化と呼ばれ、あるいは消費文化と呼ばれたその頃の食生活は、皿洗いや後片づけを簡単にして労を減らし、不要なものは廃棄することで衛生的なのだと、当初は肯定的に受け止められていた。ティッシュやペーパーナプキン、紙コップに紙皿と、これまた使い捨てで便利で衛生的な商品であったが、それらはもはや戸外でのピクニック用品ではなく、家庭用品となっていたのである。

ティッシュは一九二〇年代半ばにフェイシャル・ティッシュとして、布製のハンカチーフに代わるものという触れ込みで開発された。柔らかい肌触りの上、使い捨ての便利さが受け、家庭用品として定着していった。ティッシュは携帯用のポケット・ティッシュと家庭で使う箱入りと両者あるが、ワシントンにいた頃には箱入りのティッシュはすでに生活用品の定番となっていた。紙の取り出し口にはミシン目状の切れ目があり、そのミシン目に沿った切り口から紙を取り出す仕組みが、いかにも簡便で衛生的であった。

こうした商品は、私どもが発つ以前の日本には一般的な家庭雑貨としてはまだなかった。だが帰国して間もなく、十条製紙（現在の日本製紙クレシア）がアメリカのキンバリー社と提携し、そのブランド品であるクリネックスやスコッティを一般家庭雑貨として扱うようになった。箱のデザインも形状もアメリカのものと全く同じだったが、なぜか日本のものは、いくらミシン目に沿って口蓋を開けようとしても開けられず、逆に箱が破れてしまうことが強く印象に残っている。おそらくは箱自体に強度がなかったからであろう。

ティッシュに限らず、日本製品の食品や洗剤などの箱にも、アメリカ製品を模してミシン目状のカット口がついていた。だがいずれもがミシン目に沿って手で開けられたタメシはなく、その不便さがいつの間にか解消されていったのは、やはり表箱の強化が進んだからであろう。

このように、ティッシュやトイレットペーパー、あるいはペーパーナプキンなどの紙製品の普及は、その後もアメリカ国内に留まらず、普遍的に一般社会に定着していった。だがこうした使い捨て文化や消費生活そのものについては、消費文化発祥地のアメリカでもやがて疑問や批判を生じ、現行の社会に対する反発や改革へのうねりを見せていく。

一九五〇年代から六〇年代初めにかけては豊かさを象徴していた自動車産業も、次第に大型車の需要は「無駄なもの」として落ち込み、代わって小型車が普及していった。すでに私がワシントンにいた頃にも、ゼネラル・モーターズではシボレーの小型車としてのコルヴェアを、フォードはファルコンやスポーティータイプのムスタングを売り出していた。

コンパクトカーの需要は、近所の買い物や子どもの学校への送り迎えといった小回りの用向きには確かに応えるものであった。だがむしろ普及の背景には、欧州の小型車がアメリカ市場に進出してきたことや、安価であったガソリンが、やがて世界の石油産出国による価格統制に影響され、燃費の少ない小型車が望まれるようになったからでもあった。

ワシントンを離れる前、大型のシボレーを引き取りに来たディーラーが、自分の乗ってきたコルヴェアを私にも運転させてくれた。たしかにコンパクトで小回りが利く。乗りやすくもある。だが、やはり大型のシボレー「インパラ」の安定感に勝るものではなかった。つまりその充実感こそが、見てくれだけではなく、一九六〇年代の大型車流行の要因であったのだろう。

しかし、小型車としてはなかなかに人気のあったコルヴェアは、高速道路での走行中、真っ二つに裂け、その悲劇が衝撃的に報道されると、信頼は一気に損なわれてしまった。ラルフ・ネーダーら社会改革主義者たちからは、念入りな調査と実験の結果、事故は必ずしも運転者の過失によるものではなく、構造上の欠陥もあるとして、製造元の責任が法廷で争われ、コルヴェアは結局製造中止に追い込まれてしまった。だが、それにより輸入車も含め、小型車の需要そのものが減少することはなかった。

一方、コルヴェア問題をきっかけに社会正義を求めたラルフ・ネーダーらの改革運動は、やがて他の改革運動とも連携して、新しい社会現象をアメリカに生んでいく。使い捨てによる無駄遣いへの批判もその一つであったが、過多の消費がいつかは資源の枯渇に繋がるのではないかといった不安を呼び、水資源や空気汚染など環境問題への鋭い関心がアメリカ社会を覆っていった。そうした社会的批判は環境問題に留まらず、次第に広がる経済格差、人種差別、性差別、既存の社会規制などあらゆることに及び、後にみるように、時代は豊かな一九五〇年代から、混迷する六〇〜七〇年代の社会へと移行していくのであった。

9　帰国してみれば

一九六一年八月、私たちはワシントンDCを離れることになり、五〇年代の物質的豊かさを誇るアメリカをあとに、近郊のフレンドシップ国際空港から旅立った。帰路はサンフランシスコで三日、ハワイで二日ほど休養して日本に戻る。往きのプロペラ機と違い、ジェット機での帰路はもはや給油のためにウェーキ島に寄ることもなく、ハワイからは一路羽田に向かった。

当時の羽田空港にはまだ到着機と空港ラウンジを結ぶボーディング・ブリッジがなく、機内から出ていきなり外気に晒されたせいか、いかにも日本に帰ってきたと実感させられた。それはあのもうっとしてむせ返るように漂う湿り気を帯びた大気の匂いと、真夏の太陽に晒され油が煮えたぎるような灼熱の匂いであった。しかもその匂いは、空港ロビーに入るなり当時の日本男性が使用していた強烈なポマードの匂いと交錯し、なんとも言えない異様な臭気であった。

やがてこの尋常ではない匂いにもたちまちにして慣れ、ロビーに出迎える家人に会えば、ただただ懐かしさが込み上げてくるのであった。今のように、外国への行き来が頻繁ではなく、長期間海外にいたからこその人懐かしさであり、郷愁でもあった。後日、家の近くを歩いていても、行きかう人誰もが同胞人であるせいか、もしや皆知り合いではないかと、誰彼なく懐かしく思える不思議な一瞬があったことを思い出す。おそらく現在のようにわずかな日数で行き来できるような海外への旅では、思いも寄らないことであろう。

高度成長期に入った日本

三年余にわたるアメリカ生活を終えて帰国すると、ちょうど日本では高度成長期に入ったばかりで、空港から帰路を往く道すがらもその発展ぶりが目撃された。例えば羽田空港から神奈川県にある自宅に向かうには、通称第二京浜、つまり国道一号線を南下する。その道は当時突貫工事中の吉田茂邸に通じるいわゆるワンマン道路に出るのだが、その繋がりとなる広いバイパスは、私たちが旅発つ前にはまだ開通していなかった。それは今でいう横浜新道のことで、工事は一九五七年に着工、五九年の開通を目指していた。したがって横浜新道の工事は、まさに私たちが不在の時期に行われていたのであった。

日本ではこの目覚ましい発展とともに、生活のペースも一段と気忙しさを増し、慌ただしい息遣いが漂っていた。相変わらずラッシュに沸く東京駅の構内には、以前よりも一層に人の波がうねり、人の流れに気を取られてうっかりしていると、やたらと人にぶつかってはまごまごする不器用な自分が居るのを痛感した。あるいは迫りくるオリンピックを前に大都市に流入する人口が増えていたのかもしれない。

湘南地方に戻った私たちは少しずつ日常生活を取り戻し、至極便利であったワシントンDCでの生活をどこかで懐かしみながらも、成長目覚ましい日本社会に次第に順応していった。まず車のない日本での生活は、以前と同じように公共交通機関を利用しなければならない。私たちの住む湘南地方から東京に出るには、従来通り、小田急電鉄片瀬江ノ島線を使うか、あるいは旧国鉄つまりJRの東海道線を利用するかということに変わりはなかった。

小田急線は、もともと湘南地方にある江ノ島と都心の新宿までのルートが確保され、一九五一年には新しい車体一七〇〇形が超特急型の快速ロマンスカーとして片瀬江ノ島線に導入された。しかしダイヤや運賃や乗り換えの便などについては、まだ現在のように機能的ではなく、ましてや横浜や新橋方面に出ようと思うと、やはり東海道線の方がはるかに便利で割安であった。

ある日東海道線に乗って、帰国後初めて東京のデパートに出かけた。デパートに入ってまず驚いたことは、店内の賑やかさと、品沢山で種類の豊富な商品の陳列であった。日本を発つ前、つまりわずか三年前であったが、海外で暮らすのに必要な服を整えようと、母と二人で銀座の仕立て屋や日本橋の三越、高島屋と回り、ワンピースやスーツのほか、ブラウスや帽子などを整えた。私はあまりファッションにこだわることもなく、それなりに好き嫌いを言い、店を見て回った。しかし、買い慣れないものを求めるにしては、案外と買い物がスムースに進んだのは、店内に迷うほどには商品の数がなかったからである。

だが今回、帰国してみれば、たかがブラウスだけでも形状や素材や色、デザイン、サイズと、あまりにも各種ありすぎて何を買ってよいか決断に迷い、ものによっては買い物を放棄したくなるほどであった。しかも当時のデパートは、今のようにブランドのメーカーごとに店舗を構えるのでなく、洋服の売り場は商品ごとにまとめられ、ブラウスはブラウス、セーターはセーターと、品目ごとに商品を展示していた。それだけに売り場の品が余計豊富に見えたのかもしれない。

商品の多さは衣類に留まらず、生活用品にも及んでいた。電化製品はその際たるもので、「三種の神器」と謳われた洗濯機、冷蔵庫、白黒テレビは、一九六〇年頃から次第に一般家庭にも普及するようになり、売り上げを伸ばしていた。当時はまだ家電を扱う量販店はなく、主として「電気屋」といわれていた専門店が扱っていた。そういえば私たちも、もっぱら卸し問屋の多い秋葉原の電気店などで音響機器などを調達した。電化製品の中でも、ことさらテレビは一九五九年のご成婚パレードを前に、そしてオリンピックを控え、急成長を遂げた商品であった。

帰国早々の我が家にはまだカラーテレビどころか白黒のテレビさえなく、しばらくはラジオだけで過ごしていた。それでも暑い夏の日に、当時人気の絶頂にあったプロレスラー力道山のテレビ中継を観に、わざわざ駅前の料理屋まで出かけていった。近所の人々が大勢集まって、それぞれが陣取る店内の一郭で私たち家族もテーブルに着き、皆で熱狂し、正義を全うする力道山に声援を送った。今ならば差し当たり、オリンピック選手を出した地元民が集会所で熱狂的に応援するようなものであった。たっぷり一時間以上は観戦しただろうか。ちなみにこの時のテレビの観覧料はといえば、わずかにカキ氷一杯であった。

やがてオリンピックが近づくと、我が家でも家に居ながらにしてテレビを観ていたので、あるいはブームに乗せられて購入したのかもしれない。もっとも、オリンピックに先立つ一年前、初の衛星中継で報じたケネディ暗殺の訃報に接したのも我が家であったから、テレビ購入は力道山観戦の後、比較的早かったのであろう。それは白黒で、アメリカのテレビと同じくブラウン管が背後に大きく膨らんでいたが、アメリカのそれよりははるかに小型で、映像もそれなりのサイズでしかなかった。

免許更新とシウマイ弁当

こうした買い物や生活の雑事のほかにも、帰国してまずはしなければならないことは沢山あった。その一つに、必ずしも緊急・必須のことではなかったにせよ、アメリカでとった運転免許証を、少なくとも有効期限が切れる前に日本のものに切り替える必要があった。免許証は期限さえ過ぎなければ、そのまま日本の運転免許証に移行できると聞き、父と私は帰国後まもなくの八月の終わり、免許証書き換えのために、横浜は桜木町にある神奈川県警本庁まで出かけていった。無論私たちの住まいがある藤沢にも所轄の警察はあったが、当時は海外からの免許証書き換えには、本庁まで出向いて申請しなければならなかった。

その頃の日本では、まだ海外で取得した免許証は珍しく、それを日本のものに書き換える人もそう多くはなかった。横浜のように海外に開けた政令指定都市でさえもそうであったのかと、改めて当時の状況を思い出す。当時は今のようにコンピューターで処理されていなかったこともあり、免許証の書き換えは、今からみれば信じられないようなプロセスで行われていた。

まず申請書を前にして求められたのは、私たちが持っていた免許証の英語表記を逐一邦訳し、一字一句その通りを申請書に記載することであった。当時のアメリカの免許証には、氏名や生年月日のほかに、身体的な特色として身長・体重が記載され、しかも瞳の色や、毛髪の色も記されていた。個人情報の秘匿よりも運転者の身元の証が優先され、さほど差別意識にデリケートな対応がなされているとは思えなかった。無論、このような情報は日本の免許証には求められていなかったが、交通課の係官は念のためすべてを漏れなく邦訳して記載するようにと言った。

定めだと言われればいたし方なく、私は完全邦訳を試みた。しかし問題は私の名前にあった。戸籍のないアメリカでは、氏名は自己申告に等しかった。多くのアメリカ人がそうであったように、記載したければ自分の名前にイニシャルを使おうと、ミドルネームを入れようと、その人の自由であった。そこで私も洗礼名のテレーズ（Therese）という名前をミドルネームに入れていたので、免許証には、Reiko Therese Aokiと記載されていた。邦訳に迷った末、私は青木テレーズ怜子と記載した。

手続きはこの邦訳の課題もあってか、申請書に目を通す係官の対応も手間取り、免許書き換えの申請は思いのほか時間がかかった。朝一番に窓口を訪れたのに、すべてが終わったのは早、正午に近かった。父も私もその日はそのまま東京での所要を控え、二人で昼食をとろうにも大した時間は残されていなかった。そこで思いついたのが、横浜駅で駅弁を求め車内で食するということであった。

当時、東海道線はまだ遠距離を射程に置いての列車運行であったので、車内でお弁当をとることにさして抵抗はなかった。思えば、大きな台を首から下げて、列車が入るたびに窓越しに駅弁を売る売り子の姿が見られた時代であった。

私たちは神奈川県警のある桜木町から電車に乗って横浜駅に出ると、迷うことなくホームの売店でシウマイ弁当を買った。東京行きの列車が発車する間際に、あわてて駅弁を二つ買い込んだ父と私は、もうシウマイ弁当に心奪われ、早く食したいと思う一念で席を探した。

東海道線は当時、横浜から乗れば東京まではわずか三〇分ほどの短い時間。終点の東京まで停車する駅は、品川、新橋のみであった。だが飛び乗った普通車はあいにく満席で空き席はなかった。さすがに立食するわけにもいかず、私たちは次の停車駅品川でやっと席を見つけた。そこから新橋までは七分。終点の東京まであと三分。二人してやっと見つけた席で、ものも言わずに「憧れのシウマイ弁当」を貪《むさぼ》った。

思えばワシントンに滞在中、なんといっても一入《ひとしお》恋しく思われた日本食といえば、鰻の蒲焼と横浜のシウマイ弁当であった。寿司はニューヨーク辺りからマグロが入ることもあった。だが鰻だけはまだ冷凍食品が開発される以前のこと、ロスアンジェルスなど日系人の多い西部沿岸地域はさておき、少なくともワシントン滞在中にはおよそ縁遠く、あのいかにも日本的な濃厚な蒲焼の匂いと味は、どうしても味わえなかった。

そういえばロスアンジェルスにいた幼児の頃、鰻の骨が喉に刺さり、大騒ぎしたことを覚えている。あの時の鰻は日本食専用のグロサリー・ストアから買ったものであろうか。さらに付け加えれば、一九八〇年にカナダに行った折には、母に頼まれて鰻の冷凍食品を知人に届けたことがあった。これでいつでもどこでも鰻が食べられると喜ばれたものである。今では冷凍加工のおかげで、異国にあって食物が郷愁を誘うことはなくなったのであろうか。

一方シウマイ弁当の方は、まことにローカルな好みではあるが、その頃の駅弁は一般的に、その土地ならではの逸品をあしらって特性を誇っていた。その典型ともいえる横浜崎陽軒のシウマイ弁当には、横浜の中華街仕立てのほっこりとして旨みのあるシューマイのほか、酒悦の福神漬、小田原の蒲鉾など、えりすぐった食材があしらわれていた。蒲鉾の銘柄は実は横浜蒲鉾なのだと、駅弁の歴史に記されているが、長いこと私は小田原の籠清のものだと聞いていた。意固地に私が小田原と書いたのは、これら土地のえりすぐりの素材がたかがお弁当とはいえない豪華さを秘めていたように思っていたからである。

シウマイ弁当のおかずはそのほかにも、たけのこの煮付け、ぶりの照り焼き、エビフライ、卵焼き、昆布の佃煮などと目玉商品のシューマイを引き立てるかのように、幾種もの異なった味が箸休めの役割を果たしている。シューマイをはじめ幕の内すら、いずれもが一口大でいただきやすいようにお弁当の中に盛られ、旅の車内でお弁当を食べる者への何気ないいたわりが伝わってくる。それに、家庭で料理をする人であれば、きっと思い当たるであろう。全く違う具材を沢山用意するには、それぞれを一つずつ、こまめに仕込み、味移りがしないように別々に煮付けていかなければならない。料理への心意気が、たかがお弁当と言うなかれ、このシウマイ弁当には怠りなく行き渡っている。

しかしこれら心尽くしの具材に囲まれて、シウマイ弁当の中でも一番美味しいのは、お弁当なら当たり前と思われがちなご飯である。ふっくらと炊き込まれたお米は、幕の内風に盛られているが、少々時間が経っても乾いて強《こわ》めになることはない。店の秘伝を聞けば、それは意図したところで、お弁当を入れた容器を木製にし、その容器がお櫃の役割を果たすかのように、お米の水分が少しずつ蒸発するように工夫されているのだという。ご飯のみならず、心のぬくもりを盛ったかのようなこのお弁当は、日本を置いて世界のどこにあるだろうか。

シウマイ弁当は、レシピも食材も一九五四年の創業以来原則としては変わらないという。ただ時には限定的に、シイタケやふきの煮付けも添えられたが、それらは恒久的なメニューではなかった。ちなみに一九五四年の発売以来、当初、中に入っているシューマイの数は四個であった。それが物価高に押された一九七四年の「大幅値上げ」に伴って、シューマイは「五個に増量されて」現在に至ると、駅弁の歴史には書かれていた。「大幅値上げ」の不平を恐れ、シューマイの数を増やしたのであろう。してみると、私たちが帰国後の一九六一年、掻き込むように食した駅弁はまだ四個のシューマイだったということになる。

運動会のパン食い競争でもあるまいに、車内で慌ててシウマイ弁当を頰張った私たちは、結局ものの一〇分で完食した。「食べたね〜」と父は言い、思わず二人で吹き出してしまった。だが、お茶も飲まずに頰張ったシウマイ弁当にどんな味わいがあったかと聞かれれば、いささか疑問多いことではあった。それでも、シウマイ弁当を口にしたという満足感は、一つの念願が叶ったものであった。

東京駅に着いて、結局はお茶欲しさに、古くて重厚な当時のステーションホテルに駆け込み、二人してコーヒーを頼んだ。こんなことならば、なにも慌ててシウマイ弁当を車内で掻き込むこともなかったのにねーと、ちぐはぐなランチに複雑な思いを寄せたのは、横浜のシウマイ弁当ならではのことであった。

この劇的な横浜駅の一件からやがて二週間ほど経った頃、藤沢警察から新しい免許証が交付され、警察まで取りに来るようにとの連絡があった。再び横浜まで出向く労から救われたのはありがたかったが、免許証を取りに現れた私に、所轄の中年男性の警官が思いもかけないことを言った。「へ〜、アメリカで免許取ったの?」さらに続けて彼は言った。「アメリカじゃ、あれ? 女の人だったら、ウインク一つすれば免許、取れるの?」。冗談のつもりか、カラカイで言ったのか、訊くつもりもなかった。ただ、あのワシントンでの運転教習と免許に及んでの真剣勝負への思いが、私のどこかで泣いていた。

アメリカにも山ほどセクハラ事件はあってしばしば批判の対象となることもあった。だが、この日本流の、冗談のつもりでが実は単に無神経さを剥き出しにしただけだったという、許しがたい不躾さに出合ったのは、久々のことのような気がした。

気を取り直し免許証を開いてみると、名前の所が何か妙にややこしく長かった。よく読むと、「氏名　青木テレーズ怜子こと青木怜子」と書いてあった。たしかに私の誠実な邦訳が誠実に功を奏したのであろう。さすがに次の更新時には、私の名前から「こと」は消え、単純に「青木怜子」となっていた。

このような奇談は日本全国にあって私ひとりの体験であったのだろうか。それにしても、たかが運転免許証とはいえ、いやしくも外国政府が発行した公文書を、本人自身の手で翻訳させるシステムというか、了見そのものが奇談のように思えてしまう。

シウマイ弁当と聞くたびに、今も免許証書き換えの日の思い出が蘇る。あれから六〇年。日本の免許証交付のシステムも今やすっかり様変わりし、私の経験も昔日のものとなった。「女の人はウインク一つすれば、免許が取れるの?」と訊いた警官は、今、どういう生活感覚で退職後の余生を送っているのであろうか。案外、なんでも許される日本社会のこと、今も鈍感な神経で凡々とした日々を過ごしているのかもしれない。

変わるもの、変わらぬもの

それにしてもこの六〇年、シウマイ弁当の味も多少なりとも変わってしまったのではないかと、穿った思いで改めて横浜駅でシウマイ弁当を買ってみた。かつてのシウマイ弁当が醸し出すあの懐かしさは、単なる故郷に寄せる郷愁のせいであったかもしれない。あるいは飽食の時代、多くの駅弁が粋を凝らして競い合い、かえってローカルな駅弁の味わいを失ってしまったのではないか。そう思いながら久々に口にしたシウマイ弁当は、結構、昔なりの味わいがあり、さすが創業者たちの心意気が生きていると思わせるものがあった。

無論、いくつかの変化はあった。エビフライは鶏の唐揚げに、ぶりの照り焼きは鰆の西京漬けに代わり、酒悦の福神漬は見当たらなかった。半面、あんず（ホタンキョウ）と青い小梅は昔ながらの定番の座を明け渡していなかった。その後二一世紀に入ってさらなる書き加えをすれば、昨今の具材の値上がりで、シウマイは再び四個に減ってしまった。

駅弁といえばすぐに思い出すのは、やはり肩にかけた弁当売り屋のことであろう。その姿を駅に見なくなったのは、今やほとんどの車両が冷房と暖房に庇護されて窓の開閉ができなくなり、車両の窓からの売り買いが無用になったからだと聞く。ますます電化が進む車両を相手に、もはや駅弁売りの姿を見ることはあるまい。そしてそれとともに、あの「ベントウ～、ベントウ！」という抑揚つけた呼び声を聞く日も、もう戻っては来まい。あの短い停車時間の中で、お弁当が渡されるのと同時にお金の受け渡しがなされていた。その時間ぎりぎりのスリルもまた、今となっては一入《ひとしお》懐かしいものである。

ところで肝心の運転免許の話だが、私は書き換え後、しばらくはペーパードライバーであったが、オリンピックの始まる頃には車を初めて自分で購入した。すでに非常勤の教職と並行してNHKの国際放送などでも仕事をしていたため、それなりに多忙を極めていたからである。

排気量八〇〇ccというトヨタ最小の小型車で、パブリカという車種であった。当時の日本ではまだ珍しいオートマティックの仕様になっていて、朝ちょっとエンジンのかかりにくいのが難ではあったが、「小走り」でよく走る車であった。

東京都内はオリンピックを前にして、車の流れも多くなり、幹線道路での渋滞は日増しに激化していった。それでも初めて湘南から東京に車で通勤した日、私はあいにくラッシュ時の渋滞に巻き込まれて方向感覚を失い、帰路の道がわからなくなった。

「迷った時には大勢の動きに従う」という私なりのポリシーに照らし、大勢の車が走るループ状の道を皆について走っていった。今思えば神宮外苑のロータリーであっただろうか。さらにその先を走っていったが、方向感覚を完全に失った私はやむを得ず車を止め、大きな門構えのある所で、第二京浜の五反田に出る道を守衛に尋ねた。だが守衛はいかにも気の毒そうに、「僕、昨日、北海道から出てきたばかりで、東京の道、全然わからないんです」と答えた。聞けばそこは代々木の選手村だという。当時はこういう風にその日その日で、人口動態に変化をきたしていたのであり、それが日本の繁栄期の実態でもあった。変わりつつある日本。当時の日本はいったいどこに向かって走っていたのであろうか。

10　胎動する変革の波、混迷する社会——六〇年代から七〇年代

私たちが日本を留守にしていた一九五八年から六一年の間、特筆すべき日本での出来事がいくつかあった。なかでも記憶に留め置かれるのは六〇年安保闘争であったろう。それは今までの日米関係を根幹から問う、日本市民の大きな叫びであった。戦後、日本では、二度と戦争を起こさないことを誓って再軍備を絶ち、広島・長崎の悲劇を繰り返さぬため核兵器の廃絶を悲願とした。それでいて日本は安全保障を求めてアメリカの核の傘下にあり、そのため日米安全保障条約の改定と延長は、日本にとっては矛盾した糸の絡みが解けないまま雁字搦《がんじがらめ》となるものであった。この条約で本当にアメリカは専守防衛の日本を守ってくれるのだろうか。それはアメリカが保有する核の使用（核実験を含め）とどう関わるのであろうか。ひいてはそれにより、日本の主権を犯すことなく、日本の防衛は貫き通されるのであろうか。

六〇年安保闘争とハガティー事件

日米安全保障条約は一九五一年九月八日、サンフランシスコ条約調印とともに、日米間で調印

された。極東の平和と安全を掲げて日本におけるアメリカ軍の駐留を認め、その軍事活動を是認した。だがその結果、日本では、防衛上アメリカの傘下に置かれることで、日本がアメリカの属国と化すのではないかとの不安が生じ、それが一つのうねりとなって条約改定への反対運動の高まりを見せていった。一方、日本を防衛する義務をアメリカのみが負うという条約の片務性を改め、日本にも対等な義務を科す条約の双務性を規定すれば、日本には自衛隊の強化が求められ、そのことが再軍備を禁止する憲法に抵触するのではないかとの論議を呼んだ。こうした論点が交錯するなか、安保論争は一段と複雑さを極めていった。

安保条約への反対運動は、当時の政治情勢や反対闘争の中心勢力が政治化するなかで、総評、中立労連、原水協、護憲連合や最大野党の日本社会党などを中心に、戦後最大の規模となる国民統一行動組織を諮っていた。そのため混乱を恐れた岸内閣は五月、衆議院安保特別委員会とそれに続く本会議で、条約改定の承認に向け、衆議院での自民党主流派のみによる強行採決に踏み切った。だが国会でのこうした政府与党の強硬姿勢に対し、一般国民の不満はかえって一層に募り、ついには学生や労組員などの組織グループだけでなく、文化人や一般市民にも自発的にデモに参加する人々が増え、安保反対運動はついに一群のデモ隊となって連日国会前に溢れていった。やがてそのデモを鎮静しようとする警察とデモ隊の間で衝突が生じ、デモに参加していた女子学生が命を落とす惨事となって大混乱となった。

こうした騒動は対米関係にも波及し、予定されていたアイゼンハワー大統領の訪日を延期させ、やがて中止にと追い込んでいった。その中で、新安保条約は一連の軍事改定を盛り込んで、条約の規定により参議院の議決を得ず自然成立する。総理大臣はこれら混乱の責任を取って辞任を表明し、内閣は総辞職した。

日本でのこうした一連の安保反対運動に対し、安保条約の盟友となるアメリカでは、現地新聞が安保闘争の論点自体をトップ記事として報じることはなかった。アメリカのメディアが注目したのは安保闘争そのものよりも、日本における対米感情の悪化であった。なかでもデモ隊が、アイゼンハワー大統領の訪日準備のため来日していたハガティー大統領府報道官の車を包囲し、その一員が車のルーフを棍棒で叩く様子を暴挙として大きく報道した。たしかに、デモ隊に包囲された一国の報道官がヘリコプターで救出され、そのまま大使館に逃避するという一幕《ひとまく》は、決して尋常なことではなかった。

報道を目にしたクラスメートが、その朝、信号待ちをしていた私に声をかけた。「要するに日本人は急にアメリカが嫌いになったわけだね」と彼は短絡に言った。事の背景を説明するには、信号待ちの時間では足りなかったが、事件を日本人の暴挙とみたアメリカ人にとっては、それが偽らざる心情であったのだろう。

安保条約の改定をめぐる一連の運動は、その後日本では、次の決起行動である七〇年安保闘争を促したほか、七二年の沖縄の本土復帰とそれに続く基地問題、あるいは長引くベトナム戦争への反対運動、さらには安田講堂占拠をクライマックスとした六〇年代末期の学園紛争にと、様々に波紋を広げていった。

だがその間、時を同じくしてアメリカでも変革と混乱が繰り返され、アメリカ社会もまた決して安定したものではなかった。ただ日本での改革を求める動きが、どちらかといえば安保闘争といったシングル・イッシュから発したのに対し、アメリカでの改革への動きは、いくつかの古くからある根深い社会問題が絡まり合って生じていた。

変革を求めるアメリカ――六〇年大統領選挙

一九六〇年から六一年、つまり私たちがワシントンで最後の年を過ごしていた時、アメリカで最も関心を集めていたのはなんといっても六〇年の大統領選挙戦であったろう。現役の副大統領リチャード・ニクソンと東部出身の若手上院議員ジョン・F・ケネディの対決ほど近年の選挙戦史上、国民のフィーバーを煽ったものはなかった。

ニクソンはデューク大学法学部卒業後に弁護士を経て政界入りし、当初から強靭な保守主義を標榜するタカ派として知られていた。しかし時を経て一九六〇年には、ニクソンは副大統領としてアイゼンハワー現政権の中枢にあり、しかも冷戦下にあった五九年、アメリカ首脳陣として初めてソ連を訪問するなど、外交面でも政権の立役者となっていた。

一方ケネディはマサチュセッツ州を選挙区とする若手上院議員であったが、やがて地盤をニューヨーク州やニュージャージー州に広げて大都市での票田を固めていった。富豪の家に生まれ、しかもハーバード大学出身のエリートであったケネディは、都市部を中心に知識層や若い学生の間で絶大な人気を博していた。彼に寄せられた応援の覇気は、たまたま私が在籍していた大学院の教授や学生たちからも窺われ、熱い声援が日々伝わってくるようであった。

たしかにケネディの若さや育ちの良さが、未来志向を語る政策に新鮮味を持たせたのに対し、年が上で地味な風貌のニクソンが負に追い込まれることはあったかもしれない。事実ニクソンは、経験ある政治家として政治戦略でのしぶとさがあり、メディアは往々にニクソンの狡猾なしたたかさを揶揄って、「中古車《セカンドハンドカー》のセールスマン」と呼んでいた。だが、それは裏替えしてみれば、ケネディの若さと未熟さが政治におけるあやふやさを暗示し、ケネディが国民の信頼を集められるか否かの瀬戸際にあるということでもあった。

ケネディが抱えていた不利な条件は、ほかにもいくつかあった。一つには、彼がアメリカ大統領選挙ではタブーとされてきたカトリック教徒で、しかもアイルランド系の出自であったことである。そして第二には、政治的地盤を大都市に持ち、アメリカ全土に広がる農村部の堅固な保守地盤を固められないことであった。

カトリック教徒でアイルランド出身、しかも大都会を基盤とした政治家としての弱みは、すでに一九二八年の大統領選で、ニューヨーク州知事アルフレッド・スミスが共和党のフーバーに敗れたことで、これら負の要素は大統領選では立証済みだというイメージが色濃くあった。スミスが大統領として当選すれば、必ずやアメリカはローマ教皇庁に支配されるだろうといった陰謀説がまことしやかに横行した。しかも折から禁酒法が制定されていたその時代、農村部保守派が強く推す禁酒法に反対したスミスは、「飲んだくれ」で不真面目な輩《やから》が、あたかも都会の腐敗を背負い込んだかのように風刺画に描かれた。

こうしたスミスへの過度な揶揄や侮蔑的な攻撃は、似たような背景を持つケネディには、もはやあからさまには起こらなかった。それでも教皇庁の乗っ取り陰謀説については、水面下で相変わらずケネディ攻撃の恰好の材料となっていた。

しかし、ケネディに対する真の反目は、実はこうした出自や宗教問題ではなく、むしろ彼が持つ大都市の伝統的なリベラリズムに対する反感だったのかもしれない。この反エリート主義は、アメリカにあっては決して新しいものではなく、一八世紀の独立当初から根深くあった。それは先進都市部という東部のエスタブリッシュメントに対し、後発農村部の南・西部が経済的利害をめぐって対立した因縁深い反目に由来する。その根底には、金融のメッカでもある東部の企業や資本が得てして進歩的な効率の良さを求めて前進的になるのに対し、片や、労して堅実に生計を図る南部や西部の農民が、東部発展の犠牲となっているという被害者意識でもあった。

だがケネディに限っていえば、彼に対する反目は単に都市部と農村部といった伝統的な地盤の異なりにあっただけではなく、むしろケネディが持つ都会派で知的で洗練されていたことに加え、上流階級の出だといった個人的背景が「地方大衆」から見れば「鼻持ちならない」のであり、ケネディをいわばスノービッシュだと見た人々の「ケネディ嫌い」であったのかもしれない。

こうした幾多のハンディを抱えるケネディと、現職にありながらも地味で精彩を欠くニクソンとの力関係のなかで、選挙結果からみれば、その対決は拮抗し、僅少差でケネディが勝利した。それは、一般投票ではわずか一二万票差、さらに州単位で結果を出す選挙人選挙では、複雑な選挙法や党則に拘束されない「自由選挙人」の票がケネディに有利に動いたことで、やっと得た勝利であった。そこにはケネディの往く手に、必ずしも約束された未来が託されていたわけではないことを暗示する。その中で、ケネディとニクソンの間で勝敗を決めた真の要因は四回にわたるテレビ討論からも明らかなように、ニクソンが現役の施政者であったことから現政権の政策擁護に徹したのに対し、ケネディが現政権や現行施政の弱点を鋭く攻撃しながらも、現状の閉塞的社会を変革しようと、積極果敢に未来像を語ったことであろう。

ケネディが掲げた理想「ニュー・フロンティア」

ケネディの演説草稿の参謀でもあり、伝記作家でもあるシオドア・ソレンセンは、ケネディが演説中に用いた最も効果的な表現は「ニュー・フロンティア」であったとし、それこそがケネディ哲学を集約するものだと言っている。「ニュー・フロンティアは、私たちが求めようと求めまいと、現実にここにある。科学と宇宙の未知の分野、平和と戦争未解決の問題、無知と偏見のまだ征服されざる汚点、貧困と過剰の未解決の問題にある」とケネディは言った。それはケネディが常々口にしてきた宇宙開発から和平問題・米国の安全保障・武器・軍縮・低開発問題・都市問題・失業問題・青年問題・老人問題・人種差別問題・貧困と格差問題といったあらゆるジャンルの問題を一括して、そこに変革への希望を託す未来を表現するものであった。

ケネディは就任演説で、ニュー・フロンティアについてこうも言った。「それは国民のプライドに訴えるものであり、国民の財布に訴えるものではない。より大きな安全保障でなくて、より大きな犠牲の約束を差し出すものである」と言い、さらにこう結論する。「ニュー・フロンティアとは、諸君のために私が何かをしようと約束するのではなく、諸君が国家のために何ができるかを問うものである」と。このケネディの前向きな理想こそが、たしかに知識層を動かす大きな原動力であった。

しかしケネディはたとえ国家の理想を語ろうとも、彼自身が理想主義者であることはなかった。むしろ周到に事々を策案し、実行の可能性を見極めて動く現実主義者であった。例えば選挙に臨んで、ケネディ陣営は勝利への布石として、タッグを組む副大統領候補に南部のリンドン・B・ジョンソンを選んだ。するとケネディは自ら積極的にジョンソンに交渉し、その快諾を引き出している。これにより、ケネディの弱点であった南部・西部の地盤を固めることができ、その上ジョンソンが民主党院内総務として、長年上院に大きな影響力を持つ実務者であったことから、議会工作に経験の少ないケネディにとって大きな援軍となることをケネディは自ら熟知していたからであった。

ケネディが現実主義者であったことは、政権に就いてからも、キューバのミサイル基地設置をめぐってフルシチョフとの微妙な駆け引きを講じ、ソ連との一触即発の危機を回避したことからも窺えよう。ケネディがとった行動は、一刻を争う瀬戸際にあっての慎重な読みと決断であった。

一方、人種問題をめぐってもケネディは、できるだけ新たな立法措置や武力行使に頼ることなく、先ずは現行法に基づく実行措置で対処しようとした。それにより即効性が期待され、人種問題のような緊急で重要な事案に対しては効果的とみたからであろう。

例えば一九六二年のミシシッピー州立大学、次いでアラバマ州立大学で、黒人学生の受け入れが拒否されると、連邦政府はそれを阻止する断固たる姿勢をいち早く見せている。なぜならば、人種差別による入学拒否は、すでに法廷闘争で憲法違反であるとされていたからであり、州権を盾に南部のいくつかの州が黒人学生の入学を拒否するのは許されないことだとして、連邦政府は実力行使をもって事件に直接介入した。

結果としてそれは武力衝突という最悪の事態を招き、ケネディはこの収拾のつかない人種差別に対し、最終手段として立法に訴えることとした。翌年二月、公民権に関する特別教書を議会に送って法の立案を諮ったのである。だが時間を要する法の成立は、ケネディの在任中には実らず、後継者ジョンソンによって一九六四年の公民権法成立にと繋がっていく。

ケネディ政権下にあって、ニュー・フロンティアに託すケネディの理想に惹かれ、実効を求めて行動を起こした人物の中に、黒人解放運動の指導者マーチン・ルーサー・キングがあった。一九六三年八月、キング牧師は人種差別解消を求めてワシントンでの平和行進を呼びかける。それに応え、黒人・白人を問わず全米から集まった約二〇万人の人々で膨れ上がったデモ群団は、連邦議事堂とリンカン記念堂を繋ぐモールを中心にワシントン市内で行進した。

当初この計画を知ったケネディは、デモ隊が暴走することがあれば公民権法案の成立に支障を来すとして消極的であった。それに対しキング牧師は、この行進はケネディが主張する民主主義に応えるものなのだと説得し、ケネディもこれに応じデモを容認したという。それでも万が一の不測の事態に備え、ケネディは連邦軍を待機させてその日を待った。ここにも慎重に処したケネディの現実性が窺えよう。

だがその懸念をよそに、デモ隊は平和裏に行進し、最後にキング牧師の「私には夢がある。……いつの日か黒人も白人も必ずや人種の違いを越えて共存する日が来ることを」と、切々たる思いを込めた演説をもって終わった。不条理な差別に向けての怒りを宿しながらも粛々と進む一九六三年の平和行進は、キング牧師が述べたように、ケネディが就任以前から訴え続けてきた民主主義への熱い思いに応えるものでもあった。

幕開けしたばかりのケネディ政権の発足時には、たしかに不安定で脆弱な地盤を思わせる要素を多々露見した。しかしケネディ政権がわずか三年半という短命であったことを考えると、結果的にみればケネディが選挙戦で唱えた「ニュー・フロンティア」の実現は漸次果たされていく。先のキューバのミサイル基地撤去、それをめぐる米ソの対決回避、さらには米英ソ三国間に結ばれた核拡散防止条約及び米ソ間のホットライン設置、そしてケネディが提唱した平和部隊

(peace corps) の派遣、あるいは人類初の月面着陸と、かつてケネディが提唱したニュー・フロンティアへのアクセスともいえる和平交渉、軍縮、宇宙開発への道を整えていった。

ケネディ政権の末期となった一九六三年八月、ワシントンDCのアメリカン大学で、ケネディは卒業していく若い世代に向けて「平和の戦略」と題した演説を行ない、自らの理想について熱く語った。世界平和の構築や核実験の放逐は、特定の国民や特定の世代のためにではなく、国や世代を越えてあまねく人類の存在のために必要なのだと、ヒューマニズムに照らして訴えた。その演説こそが、米英ソ三国間に結ばれた核拡散防止条約の調印に直接繋がるものであった。

だがこの演説から半年も経たずしてケネディは凶弾に倒れ、道半ばにして政権を去る。後継者となったリンドン・B・ジョンソンは、意気消沈する国民に、「さあ、続けよう」と士気を高め、ケネディがやり遂げられなかった公民権法案の成立や、老齢者や貧困層を救済する「メディケア」や「メディケイド」といった社会保障の法案成立を促した。

ジョンソン大統領が掲げた「偉大な社会」

公民権法については、ジョンソンは自らが強い地盤である南部に働きかけ、地域にいまだ根強くあった公民権法への反発を抑え、一九六四年に連邦議会で成立させた。一一条から成る公民権法は、職場、公共施設、連邦助成金を受けるあらゆる機関での差別を禁じ、また選挙人の登録の差別をも禁じた。さらに同法の真髄でもある教育については、今まで南部が盾としてきた「分離すれども差別せず」といった理屈を覆し、差別に通じる分離教育を明確に禁じた。

一方福祉政策では、懸案であった医療面での保障を盛ったメディケア（Medicare）とメディケイド（Medicaid）を一九六五年に成立させた。メディケアは高齢者と障害者を対象とする公的医療保険制度であり、原則として五年以上アメリカに在住する六五歳以上のすべてのアメリカ人が給付対象となる。メディケイドの方は、特定の貧困者に対する給付を保障するもので、高齢の貧困者や障害者、被扶養児を持つ低所得世帯がその対象となった。

すでにアメリカでは、大恐慌の経験から立法化された失業保険や労災保険をベースとした社会保障制度はあったが、国民医療に関する社会保障制度はなかった。そのため、たとえ高齢・障害・貧困と限定はあるものの、メディケアもメディケイドも医療保険制度としては画期的なものであった。

問題はいずれもの法が巨額な公費を必要とすることであり、法に対する賛否両論は強く、そのため一九七〇年代以降もしばしば法改正を行ない、疾患の度合いの引き上げや、薬物疾患・アルコール依存症を対象から除外し、さらには失業した疾病者の失業期間の引き下げ、処方薬剤の改善や近代化、あるいは民間保険との抱き合わせを可能とした財政均衡法の制定など、様々な面からの支出抑制が図られていった。（メディケアへの連邦政府の医療負担は年々増加する一方で、合衆国議会予算局（CBO）の報告によると、二〇二〇年のメディケアへの支出総額は八億ドルとなり、前年度の予算額を一・三パーセント超過したと報じられている。）

一九六〇年代には、こうして連邦政府の積極的な働きかけにより、ジョンソン大統領が掲げた「偉大な社会」のスローガンのもと、貧困対策など社会福祉面では大きな変革を実現させた。しかし一方では、現状を不満とする反対運動が、人種問題に限らず様々な社会分野で噴出し、それらが互いに連動し、性急な成果を求めては、一層に過激なものとなっていった。それと同時に、六〇年代中頃には新たに浮上するベトナム戦争の暗雲が国内に大きな波紋を投じていく。その波紋が、過激化する社会運動を一層激化させ、連動する一つのうねりとなってアメリカ社会を覆っていった。

多様化する反差別運動

一九六三年のマーチン・ルーサー・キング率いる平和行進が平和裏に終わり、一九六四年の公民権法も可決したにもかかわらず、人種差別に抗議する運動は目に見える成果をより一層求め、もはや穏当な平和的手段では解決がみられないと、エスカレートし過激化する一方であった。六〇年代半ばには、モスレムやアフリカ系黒人を統括し、差別は暴力をもってこそ阻止すべきだとした過激な行動派マルコムXがいた。あるいは非暴力を訴えながらも理論立てて学生間に人種闘争を扇動し、のちに学生非暴力調整委員会（ＳＮＣＣ）のリーダーとなった若き闘志ストークリー・カーマイケルもいた。さらには共産主義と民族主義を掲げ、急進的なテロ行為こそが必定だと、アフリカ系アメリカ人に武装蜂起を呼びかけるブラック・パンサー党の活動も続いた。

こうした人種差別への抗議は黒人間に留まらず、先住民族ネイティブ・アメリカズにも及んで、抗議運動の幅を広げていった。先住民族の闘争は、単に現状の差別の解消だけでなく、失われた民族の大地や民族としての権利を奪回することであった。それはアメリカ連邦政府の政策で、部族が住み慣れた居住地を追われて荒れ地に追いやられ、度重なるアメリカ陸軍騎兵隊との衝突を余儀なくされて多くの人命が奪われた凄惨な歴史に基づいている。その歴史の中でも最後の戦闘と呼ばれたのが、一八九〇年にサウスダコタ州で起こったウーンデッド・ニーの戦いであった。彼らはその象徴的な大地を一九七二年、七一日間にわたり占拠する。運動を指揮したのは、AIM（アメリカ・インディアン運動）で、一九六八年にミネアポリスで結成され、人種差別運動や反戦運動、学生運動にも刺激されて先住民の居留地における生活改善を求めてきた。こうした占拠行動はウーンデッド・ニーのみでなく、それに先立つ六九年には、カリフォルニア州サンフランシスコでも起こっている。「全部族インディアンズ」を名乗る数十名の男女が八カ月にわたり、無人化していたアルカトラズ島を占拠した事件であった。

先住民の人口は当時のアメリカにおける黒人人口よりもはるかに少なく、アメリカ総人口の約一パーセントに過ぎなかった。しかしこれらの占拠事件は、彼ら少数民族の威力を精一杯示したものとして、人々の関心を集めた。その後、連邦政府は同化政策や保護政策を進め、先住民の市民権を段階的に認めていく。それでも今なお生活面や人権問題での改善を求める先住民の声は絶えず、究極的な解決には至っていない。

レッドパワーが、アメリカでは少数勢力となる人々の結束であったのに対し、全人口の半数を占める女性たちもまた、この時期、性差別解消を求め、従来になく過激化した運動を起こしていた。アメリカでは、一九二〇年の憲法修正第一九条で女性参政権は認められたが、政治の領域に留まらず社会や生活面などあらゆる面で、根源的な性差別の解消が求められていく。

女性解放運動の表立っての活動は、作家でジャーナリストでもあるベティ・フリーダンを中心に展開され、ウーマンリブ運動として女性の地位向上、雇用・賃金・昇進などの均等化を訴えた。また当時の社会ではタブーであった人工妊娠中絶の自由選択を唱え、「ディーセントな常識」を覆すかのようなフェミニズム運動の端緒を切った。彼らの運動は第二派フェミニズムとも呼ばれ、今も活動する全米女性組織（ＮＯＷ）を一九六六年に結成し、後世に繋がる女性運動の発端となった。

こうした人権を基盤とした改革運動が展開されるなか、一九六〇年代のアメリカでは、既成の社会体制や生活形態に反発する変革運動が多角的に起こっていた。従来ならば社会の常識とされる整った服装や髪型を否定し、あえて髪や髭を伸ばしてラフな服装を纏い、街中を裸足で歩くといったヒッピー現象が、新たな生活スタイルとして現われた。自然への回帰を唱え、既存の文化に対抗する意味でヒッピー文化はカウンターカルチャーともいわれるが、文化表現は服装や生活習慣に留まらず、詩や音楽にも大きな影響を与えた。彼らは男性優位を当然とする既存社会への通念にも疑問を投げかけ、社会の価値観を問い直そうと、フェミニズム運動とも連動した。

ヒッピー世代は、思えばアメリカにあってはベビーブーム世代でもあり、一九五〇年代のビートジェネレーションとも交錯する。物質的に豊かさを増した時代にあって、彼らは社会に逆らい、既成社会の伝統やルールや慣習を嫌って、自らのありのままをさらけ出すことで、閉塞感から彼らなりに脱皮しようとした。こうした動きは、時同じくして激化するベトナム戦争に対しても激しく抗議し、既存の権威社会を糾弾する反戦運動を展開していった。

ベトナム戦争の激化

ベトナム戦争は、元はといえば、植民地であったベトナムが宗主国フランスから独立を図っての民族蜂起に端を発したが、植民地から解放されたベトナムに内紛が起こり、南北に分裂して主義主張を争った。その内紛を収めるべく旧宗主国フランスに代わってアメリカが介入した戦がベトナム戦争であった。

内紛は、北ベトナムが社会主義を奉じて人民戦線を主張し、王政堅持の正当性を主張した南ベトナムと対峙した。南ベトナムをアメリカの傀儡政府と強く非難した北ベトナムは、南ベトナム内にある反政府勢力（ベトコン）を支援して革命を促し、この内紛をもって民族主義による南北統一を訴えたのであった。だがベトナム戦争は、冷戦下での最後の代理戦争ともいわれたように、実際にはベトナム内の分裂は内紛に留まらず、アメリカが率いる資本主義・自由主義圏と、ソ連・中国などが関与した社会主義・共産主義圏との対立を東南アジアで展開させたものであった。

南北の対立が激化するなか、一九六四年八月、ベトナム・トンキン湾沖を巡回するアメリカの駆逐艦が北ベトナムの魚雷攻撃で撃沈され、アメリカ海軍は直ちにこれに報復した。いわゆるトンキン湾事件である。これを受け、アメリカ上院議会は「トンキン湾決議」を採択し、事実上、それがアメリカのベトナムへの宣戦布告となった。ジョンソン大統領はハノイを空爆することを決意し、ここにベトナム戦争は一気に表面化していった。

もともと宣戦布告なく泥沼化していたベトナム戦争は、戦闘がいつ開始されたか明確でないまま、空爆前からゲリラ戦にと転じていった。だがこのアメリカ空軍による北爆で、戦闘は一挙にアメリカこそがベトナムと対峙する戦であることが浮き彫りにされる。すでに一九六五年までに一八万四千人余のアメリカ兵士がベトナム戦争に投入されたが、北爆後は倍増し、ジョンソン政権末期には五三万六千人余に達していた。しかも、空爆による激戦の模様はテレビなどメディアにより刻々と報じられ、生々しい戦の現状が茶の間にも届けられるようになった。戦に対する疑問は一層人々の間に渦巻き、戦が長引けば長引くほど、不満は充満する。しかも戦地に送られる者の多くは若者たちで、戦を指導する政策立案者は戦場に赴くことなく、命の危険に晒されることもなかった。やがて不満は若者たちの間でより強い厭戦気運と体制批判を生み、反戦運動へと広がっていく。

反戦運動は、兵役拒否をする者、脱走を試みる者、あるいはそれを支援する者と輪を広げ、その動きは国内に留まらず外国にも波及した。日本でも「ベトナムに平和を」と叫ぶ「べ平連」の活動が活発化した。こうした反戦運動は、学生を中心とする学園紛争とも連動し、日本でもアメリカでも相呼応するかのように激しい闘争を展開した。

街にはジョーン・バエズが歌う *We Shall Overcome* やボブ・ディランの歌う *Blowin' in the Wind* が流れ、そしてピート・シーガーの「花はどこへ行った」がピーター・ポール&メアリーをはじめとする多くの歌手たちにより歌われた。やがてそれらが反戦歌の代表作となっていく。哀愁を帯びたメロディーが、何気ない歌詞に秘められた激しい憤りをほとばしらせて、戦争への疑問を投げかけ、その虚しさを訴えるのであった。

アメリカから戦場に赴く兵士だけでなく、戦地となるベトナム人民にとってはなおのこと、事態は一層混迷してさらなる悲劇を生んでいった。その理不尽さを、弱者の立場に立って糾弾し、反戦運動の中核となったのが一九六〇年代の新左翼系の世代であった。彼らは社会的現象に著しく敏感で、五〇年代の好景気から六〇年代の経済後退への過渡期にあって、微妙な体験を余儀なくされた世代でもあった。弱者を強者から守るヒロイズムは、キューバ革命や中国の文化革命にも刺激されて、チェ・ゲバラや毛沢東を英雄視し、革命思想を奉ずるものも少なからずあった。

とはいえこの時代には、様々なセクトが交錯しては融合し、融合するかにみえては離反し多元化した。冷戦構造の中での反共主義に異論を唱えた反・反共主義があるかと思えば、革命志向があり、さらにはケネディの理想主義的改革に初期には賛同しながら、やがてそれが実行力に欠けるとみて反体制志向に走った人たちもあった。それでも彼らのいずれもが、現状の不条理に対し、究極的には既成の社会体制や政治体制を変革させたいとする主張で一致していたことに違いはなかった。

日米での学園紛争

若者たちが抱いた社会の不条理は、実は彼らの身近にある大学の中枢部にもあり、それが既成の権威社会をつくっていることに対して学生たちも行動を起こすようになった。アメリカでの学生運動は、最初は西部カリフォルニアなどの大学を基軸として起こり、やがて東部アイヴィーリーグのハーバード大学やコロンビア大学にと飛び火していった。学園紛争の事の発端は一九六四年、カリフォルニア大学のバークレー校で、学生たちが大学の門前でビラ配りなど政治活動をするのを禁じたことにあった。

学生たちは言論の自由、大学での軍事研究の阻止、権威者による統制への断固反対などを唱えたが、首謀学生が処分されたことを受け、学内で座り込みを図った。これに対し大学当局は座り込み排除のため警官隊を導入。それが大学の自治に反するとして、抗議は近隣の市民をも巻き込んで拡大していった。大学の自治をめぐる市民の声が高まるなか、大学は学生の要求を受け入れるに至ったのである。

同様の学生運動はコロンビア大学でも起こり、学内ストライキにと発展した。映画『いちご白書』で有名となったこのケースは、元はといえばベトナム戦争の反戦運動から発し、コロンビア大学と国防省との産学共同に対する反発にあった。だがそれに加え、隣接地ハーレムにある公園を住民の意思を問うことなく大学が市から買い取り、そこに体育館を建設することに学生たちが反発した。たまたまハーレムの居住者には黒人が多くあったことから、コロンビア大学での紛争は反戦運動と公民権運動とが連動し、それにより運動は地域住民を巻き込むこととなった。そこにバークレーのケースと共通した事情があったのである。

この激しい学園紛争の末、アメリカの大学ではどのような成果を学生たちは勝ち取ったのであろうか。当時紛争前に私が通っていた大学では、授業の場ではネクタイ着用が義務付けられていたが、その後服装についてはかなり「軟化」し自由になった。一方講義に臨む教授についても、もともと授業への工夫が日本の教育現場よりもはるかに凝らされ、学生の稚拙な質問についても丁寧に答えていたのは私にとっては驚くほどであった。したがって教授の姿勢の変化は、必ずしも学生が変革で求めていたものではなかったかもしれない。だが紛争後は、授業内容や教授の姿勢について学生が評価するタスクが大学に求められ、教授の自己評価と並び、学生による評価も行われるようになった。

だがアメリカの学園紛争で大きく変わったのは、こうした表面的なことではなく、むしろ大学運営について理事会に学生代表を参加させるという画期的な改革にあった。それは月謝を納める側の学生が大学経営に参加すべきは当然だとして、学生の理事会参加は紛争で要求されていた必定事項であり、それはまた学生が大学当局により一方的に管理されることへの抵抗でもあった。

その成果として、大学によって多少の差異があるとしても、現在でも年間二名の学生が、その任期中にオブザーバとして理事会に出席することは通例となっている。さらには、カリキュラム編成を既成の概念に縛られず、もっと広い視野から行われるべきだとしたが、その主張も紛争後かなりのスピードで実現させ、現行でも変わらない。

従来、学問の領域には、とかくないがしろにされがちな「負の要素」、つまりアメリカのマイノリティー、なかでもアフリカ系アメリカ人やネイティブ・アメリカンズ、あるいは女性についての研究、ひいては彼らの視点や価値観が投影された学問領域がカリキュラムから欠落し、その見直しこそが必要であるとされた。現在、アメリカの多くの大学のカリキュラムにそれが反映されているのをみると、アメリカの大学紛争は現実的な成果を着実に収めたのであった。

日本でも、ほぼ時を同じくして学園紛争が起こり、全国に伝播していった。その件数は一九六九年には一五三校に及んでいる。なかでも象徴的なものが東大紛争であった。紛争の拠点は東大医学部で、学部生・院生が共闘して大学当局に対し大学運営の民主化を求め、医学部でのインターン制度の廃止と研修医の待遇改善を要求した。これに関わる学生の処分問題もあって、それを不服とする学生側が学内占拠、ストライキを敢行。やがて新左翼セクトも加わって「東大闘争全学共同会議」が結成された。大学側がやっと団体交渉に応じたことで、首謀学生の処分の撤回、自治活動の自由化についての覚書を大学当局から得るに至った。それにより東大紛争は収束するかにみえたが結果的にはそれで収まらず、全共闘が安田講堂を占拠。それを制するために機動隊が導入されて学生側が投降し、紛争が収束する。だが東大紛争の主眼の一つであったインターン制度は、六八年の法改正で医師臨床研修制度に改められたものの、研修医の実質的な待遇改善や、全国に広まった大学紛争で学生側が求めた大学の自治などは、今もって十分に満たされているとは言えない。七〇年安保闘争とも連動し、強靭な布陣をひいたかに見えた日本の学園紛争は、アメリカの学園紛争と似通う点があるかに見えたが、アメリカのように、地域住民を巻き込んでの実を取った改革の成果は残せなかった。

改革運動が提起した地球環境問題

一方改革運動には、イデオロギーや体制といった主義主張を離れ、もっと生活に密着した不合理を糺そうとするものもあった。一つは、かつてのポピュリストやプログレッシブ運動の伝統的流れを汲んで、公正や社会正義に訴え、確証に足る証拠をもって大企業や政府の姿勢を糺そうとする従来型の改革運動があった。例えばそれは、ラルフ・ネーダーを中心に、高速道路で事故を起こしたシボレーの小型車コルヴェアには、本質的な構造ミスがあったと訴えた人たちであった。

さらに改革運動は、不正を告発する従来型の運動に留まらず、むしろ未来を見据え、人類全体にとっての危機を警告するような運動も広がっていった。その中には、やがて起こりかねない水《みず》資源の不足を案じ、家庭内の水洗タンクの貯水量を節減するため、タンク内にレンガを一、二石でも置くことを提唱した運動もあった。実際にその運動は一九六〇年代から七〇年代にかけて一般市民にも浸透し、結構話題を呼んだものである。

水資源への警鐘はそれとは別に、もっと重層なレベルでより深刻な問題をも提起した。それは砂漠化する西部地帯と、広大な土地を求めて西部に進出する発電所や電力関連企業、あるいは核エネルギー開発企業など東部や都市金融界の資本で開発を進める大企業が、開発により砂漠の地下に眠る水源を脅かし、生態系にも影響を与えるのではないかといった危惧であった。つまりそれは、現在ある弊害ではなく、将来の危険を孕む要素をも未然に駆逐したいというものであった。

水資源の問題は、空気汚染といった別の環境問題にも繋がり、企業が排出する廃棄物や日常生活で放出される熱や有害ガスなどが、直接・間接に大気汚染や水質汚染を引き起こしていると警鐘を鳴らした。課題は産業廃棄物や石炭・ガスなどの燃焼により引き起こされるオゾン層の破壊、あるいは工業廃棄物の投棄がもたらす海や河川などの水汚染のことである。翻って見れば、それは生活の簡便さや豊かさを求めて生まれた消費生活がエネルギー増大を招き、それにより環境汚染との因果関係を生む一因となったのは明らかであった。さらには核実験が及ぼす大気汚染が、長期にわたり人類の健康や生死を脅かす影響のことでもあった。

この時期日本でも、すでに深刻な公害による被害が広がり、工場から排出される有害な物質への関心が高まっていた。一つは一九五六年熊本県水俣で発症した公害病で、神経や機能に麻痺を生じるなど身体各部に異常をきたした水俣病であった。発症源は窒素水俣工場から水俣湾に排水された金属水銀で、それが不知火海を汚染し、その海域の魚介類を食した住民にメチル水銀中毒症が出たというものであった。同じような事件は、一九六〇年、新潟県の阿賀野川流域の住民にも見られたメチル水銀による中毒症状で、発症の原因は昭和電工の工場から廃棄されたものであった。熊本での症状に類似することから新潟水俣病と呼ばれている。

そのほか栃木・群馬にまたがる足尾銅山から排出された鉱毒により、渡良瀬川周辺の農民が被害を受けた足尾銅山鉱毒事件もあった。さらには、工場の製造過程で食用油にダイオキシン類が混入し、西日本一帯で食中毒を起こしたカネミ油症事件もあった。皮膚疾患のほか頭痛、手足のしびれ、肝機能低下など、重い症状を引き起こしている。

さらには、一九五四年にマーシャル諸島近海のビキニ環礁で、アメリカが行なった水爆実験で被爆した第五福竜丸事件もまた重大な公害病であった。現在アメリカでも、砂漠地帯での核実験による犠牲者について訴訟が検討されているなど、被爆は環境破壊も含め、日米に通じる公害問題となっている。

一方こうした企業や国家がもたらす実害に対してだけではなく、アメリカではより身近な市民の日常生活にあっても、公害の危機は広がっていると警告する人々が現われるようになった。例えばそれは、従来であれば嗜好の範囲としか考えられていなかった喫煙の問題であった。喫煙は喫煙者本人の健康のみならず、受動喫煙による害をその周辺にも及ぼしていると警鐘が鳴らされ始めたのである。

喫煙の害が囁《ささや》かれ始めたのは、おそらくは一九六〇年代半ばのことであったろう。少なくとも私がワシントンにいた六〇年代初期にはなく、逆に当時、喫煙は一種のファッションでさえあった。喫煙シーンは広告のみならず、映画やテレビにも頻繁に現れ、さらには人々の需要に応え、無人のタバコ自販機が公共の建物、店頭、路上を問わず設置されていった。

当時、タバコの値段は安く、大方は一箱三〇セントで、販売機に硬貨《コイン》を投入すれば自動的に排出された。一箱が二七セントと安価であったラッキーストライクやキャメルといった銘柄の箱には三セントのお釣りが入っていたことを思い出す。

授業中、何の課題であったか忘れたが、タバコがほとんど一律の値段であることを誰かが指摘し、そこから販売機での釣り銭のことが話題となった。さらには当時売れ行きの良い銘柄のコマーシャルソングにまで話が脱線し、実はそのコマーシャルソングには、文法上の誤りがあると当時、新進気鋭の学者ハスマッカー教授が指摘した。

それは、銘柄としてはマーボローと並び喫煙者の間で人気のあったウィンストンのことで、誰もが口ずさみたくなるような軽やかでリズミカルなメロディーで歌われる“Winston tastes good like a cigarette should”という短いリフレインであった。喫煙する人もしない人も、誰もがテレビを見ればふっと覚えてしまうようなコマーシャルソングだが、教授はずっと気になっていたのであろう。「単純なミスだが、あれは、“like”ではなく、“as”でなければ……」と言ったのである。その他愛もない話のおかげで、その頃はタバコがまだ一般庶民のものであり、喫煙に対して誰しもが何ら後ろめたい気持ちさえ持たなかった時代であったことを、はっきりと思い出させてくれるのである。

ちなみにアメリカで喫煙者数の統計を取るようになったのは一九七〇年代で、それによれば、一日一箱吸う喫煙者は成人の六五パーセントであったが、二一世紀に入るとわずか二〇パーセント以下に減少し、タバコがいかに有害かといった意識がこの三〇年間のうちに定着していったかが窺われよう。アメリカでの喫煙への警鐘は以前からあったが、現実にみられる喫煙減少の契機は、一九六五年に一外科医がタバコの害について警告したことによるとされている。たしかにその五年前の私の滞米中には、禁煙はもっぱら個人の問題であるといわれ、公共の社会通念とはなっていなかったのである。

混迷する六〇年代のアメリカ

一九六〇年代のアメリカ社会は、こうした改革運動が盛んに表面化していった時代ではあったが、それらの問題と並行し、陰惨な事件が続発し、社会が暗雲で覆われるような混沌とした時代でもあった。それは六三年のケネディ大統領暗殺事件に始まり、六八年にはその弟で元司法長官のロバート・ケネディやキング牧師が凶弾に倒れたことであった。しかもこれらの暗殺事件に挟まれるようにして激化したベトナム戦争、それへの反戦運動、さらにはそれと連動して高まりをみせた学園紛争と、先の見えない時代であった。

ジョンソン大統領は、ベトナムに空爆を行なったにもかかわらず勝利の見通しはなく、片や国内の強い反戦運動に押され、一九六八年の次期大統領選に立つ意志がないことを表明した。ジョンソンの後を継ぐべき民主党候補者は、ジョゼフ・マッカーシー、ロバート・ハンフリー、ロバート・ケネディと幾人かはあったが、ロバート・ケネディ暗殺後の党は活動の中軸を失い、結局、本番の大統領選挙では、ベトナム戦争終結には十分な公算があると公言した共和党のニクソンに敗れ、ここに六〇年代の改革を担ってきた民主党の時代は終焉を迎えたのであった。

混迷の一九六〇年代を締めくくる最後の年、アメリカにとって輝かしい出来事が一つだけあった。それはケネディが六〇年代冒頭に提案した宇宙開発計画の一つ、人類初となる月面着陸を果たしたことであった。一九六九年七月一六日、アポロ一一号はフロリダのケネディ宇宙センターから打ち上げられ、それから四日後の七月二〇日、本機を離れた宇宙船が月面に着陸。翌二一日には二人の宇宙飛行士が月面に降り立ち星条旗を掲げたのであった。

このニュースをテレビやラジオで知った人々は、おそらく後世になってもそれをいつ、どこで知ったか生涯忘れることはないだろうと、メディアは報じた。それは一九二八年にリンドバーグが初めて大西洋をノンストップで横断飛行し、パリ郊外の空港に降り立ったその瞬間を見聞きした体験に匹敵するとも報じた。だが、その興奮とは裏腹に、アメリカではいまだ混迷が続き、ベトナム戦争の終結も見えずに、経済も低迷したままであった。それは膨大に膨んだ戦費に加え、メディケアやメディケイドで生じた公費の出費が原因でもあった。六〇年代の改革が生んだ社会保障の成果は、当然のこととはいえ、国家経済とのバランスが取れないまま、七〇年代に大きなツケを回すことになった。

ニクソン政権による和平交渉への道

一九六〇年代を通じ混乱に明け暮れたアメリカは、その末期六八年から二期近くにわたるニクソン政権のもとで新たな時代に入っていった。差し迫った課題はベトナム戦争の早期終結と、アメリカ経済を立ち直らせることであり、いずれも早急な解決が求められていた。

和平交渉については一九六九年、ニクソンの就任後早々にパリで交渉が持たれ、アメリカ軍のベトナムからの撤退を年内に開始し、残留するアメリカ軍は四七万五二〇〇人に削減することを決定した。しかしその後、アメリカ連邦議会が南ベトナムとの混合軍によるラオス進駐を合法化したため、交渉はもつれて進展がみられないうち、七二年には北ベトナムによる攻勢が強まり、これに対しアメリカもまた応酬して北爆を再開した。

その中で「名誉ある撤退・名誉ある和平」に漕ぎつけることに躍起となったニクソンは、当時大統領特別補佐官であったキッシンジャーに打開策を探らせ、ようやく一九七三年、パリ和平条約が結ばれることになった。これによりアメリカ軍の六〇日以内のベトナム総撤退が合意された。

仮にそれが「名誉ある撤退」であったにせよ、アメリカがベトナム戦争で失ったものは甚大で、すでに一九六五年の時点で、アメリカ軍の死者は四万六〇〇〇人余、負傷者は一五万三〇〇〇人余に達していた。さらに北爆以後、休戦に至るまでに生じた死傷者はこの数をはるかに上回り、六五年から七四年に戦で死亡したアメリカ軍＝南ベトナム軍・連合国軍の総計は二八万二〇〇〇人に上るとされている。その上、ベトナム戦争での拠出金も一四〇〇億ドルに上っていた。

しかしこれら死傷者に関しては、シンクタンクや報道機関がそれぞれ推計した数値はまことに大まかであり、しかも上下限に幅があって一定したものではない。それはベトナム戦争での死者がアメリカ兵に限らず、時には南ベトナムとの合同軍であったり、あるいは国連からの派兵を含めるものであったり、さらには攻撃に晒された両ベトナムの民間人を含めるものであったりと、累計の対照が一本化されていないこと、しかも戦がゲリラ戦に転じたため、いまだに死者や行方不明者が明確化できないという事情もあったからであろう。

だがたとえ明確な死傷者数が示されずとも、ベトナム戦争がアメリカ社会に与えた損害が甚大なものであったことに違いはない。人命の損失はもとより、精神的インパクト、さらには経済的ダメージにと広がり、その後も尾を引くように膨大な損失をアメリカにもたらしたのであった。

一九七一年、経済面にあっての打開策の一つとしてアメリカは、金とドルの交換停止を発表する。それはあくまでもアメリカのドル防衛策であったが、第二次大戦以後三〇年にわたり、米ドルを中心とした世界経済の安定を図ってきたブレトン＝ウッズ体制の崩壊を意味し、世界に与えた影響は計り知れないものがあった。いわゆるニクソンショックの走りとなるものであった。

続いて、ニクソン大統領は一九七二年、中国を電撃訪問して毛沢東主席や周恩来首相と会談し、さらなる衝撃を世界に与えた。訪中は、先の和平交渉を前にしてのキッシンジャー補佐官の事前交渉を踏まえて行われたが、米中両国は二〇年間にわたる敵対政策を一八〇度転換させて米中共同宣言（上海コミュニケ）を発表した。訪中の本来の思惑はベトナムを背後で支援する中国と和解し、戦争終結への道を図ることにあった。

しかもこの訪中後、ニクソン大統領はモスクワをも訪問して第一次戦略兵器制限条約（SALT）に調印した。それは単に対立状態にあった米ソの緊張を解くことだけを意図したものではなく、これによりベトナム戦争後の世界勢力の構築を図ろうとしたのであった。

すでにニクソン訪中により米中が和解し、ソ連の覇権主義に楔《くさび》をさすことはできていた。しかしベトナム以後の世界ではもはや米ソ二極間勢力による均衡ではなく、複数勢力間で均衡を図りながら、新たにアメリカの指導力を構築する必要があった。しかもその勢力図の中で、アメリカは再び世界をリードする経済力を整えなければならなかった。

先のニクソン訪中では、たとえその意図が中国との和解でベトナム戦争終結を図ることにあったにせよ、同時にそれは戦後のアメリカ経済の立て直しのため、中国市場の開放にも大きな期待があったのであろう。当時の中国市場は今ほどに堅固でなかったとはいえ、その人口の多さにおいて侮りがたい発展性を見込んでいたのかもしれない。

硬直したアメリカ経済の立て直しには、今や世界を巻き込む大がかりな方法が必要であった。思えばその頃から、アメリカは日本に対し、オレンジや牛肉などの関税引き下げを迫って貿易面での圧力をかけるようになり、またロッキード社の製品売り込みで強引な交渉を求めてきたりと、アメリカ全体が世界に対し自国製品の売り込みに躍起となっていた。

ウォーターゲート事件――翳りゆくアメリカ、景気に沸く日本

こうしてベトナム戦争後にアメリカの勢力立て直しを諮って再び世界の覇者となろうというニクソンの願望は、翻ってみればその功績を歴史に残したかったためだともいわれていた。だがそのことが、結局はニクソン自身を思いもよらぬ落とし穴に追い込むことになる。それがウォーターゲート事件であった。

事件はニクソンが勝利した一九六八年大統領選挙の折、対立候補となる民主党党本部内に配管工を数人忍ばせ、盗聴器を仕掛けたというのが事の発端であった。その民主党党本部の所在地がウォーターゲートであったことから、事件はウォーターゲート事件といわれるようになった。

思えばそこは、かつてあのポトマック河畔に船が行き来するための水門に通じる所で、それが地名の由来でもあった。だがこの地帯周辺はすでに開発が進み、ケネディ没後、そこには彼を記念したケネディ・センターが建てられて近代的なビルが立ち並ぶようになっていた。

そもそもウォーターゲート事件は、当初予想されていたような選挙対策といった単純なものではなく、むしろホワイトハウス内部の外交や治安に関する機密情報が外部に漏らされることを恐れての対策であったことが明らかにされていく。例えば事件で問題となった盗聴器は、ここウォーターゲート、つまり民主党党本部で終わることなく、実はホワイトハウス内にあるニクソンの

執務室にも秘密裏に設置されていたことが発覚する。そのため、ニクソンが公務にあって重要な課題を側近や外交任務にある国内外の高官たちと交わした会話が収録されていたことが問題となった。

だがアメリカにとっての事の重大性は、実はこうした盗聴器や録音機に収録された会話内容だけではなかった。むしろ事件の発覚を恐れて、問題の部分が事前にテープから消去されていたり、さらにはその欠落した部分につき、ホワイトハウスの要人やニクソン自身による虚偽の証言が行われたりしたことこそが問題であった。それによりニクソンが大統領としての品格や適性を欠いているのではないかと、大統領の資質を疑問視する声が高まっていった。また、工作員など一連の関係者には秘密資金から捻出された金銭の支払いもあったと報じられ、事件が高所で巧みに工作されたものだと推論された。

事の成り行きを受け、連邦議会の下院司法委員会では大統領を罷免するか否かにつき聴聞を行なった。その結果発議された弾劾決議が下院で可決され、追って上院でも可決される見通しが濃厚となった。その段階でニクソンは、自ら大統領職を辞することを公表し、それにより残されたわずかの任期を副大統領ジェラルド・フォードに譲ることとなった。ここにニクソンはアメリカ史上初の存命にして任期満了を伴わずに辞任する大統領となった。一九七六年のことである。フォード大統領は、辞任したニクソンに大統領恩赦を与えてその疑惑を封印し、ニクソンはこれによって生涯この事件に関して訴追されることはなくなった。

一九六〇年代から七〇年代にかけて、波乱に満ちた展開をみせたアメリカ社会に対し、日本では安保闘争、反戦運動、学園紛争と荒々しく揺れた反体制の波に晒されながら、それでいて少なくとも経済的にはアメリカのそれとは対照的なほどに、繁栄に輝く時代であった。無論、異常気象の先駆けともいえる大規模な自然災害や、明るみに出てきた公害問題があったにせよ、下り坂景気のアメリカ経済とは対照的に、上げ潮に乗るかのような経済景気が国中に漲っていたのである。

それを裏付けた事象は、なんといっても一九六四年に開催された東京オリンピックと、七〇年に開催された大阪万国博覧会がもたらした経済効果であったろう。たまたま万博会場に大きな太陽のオブジェを制作した岡本太郎は、自らそれを見て「爆発だ〜!」と叫んだことがニュースとして報道された。いみじくもそれは日本中のエネルギーが弾け爆発せんばかりの勢いを象徴し、翳りが見え始めてきたアメリカの経済とは対照的に、景気に沸く日本経済は止まることを知らぬかのようであった。

振り返ればその時代は、日本にとっては、バブル崩壊を前にしての華やいだ時代であり、あたかもそれは、戦間期アメリカを彩った「華麗なギャッツビー」の世界にも似て、だぶついた金利と物の豊かさを謳歌するかのようでもあった。かつてはモデルであったアメリカの生活様式が今や日本の日常に組み入れられ、家電製品の普及をはじめ、アメリカ風のオフィスビルやモダンで効率化されたスーパーマーケットが街中に並ぶようになった。そして、一九六〇年代末期には、ついに水洗式の洋式手洗いが個人住宅にも完備されていく。わずか一〇年前の生活様式とはまるで一変した時代でもあった。

高速道路も急成長し、正確極まりないダイヤで走る新幹線や、網の目のように地下に路線を張り巡らした地下鉄などは外国人観光客を驚かせ、今や日本こそが世界のトップモデルになりつつあったかにみえた。同時に、オリンピックや万博を契機として日本の国際化も進み、人の交流も物流もまた激しくなっていった。その中で、日本は真の国際化を果たし、真のトップモデルになれたであろうか。それはまだこの段階では読み急ぐことのできない将来像なのかもしれない。

11　ロードマップで読むアメリカ――四〇日間一周の旅

一九七三年、アメリカがベトナム和平交渉やウォーターゲート事件に揺さぶられて混迷の只中にあった頃、私は一二年ぶりにアメリカを訪れることにした。それは四〇日間近くにわたるアメリカ本土一周の旅で、初めての一人旅であった。先に滞在した頃から、アメリカはどう変わっているのだろうか。生まれ故郷でもないのに、何か懐かしさと愛おしさを覚え、かつて歩き回った町の隅々に思いを馳せ、その一方では新たに見る土地を思い描きながら、自力で作成したロードマップを手に、四〇日間の旅に出かけたのであった。

ディスカヴァー・アメリカ

四〇日間という期間の限定があったわけではなく、どこに行くかも必要に応じ自分で選んでの自由旅であった。ただ一つ条件は、アメリカに到着した時の入国地点と、アメリカを離れる時の出国地点を違《たが》えてアメリカ国内を一周することであった。

一周の旅を思い立ったのはたまたまこの時期、低迷する国内経済を盛り上げようとしてか、観光立国を謳って〝Discover America「アメリカを観てみよう」〟という壮大なキャンペーンが打ち出され、先の条件を満たしさえすれば、アメリカまでの海外渡航費が割引されるという話に惹かれてのことであった。情報は当時、海外旅行を扱っていた外資系運行会社から知らされたが、私はこれに応じ、一周の旅を企画した。

アメリカ大陸での出発地点は西海岸カリフォルニアのロスアンジェルスとし、旅の終わりは同じカリフォルニアでも、行きとは違うサンフランシスコから日本に帰ることとした。私はこれにハワイを加え、機内泊も入れて延べ四〇日間のアメリカ旅行を計画したのであった。飛行便に規定はなく、行きはＪＡＬ、帰りはパンナムと別便であったが、まことに安価な渡米プランを組むことができ、節約の旅の滑り出しは上々であった。当時私は三八歳。大学に身を置き、夏休みを利用しての旅となった。

一周するという旅の動機は、たしかにキャンペーンがきっかけになる偶発性もあったが、再度渡米したいという願望は前々からあった。それはもちろん、アメリカの当時の情勢を自分の目で見極め、この一二年間にどのような変化がアメリカで起こっていたのかを知りたいと思ったからである。だが、旅本来の目的は実は今一つ別なところにあった。それは今までの私の滞米経験が西端のロスアンジェルスと東端のワシントンＤＣといったアメリカ大陸の両沿岸地帯に限られていたことから、むしろアメリカを一周して未知の地、特に内陸部奥地を見てみたいという、それこそが旅の本命であった。

奥地を行く旅は、前掲『私の中のアメリカ』(二〇一二)や『西部、アメリカの素顔』(鷹書房、一九七五年)にも記したが、広大な大陸の合衆国にあって奥地はその大半部分を占め、だからこそそこにはアメリカの全貌を解く鍵もあるはずであった。ならば、かつて一九世紀初頭に多くの開拓者たちが「いざ西部へ!」を合言葉に、より良き地を求めて東部から移住して行ったことに鑑み、私もまた東から西へと、かつての開拓者たちが移住していったその足跡を自らも辿ってみたいと思ったのである。そのルートを主軸とし、一周キャンペーンなればこそ回れるそれ以外の地をも含め、旅は思いのほか広範囲に及んだ。

旅の行程はロスアンジェルスを振り出しに、まずアリゾナ州フィニックスからグランド・キャニオンへの往復、そのあとはメキシコ湾沿いを東に移動してテキサス州のエルパソからサン・アントニオへと向かう。そこはアメリカ南西部で、「死の谷」デス・ヴァレーを抱える広大な砂漠地帯を成す乾燥地であった。

次いで、ミシシッピー川を渡り、南部の大地が広がるルイジアナ州ニュー・オーリンズへ、さらにメキシコ湾沿いを東に進んでフロリダ州マイアミを訪れる。ニュー・オーリンズには旧フランス植民地の痕跡を残す縁《よすが》がみられ、一方、マイアミでは街にスペイン語が溢れるヒスパニック文化圏が広がっている。したがって歴史的には旧南部にありながら、これら二つの町をもっては伝統的な南部を代弁させることはできないかもしれない。

実はフロリダに隣接するジョージア、アラバマ、サウス・カロライナなどの深南部とノース・

カロライナには、すでにワシントン時代に行き来したことがあり、南部の牙城ヴァージニアは無論のこと、テネシーやケンタッキー、ウェスト・ヴァージニアにも、何度か出向いていたことから、今回の旅ではこれら南部を代表する地域は割愛した。

そこでフロリダからは一気に東海岸を北上して古巣ワシントンに入り、その後いよいよ中西部、西部大草原、山岳地帯へと入っていく。最後は、アメリカ最北部を旅して最西端の町シアトルに移動し、そこから真っ直ぐ太平洋岸を南下して終着地サンフランシスコで全行程を終える。以上がアメリカ本土での行程であった。

この全行程を回る交通機関は、長距離バスでの移動が一番長く、旅の本命となる「いざ西部へ」の道はすべてこのバスを利用した。たまたまこの時期、Discover Americaとは別に、長距離バスの割引キャンペーンがあり、例えば大手長距離バスのグレイハウンドでは、一五日間の有効期限内はどこでも乗り降り自由で、料金は一括九九ドルという企画があった。この基本料金に五〇ドル加算すれば有効期限は一カ月、一〇〇ドルを加えれば二カ月間有効になるというもので、旅行者の意欲を微妙に煽るものであった。私は自分のおおよその日程を考え、一カ月間有効のワシントン＝サンフランシスコ間のフリーライド・チケットを予約した。

長距離バスは、たしかにこのプランがお買い得なのだが、予約前に路線と始発・終着駅を決めるほか、ある程度の日程をも事前に決めておかなければならなかった。どのバス・ストップであれ乗り降りは自由なのだが、一定路線内で、しかも期限内に必要な行程が消化できなければ、せっかくの特典が効率よく利用できなくなる。そこでバス路線については慎重なルートの選択と日程の調整が必要であった。

その理由の一つは、広大な大地のアメリカでは国内であっても時差があり、うまく時間を合わせないと、とてつもなく不便な時間帯、例えば真夜中に発着したり、あるいはその時間にはバスが運行されていなかったりするからである。その時差を勘案しての時間の帳尻合わせは、たった一人、机上でプランを立てる者にとっては、バスのタイムテーブルを唯一頼りにするほかなく、結構大仕事であった。

アメリカを一周する今回の旅では、この長距離バスのほか、場所によっては市内観光用のバスも利用したが、主たる移動は飛行機とレンタカーであった。飛行機については事前に予約したが、レンタカーについては現地調達となったので、かなり行き当たりばったりではあった。結局レンタカーは、フィニックスからグランド・キャニオンまでの往復、マイアミ市内とフロリダ岬周辺、コロラドのデンバー市内とその郊外、ウェスト・イエローストーンからイエローストーン国立公園、そして広大な公園を見て回ったあとに、延々と続く高速道路をワイオミング州のビュートにある飛行場まで利用した。

交通機関のほかにも問題はまだいくつかあった。一つは宿をどう手配するか、しかもいかに安く手配できるか、その上で最優先されるべきは、いかに一人旅を安全に全うできるかであった。しかも宿についてはバスとの関連もあって、いつからいつまでどこに滞在するか、その間、それぞれの宿には空き部屋があるかなども確認しておかなければならなかった。考えあぐねた結果、基本的には会員特約があるＹＷＣＡで六カ所、次いで紹介のあった修道院で五カ所、残りはホテルが八件、そして最後に残った一件については旧知の友人を頼って泊めてもらうこととした。

旅の最初はアメリカ南西部

さて、日本を出てからは、まずホノルルに二泊三日。そのあとＪＡＬでアメリカ本土に飛び、ロスアンジェルスで両親の友人ウィリス夫妻を訪ねるほか、市内観光をして二泊三日。そこから空路アリゾナ州フィニックスに行き、フィニックスからはレンタカーでグランド・キャニオンまで行って、そこで一泊する。そのあといったんフィニックスに戻ってから、テキサス州エル・パソとサン・アントニオにそれぞれ飛行機を使って移動する。ここまでの行程でカバーされる広い地域が、アメリカ大陸の南西部となる。大都市があるかと思えばカジノで賑わい、大牧場主や石油王が巨万の財を成すという千差万別の土地柄だが、政治的には総じて共和党の強い地盤でもあった。

幼児時代にロスアンジェルスに住んでいたことから、南西部地域は全く未知の世界であったとは言い難い。それでもその地は、ヨセミテに旅した経験を除けば私にとっては初めて見る本格的な砂漠地帯であった。ことにフィニックスからグランド・キャニオン往復はレンタカーで移動したため、砂漠のありようをまざまざと見、しかも灼熱の太陽に晒されてその地ならではの熱気をも体験した。それにより、大自然の脅威と壮大さ、そして西部開拓時代の生々しくも凄まじいほどの命の葛藤を心に描けば、その壮絶さに圧倒されそうであった。

さらにつけ加えれば、この地では思わぬハプニングに遭遇し、その土地に住む人ならではの温かいもてなしを受け、おかげで人の情に触れる体験もした。それはグランド・キャニオンからフィニックスに戻った時の話である。

フィニックスではYWCAが閉館となっていたことが出発直前にわかり、それに代わる手段を講じていた。ところが用意周到のはずの準備にも行き違いがあり、あわやその夜、無宿となるところであった。救ってくれたのはレンタカー営業所の経営者で、彼は私が車を返却したあと予定していた宿まで送ってくれたのだが、人の気配もなく行き場を失っている私に、「外国人を見知らぬ町に一人置き去りにはできない」と、しばらく一緒に待っていてくれた。だがラチがあかぬまま、ついに彼は家人に連絡し、とりあえずはと郊外にある彼の私邸に案内してくれた。

そういえばこのレンタカー屋のオーナーは、グランド・キャニオンに発つ前にも、一人旅をする私を気遣い、三つほど助言があると言った。「途中、絶対に他人《ひと》を乗せないこと、どんなことがあっても他人《ひと》の車に乗らないこと、道中の猛暑を考えて逐次休憩を取ること」と、真顔で私を送り出す彼の態度には、ビジネスを越えた誠実さと慎重さが窺われ、あとは彼が教えてくれた道やスポットを頼りに、道に迷うことなく、グランド・キャニオンへの旅を楽しんだのであった。

その夜、近隣の友人夫妻と外食の約束があった彼ら夫婦は私をディナーに誘い、その上、夜も更けたのでもし末娘と同室でよければと、一夜のベッドを供してくれた。翌朝も旅立つ私に朝早くの食事を用意し、飛行場まで送り届けてくれた。その好意に対し、ただただ恐縮する私に「自分たちの子どもたちも、いつか外国のどこかで誰かに助けられる。お互いさまだ」と、彼は言った。

この一宿一飯の恩義に報いる術もなく、私は母手作りの七宝焼きのペンダントを妻メアリーに贈った。すると今度はメアリーが母にと、手作りのドライフラワーを収めた小さな額をプレゼントしてくれた。すべてはこれが始まりで、その後も数十年にわたり彼らとの長い、温かい付き合いが続いた。

彼ら夫婦は、もともとはミネソタ州に住んでいたが、一九二九年の大恐慌により職を求めフィニックスに辿り着いたという。「それは苦悩の日々だった」と、今は瀟洒な佇まいの居間にあってメアリーは静かに打ち明けてくれた。さらに聞けば、夫ジムは第二次大戦で日本軍と戦った体験もあるという。かつての敵味方を越えての出会いは、私にとっては一生かかっても言葉には表せない一つの大きなドラマであった。

後日、日本に帰ってのある日、たまたま訪日中のアリゾナ州知事に会う機会があった。私は知事に、旅先のアリゾナ州で思いもかけない恩義に与ったことを告げた。すると知事は帰国後、私が手渡した小さなメモを頼りにレンタカー営業所の主人に直々の電話をかけ、その親切と労を労《ねぎら》ったという。行きずりの人に示した彼らの一夜の行為は、古き「善きアメリカ人」の健在ぶりをみせてくれたように私には思えた。

さらなる後日、感謝の気持ちを届けに私は再び彼らをフィニックスに訪ねた。あの日からちょうど二〇年経つ一九九三年、国際会議がスタンフォード大学で開かれたため、そこに向かう途次のことであった。お礼のつもりが重ねての恩恵に浴し、二晩も泊めてもらったが、その折に私はあの晩の秘話を明かした。「実はあの日、見も知らぬ方に、広い砂漠を抜けて延々と郊外の家まで案内され、もし途中何事かあったらどうやって身を守ろうかと、必死に車のドアノブを握りしめていた」と。すると彼は哄笑して隣の部屋にいた妻に言った。「メアリー、聞いたか今の話？彼女は私に怯えていたんだと」。信頼関係が生まれていたからこそ、打ち明けられる私の心情でもあった。

メキシコ湾岸沿いにアメリカ南端部を行く

このヒューマンドラマに満ちた旅の後、私は飛行機でリオ・グランデ川を越えてテキサス州に入り、エル・パソとサン・アントニオの町にそれぞれ一泊し、そのあと再び空路で、今度はミシシッピー川を越えてルイジアナ州ニュー・オーリンズで二泊。さらにフロリダ州宇マイアミに飛んで、ここで三泊した。このミシシッピー川以東がアメリカ南部となる。

ニュー・オーリンズでは赴くままに街を歩き、やたらチンチンと鐘を鳴らし続けて走る市内電車に乗り、ミシシッピー川を往く遊覧船「マーク・トウェイン」にも乗った。一方フロリダでは、広い行動半径が見込まれたため、三日間を通してレンタカーで移動する。当時は日本車が人気の絶頂で、用意されたのはトヨタの真っ赤なセリカであった。ワシントンにいた頃は、トヨタよりもホンダの方が燃費の安さもあって、もし小型車を選ぶならばホンダだ、と言う人が結構あったことを思い出す。だが時代変わって日本車は、燃費のみならずファッションの対象としても人気があることを、トヨタの赤いセリカは物語っていた。

ニュー・オーリンズでもフロリダでも宿泊したのは修道院であったが、それぞれの修道院には、その土地ならではの個性があった。ニュー・オーリンズの修道院は、いかにも南部貴族の住まいを窺わせるジョージアン様式の建築で、重厚な玄関から導かれる厳《おごそ》かな佇まいの応接間に続き、膨大なコレクションを蔵した図書室があった。その奥には二間続きの食堂があり、そこでは黒人のコックとサーバントがサーブするという旧態依然の南部趣向が漂っていた。

一方フロリダでは、水辺にプライベートビーチがある広い庭の一郭に、ピンクのレンガ塀に囲まれて陽光射すパティオとスペイン風の白い壁の邸宅が建っていた。いずれの館《やかた》も町の篤志家や卒業生によって寄贈されたものだと聞く。当時アメリカでは豪邸への相続税を軽減する策として教育機関など公共組織に、遺産を寄付することが盛んに行われていたことを思い出す。

そういえば、南部ブルジョア趣味と思っていたニュー・オーリンズで街を散策している時、ふと出合った意外な光景に驚いたことがある。それはひと休みしようと街角のカフェに入った時のことであった。かつては差別と分離が当然とされていたこの南部で、カウンターには黒人客が座り、カウンターの奥では白人のバーテンダーが黒人客の注文を取ってサーブする光景であった。

もっともニュー・オーリンズは、開拓したのがフランス系入植者だという特殊性があり、その上、ジャズ発祥の地として、黒人ミュージシャンが古くから活躍していたというその土地ならではの特性はある。

だがそれにしても従来であればサーブする側とされる側が逆転したかのようにみえ、少なくとも、ワシントンにいた頃には、近隣の南部ヴァージニア州でもほとんど見かけない光景であった。かつて黒人との共存を頑なに拒んでの分離差別が濃厚であったこの深南部でさえもが、さすがに時代とともに変わってきたのだとつくづくと感じたものである。思えば一九六四年の公民権法施行からすでに九年が経過していたのであった。

一方、フロリダは中南米に近い土地柄とあって、ヒスパニック系の人たちが多く住み、その上、裕福なアメリカ東部のユダヤ系の人たちが別荘を持つことでも有名であった。時を経て、別荘だけでなく穏やかな陽気を求めて年金生活者がこの地に移住するようにもなった。実際、熱帯風の陽気につられてか、動物園で見るイグアナさえもがわが楽園とばかり自在に庭園内を動き回り、カラフルなインコや真っ白なフラミンゴが熱帯植物に映えていた。

フロリダの人口が増加し、やがて全米でも四位に数えられるほどの巨大な人口を擁して選挙戦の行く方さえをも左右するようになるのは、二〇〇〇年を過ぎてからのことで、私が訪れた頃のフロリダはまだ全米一〇位と、人口が著るしく多い町とはいえなかった。かつて一九二〇年代の繁栄期に、フロリダでは土地ブームに煽られ、別荘を求める人や投機に走る人が増えたが、二六年のハリケーン襲来で莫大な損害を被り、土地価格が一気に下落した。それでもフロリダが人気を取り戻したのは、やはり温暖な陽気であったのかもしれない。それに加え、キューバ革命により富豪の亡命者が渡来するようになった。

反面フロリダには、海軍基地や軍事施設もあるほか、ケープ・カナベラルのようにスペースシャトル打ち上げの基地もあり、さらにはそれに伴うＩＣＴ産業も根付いている。また観光産業としてはディズニーワールドの本拠地があることはいうまでもない。一九六八年にディズニーランド・プロジェクトの建設が始まり、七一年には営業を始めた。その後もハリケーンや近年のコロナの影響で休園することはあっても、年ごとに新たな施設を開業し続けている。まさに多彩な顔を持つのがフロリダなのかもしれない。

そのマイアミで、ふと街中を歩くうち、多くの商店が〝English Spoken〟という看板を掲げているのを見た。アメリカは英語圏、と思いがちな人々には異様に聞こえようが、この地では英語が公用語でありながらスペイン語の方がはるかに日常用語だったのである。のちに連邦政府はこの事情に鑑み、英語・スペイン語を学校教育で併用するようにとバイリンガル政策を講じたが、結果的には学童にも学校にも負担が多く、やがて廃止されたと聞く。

だが言語の問題はここカリブ海に面するフロリダだけの問題ではなく、この南東部からメキシコ湾沿いの南西部一帯の地にも広く共通する。エル・パソのようにメキシコと国境を接し、日々絶えず橋一本でメキシコ・アメリカ間を行き来できる地では、テレビ局は、英語で放映するＡＢ

CやNBCよりもスペイン語放送の方がはるかに多くあった。テレビのチャンネルを回せば聞こえてくるのはスペイン語放送ばかり。当時から、あるいはそれ以前からも、ずっと国境をめぐる複雑性を抱えてきたこれらの地域では、アメリカへの出稼ぎや移住で二国間を行き来するのは日常茶飯のこと、つまりルーティン・ビジネスでさえあったのである。

古巣ワシントンDCに帰って

さて、南の地域から次なる旅先として選んだのは古巣のワシントンDCで、フロリダからは大西洋沿いに飛行機で飛ぶ。見慣れたワシントンのナショナル空港には、友人ジュディーが夫マーティンと息子のマーティー・ジュニアとともに出迎えに来ていた。かつて父の膝に乗って甘えていたあの坊やが今や一四歳となる。ジュディーは私を見るなり、懐かしさのあまり思わず落涙したかと思いきや、彼女はすかさず言った。「最近、ワシントンの空気がすごく汚れていて、すぐに涙が出てくるの」。私からすれば、どう見ても東京の空気よりワシントンの空気の方が澄んでみえたのだが。

飛行場からの帰り道、夫妻はドライブしながらそこかしこと新しくなったワシントン市内を見せてくれた。私が去った後に建築されたケネディー・センターやウォーターゲート・ビルをはじめ、キャナル・ロードにできた新しいショッピングモールへも案内してくれた。母校ジョージタウン大学の周辺も通ったが、表から見る限りここだけは大して変わっていなかった。ただ昔、大学院の友人たちと行ったバー・ラウンジ「ゾロ」は、もはや急勾配の坂の途中には見当たらない。一九八〇年代になると街は大きく変わるのだが、坂の途中のバーやカフェがなくなったのは、あるいはその前触れであったのかもしれない。

そういえば通りすがりに見たデュポン・サークルは、周辺がすっかり掘り起こされ、ワシントンに初めて通る地下鉄のためのトンネル工事が進行中であった。かつては市の名所であった銅像の立つサークルも最早なく、工事のためとはいえ、ごみや紙屑がやたら散乱していて優雅な街の風情は微塵もなかった。

友人のジュディーは「折り紙」の熱心な研究者で、大の日本贔屓。南部ノースカロライナの出身で典型的な善き南部人だが、求人広告でメイドに応募してきた黒人女性は、彼女の南部訛りを聞いただけで怯え声で断ってきたと言う。まだ解けないしこりやトラウマが人種問題には根深くあるのだと嘆いていた。根っからの民主党贔屓のジュディーは、「生まれながらのクリスチャンをボーン・クリスチャンというように、われわれ南部人は皆ボーン・デモクラッツなの」と言ったが、その台詞には妙に説得力があった。

夫マーティンはドイツ系の家系でペンシルベニア出身の経営コンサルタント。いささかドイツ人好みの理屈っぽさと強引さがある、といったら偏見になるであろうか。夫婦ともに堅物にして善人だが、年をとってから授かった一人息子を溺愛した。その息子は、空港からドライブする途中、たまたま私がジョニー・キャッシュのカントリーフォークやトトの歌う「アフリカ」が好きだと言うと、半ば誇らしげに、そしていかにも同士を得たと言わんばかりに、「ホラね！」と両親に言った。両親からは受け容れて貰えない曲風だったのだろう。

単に年齢ギャップから両親とウマが合わないのかと思っていたら、その後大学に入ってからは、両親の干渉から逃れたいと家を離れ独立した。親は干渉するだけで自分の価値観を押し付け、子どものレベルでものを見ようとしない、と後日、日本に来た時彼はふと私に漏らした。どの国でも親子関係は複雑で、一四歳の少年も当時からすでに難しい年頃になっていたのかもしれない。とはいえ、芯は真に仲の良い親子であった。

彼らは、以前住んでいたマサチューセッツ通りのアパートからベセスダに近い郊外に、ガレージ付きの戸建ての家を買って落ち着いた生活を楽しんでいた。家は木々に囲まれ、庭にはリスが走り、カーディナルの飛び交う風情は、ワシントンのなんでもない日常の風景を私に蘇らせた。今回、ここで四泊した私は我が家のようにくつろがせてもらい、旅の休息を得た。「なんだか家にいるみたい。毎日洗濯までして」と言ったらジュディーは言った。「だからここは、ウォッシングトンって言うの」と、珍しく駄洒落を飛ばした。

滞在最初の晩、夕食後に再びドライブし、近隣にある新しい郊外ヴィエンナに連れていってくれた。そこには当時アメリカで流行っていたＤＩＹの店があり、店には日常品から木工道具やら大工用具などがぎっしりと詰まっていた。のちに日本でも見るようになったホームセンターだが、それはむしろ東急ハンズのような店舗であった。

もともとＤＩＹの精神はアメリカでは古くから根付いていたものの、ＤＩＹ店舗の発祥地は世界大戦後のイギリスであり、それがアメリカに伝わりアメリカ式ＤＩＹになったという。ホームセンターはすでに一九七〇年代以前からアメリカにあったが、少なくとも現在日本にあるようなホームセンター式のＤＩＹ店は、私たちがワシントンにいた頃にはあまり見かけなかった。

思えばジュディーたちが新しいタイプの店ができたと、このＤＩＹ店を私に見せてくれたのが一九七三年。一方、日本で東急ハンズの第一号店が、我が家近隣の藤沢にオープンしたのが七六年であったことから起算すれば、日本でのＤＩＹの開店は、アメリカ式スーパーマーケットが日本に普及するまでの長い経緯に比べると、はるかに速いテンポで開店したことになる。

翌日ジュディーたちは、今度はポトマック沿岸のヘインズポイントに向かい、そこにできた新しい彫刻のオブジェを見せてくれた。片手首を開き、大きな掌《たなごころ》を見せるアートだが、彼らが絶賛するほど私は共感しなかった。私個人としてはヘインズポイントらしい自然の中の景観の方が桜並木ともマッチするように思えたのだが。

ワシントンにいた頃、好んで出かけたヴァージニアのグレートフォールズにも連れていってくれた。あいにく一年前に襲った台風で鉄製の橋が崩れ落ちたままになっていた。マーティンは、「ニクソンがウォーターゲートで忙しくて、なかなか修理まで手が回らないもんでね」と言った。そういえば当時、ちょっとしたジョークが流行っていたという。人々がホワイトハウスの前で立ち止まり、「えっ、ニクソンってまだここにいたっけ?」と思わず呟《つぶや》いた、という類《たぐい》のものであった。あるいはボブ・ホープ辺りなら言いそうなジョークだが、大統領の権威も地に堕ちたものである。

昔、よく買い物に出かけたダウンタウンやFストリート辺りも散策した。だがそこには瀟洒なファッションを扱う気取った店のジェリフも、ガーフィンケルも、そして高級靴店のハーンも今はなく、代わりにICT関連機器やゲームを扱う電機器具屋が軒を連ねていた。聞けば、かつての老舗の多くは郊外に移転したのだという。

ジュディー一家にさんざん世話になりながら言えた義理ではなかったが、この町にいる間に一つだけ彼らに聞いてほしい我儘があった。それは思い出深い所を、たとえ懐古趣味と言われようと、今一度一人きりで車を走らせて回りたいということであった。新しい場所を喋り通しの説明つきで見て回るのは、無論それなりに情報や知識の習得はあったが、今少し静かに過去を振り返りながら街並を見てみたいという欲望を、私は抑えきれないでいた。

当初はレンタカーで回ることを計画していたが、その案はマーティンにより直ちに却下された。私の滞在中はいつでもどこでもお役に立ちたいから、行きたいところがあったら遠慮なく言ってくれという。いうまでもなく、彼らはいかにも善意のアメリカ人だった。ただその善意が誰にでも受け止められるということに確信をもっているところがまた、善意あるアメリカ人の典型例でもあった。結局は、妥協案として最後の日だけ、バスとタクシーによる「一人旅」が叶った。

私は見知ったマサチューセッツ通りをバスで下り、そしてロッククリーク沿いにタクシーを走らせた。動物園に入る所にあったせせらぎは、もはや車で水しぶきを上げて渡ることは禁止されていたが、依然健在な姿を留め森の中の清涼さを漂わせていた。人のよさそうな運転手はトルコからの移民で、アメリカに来て一五年になるという。彼が移住してきた時は私がいた時代とも交錯し、思い出話に花を咲かせた。彼によれば、今やこの辺りには一九六〇年代中頃に屯《たむろ》していたヒッピーの姿は消え、それに代わって黒人の人口が滅法増えたように思うと言う。

私もここにきて、大きな変化がアフリカ系アメリカ人に現れていることをどことなく感じていた。それは人口の増加といった数の問題ではなく、以前には見られなかったような生き生きとした輝きと明るい表情を彼らに見たような気がした。オフィスや売店で働く黒人女性の姿にも、一人の人間として仕事をする自信が溢れているように見えた。それは明らかに一九六四年の公民権法がもたらしたものだと私は確信した。少なくとも彼らから無表情で無関心の表情が消えていたと、思えたのである。

ロッククリークでは、グレートフォールズで見たような台風による被害は見られなかった。それでも巨大な倒木が無残に水に晒されているのを見るのは悲しかった。思う存分ロッククリークの優雅な風情を見、私はやっとワシントンでの念願を果たせた気がした。ミリタリー通りからネブラスカ通りを抜け、最後にマサチューセッツ通りに出てもらい、楽しい「反逆の旅」を終えた。なんだか大人気なく、まるで小悪魔がはしゃぎすぎたような、そんな思いの半日であった。

いざ西部へ！

四日間もお世話になったジュディーの家を離れる朝、ジュディーとマーティンは長距離バスの停車場に私を送ってくれた。いよいよそこから旅の本命となる北西部への道、つまり“Westward Ho!”への移動が始まるのであった。懐かしいアップタウンのメインストリート一六番街を走り、バスは一路北進する。オイルショック以前は、高速道路の時速制限は一〇〇マイルであったので、バスは文字通りハイウェイを疾駆する。やがてメリーランド郊外のシルヴァー・スプリングを抜けてヘイガース・タウンにと向かえば、その日の夕方には最初の目的地クリーブランドに着いた。宿は「ホテルＹＷＣＡ」。文字通りホテル並みの豪華な宿舎であったが、あいにく外は雨で涼しくなったのか、夏だというのに室内ではエアコンを切って休むほどであった。

クリーブランドは、五大湖の一つであるイーリー（エリー）湖に面した都市で、静かで落ち着いた町であった。このクリーブランドのあるオハイオ州以西が現代のアメリカにあっては中西部となる。かつてそこはニューヨークやマサチューセッツなど古くから開けていた東部から見れば、未開の奥地「北西部領地」で、建国当初にはここそが西部であった。中西部はオハイオ州のほか、ミシガン、インディアナ、イリノイ、ウィスコンシンの四州を含み、それらの土地は、ワシントンから行けば、ペンシルベニア州を通って自然境界線オハイオ川を越えたところにある。

中西部五州はいずれもが五大湖以南に位置し、しかも五大湖に注ぐオハイオ川とミシシッピー川に挟まれて、五大湖の下に逆三角形を成す平原である。かつてはペンシルベニア西部のアレゲニー山脈が、人々の西漸を阻んで開拓上の難所となっていたが、水資源に恵まれたことで、のちに農作物の宝庫、特に穀倉地帯として栄えるようになった。

なかでもオハイオは五大湖はもとよりオハイオ川へのアクセスが直接的であったことから水運に恵まれ、さらにはニューヨークやペンシルベニアに隣接することで生産物の市場が確保されやすいなど多くの利点にも恵まれていた。つまり東部の産業化に押されて流通路が早くから整備されるようになったのである。

水路を使っての運河交通はニューヨークのハドソン川とイーリー湖を結んだイーリー運河が一八二四年に開通し、その六年後には、東部メリーランドのボルティモアとオハイオを結んで、ボルティモア・オハイオ鉄道が敷設された。いうまでもなくオハイオで生産された穀物は東部や海外の市場へと流れていき、その活発な農産物の生産と出荷はやがて中西部全域に広がって、大麦やトウモロコシ生産のベルト地帯として巨大な農業地帯を形成するようになった。

中西部にはオハイオ州のクリーブランドのほか、ミシガン州のデトロイト、イリノイ州のシカゴなど全米きっての大都会があるが、これらの町々は東部ニューヨークやボストンに比べれば、どことなくテンポが緩やかでのんびりしている。それでも私が訪れた一九七〇年代当時には、まだデトロイトは「自動車の町」として活気があり、かつて鉄鋼生産で栄えた近隣州ペンシルベニアと同じく、「ラストベルト」つまりさびれたイメージはなかった。

デトロイトの町周辺は圧倒的に黒人が多く、ダウンタウンで道行く人々を何気なく数えれば、四〇人に一人の割合でしか白人は見られなかった。大都市のご多分に漏れず、町の治安が悪い上、何よりも不潔な印象が強かったが、それは黒人が多いからではなく、むしろ白人黒人を問わず貧困者が多いことに起因する。全国的にみても、黒人の中にいわゆる中産階級層が徐々に増え始め、もはや黒人イコール貧困者という実態は次第に薄れつつあった。

デトロイト宿泊の二日目、知人から紹介されたアニータ・レスターが近郊のディアボーンに私を案内してくれた。そこにはグリーンヴィレッジと呼ばれるテーマパークがあり、それはそのままフォード博物館でもあった。広大な敷地には自動車王フォードの生い立ちに因む建物のほか、古色溢れるコロニアル・スタイルの家々、植民地時代に起こった鍛冶屋・製鉄業・製粉業・印刷業や製紙工場のレプリカ、あるいは産業革命期に起こった近代的工場や機械の陳列まであり、さながら歴史博物館であった。無論、自動車産業の拠点とあって、敷地内の自動車博物館には機関車の各種モデルやエンジンも並べられ、テーマパークとしての充実さを誇っていた。一九七〇年代頃から翳《かげ》りはじめる自動車業界にとっては、栄誉を象徴する最後の牙城であったかもしれない。

翌朝再びバスに乗り、シカゴに向かった。シカゴはさすがに中西部きっての大都会で、かつてニューヨークに次ぎいち早く摩天楼が聳えた町であった。ハンコックビルをはじめ整然としたビル街が伸び、シカゴ美術館や近代美術館など文化施設も整っている。農業・機械工業・重工業・鉄鉱石・牧畜・精肉業と多彩な産業に恵まれ、一九世紀末には多くの移民を惹きつけてやまなかった。

そのシカゴも、かつては都会が生む貧困や犯罪の巣窟でもあり、それを救済する施設ハル・ハウスが創設されるなど、全米に先駆けて福祉活動に先鞭をつけた町でもあった。美しいミシガン湖を一望するハンコックビルの屋上からは、幾層にも綾なして聳える摩天楼の群列が見られ、そこにシカゴの町の発展が偲ばれる気がした。

シカゴを出ると、バスはインディアナ州を通ってそのまま真っ直ぐ西に延びる国道八〇号線を再び進み、いよいよアメリカの大河ミシシッピー川を越えてアイオワ州に入る。ここに至るまでのミシシッピー以東が中西部穀倉地帯であり、以後西に、しばらくは西部大草原地帯が続くのである。

ミシシッピー川を越えて

ミシシッピー川は、南北戦争までは越すに越されぬ大河として、長きにわたりアメリカの西漸運動を阻んできた。一つには、ミシシッピー川が川幅も広く流れも早かったことから、縦に走る船のための水路はともかく、川を横断するための架橋が物理的に難しかったこともあった。だがそれ以上に西漸運動を大きく阻んだ理由は、ミシシッピー以西の土地が乾燥地で、およそ開拓の魅力を呈していないことにあった。

インディアナ州からミシシッピーを渡ってアイオワ州デモインに入ると、トウモロコシの茂る広陵たる風情は同じように続き、一見した限りはミシシッピーを越えても何ら差があるようには思えなかった。しかしふと道路脇を見ると、高速道路は完全舗装されているものの、舗装の切れる脇には農道さながらに赤土が剝き出しとなり、アイオワ州の土地がいかに乾燥しているかの様相を呈していた。

夜九時を回り、バスはネブラスカ州オマハのバス・ターミナルに着いた。ここでも修道院のお世話になるため、遅い時間であるにもかかわらず、オマハにある修道院のシスターズが出迎えてくれた。シカゴの修道女たちのほとんどが、六〇年代の第二ヴァチカン公会議以降、教会の統一運動《エキュメニズム》に合わせて修道服《ハビット》ではなく世俗の服装であったのに対し、ここオマハでは懐かしい修道服《ハビット》に身を包む修道女たちに囲まれた。

食事は済んでいると告げてあったので、到着早々寝室に招じられると、そこにはタオルなど必要なものが備えられ、ベッドサイドのテーブルにはお盆に乗せられたナイト・スピリットのティーやクッキーなどが置かれてあった。昔ながらのホテルや修道院ではよくみかける旅のもてなしだが、すべてが古き良きあたたかな時代に連れ戻されたかのようで、古式ではあるが穏やかな夜の休息が私を迎えてくれた。

近代的なシカゴの生活とは一転するようなここオマハでの古いしきたりは、それがたまたま修道院であったにせよ、ミシシッピー川を越えて見た、まずは大きな違いであった。そういえば、この地に入ってやたらに耳にするのは、「ここミシシッピー以西では」とか、「あなたたちミシシッピー以東から来た人たちにはわからないだろうが」といった土地意識の言葉であった。それは逆にミシシッピー以東の地ではあまり耳にしない表現であったかもしれない。そこに秘められた真意は、おそらくは苦悩に満ちた開拓の歴史は、それを体験した彼らにしかわからないもの、だからこそ彼らだけの誇りとしたい、そういったある種の気概や自負心であったのかもしれない。

この「ミシシッピー以西では」という表現をそのまま借りるとすれば、ミシシッピー以東では都会の巷に溢れるようにいた黒人がミシシッピー以西ではめっきり減り、代わってネイティブ・アメリカンズと思しき人々を多く見かけた。この地に住むネイティブ・アメリカンズは元来ここを居住地としてきた人々と、のちに強制的にこの地に移住を強いられた人たちとがあった。だがアメリカ国内に多種ある部族のうち、いったいこの地にはどのような部族がいるのであろうか。この素朴な疑問は私にとっては最も関心のあることだった。

ミセス・クレイグの不満

オマハ到着の翌日、修道院の親切な計らいで街を案内してくれるというミセス・クレイグが迎えに来てくれた。中年の落ち着いた白人女性で、静かな物腰の人であった。会うなりそのミセス・クレイグに、私はストレートに先の疑問を向けてみた。すると、ミセス・クレイグは憮然とした表情で、「あなたたちミシシッピー以東から来た人たちは、この土地をネイティブ・アメリカンズと結びつけてしか考えていない」と、いかにも不機嫌そうに言った。ここはネイティブ・アメリカンズだけが住んでいるわけではない。私たちが開拓し、私たちこそが築いた大地なのだ、といかにも言いたげであった。つまり開拓者の苦渋を知らない興味本位の質問に辟易としているのであった。

だが質問を変え、この地の特産物はと問えば、答えはすべてネイティブ・アメリカンズたちが手焼きした陶器や手造りの籠、衣服、絨毯などであった。この地に住む人々は、ネイティブ・アメリカンズが持つ技能とセンスの良さに一目置いているのだろう。ミセス・クレイグの不機嫌さは人種差別によるものではなく、艱難に満ちた開拓事業が正当な評価を受けていないという農民や住民の不満であった。

たしかにこの地は、かつてここ内陸部で生産された穀物や家畜を出荷する重要な鉄道の拠点であった。その証として、古めかしい市場、オールドマーケットが遺されている。すでに史的建造物と化しているこの市場は、現在の流通機構には適応できないとしても、西部開拓史のなかで「市場」がいかなる役割を果たしてきたか、しかもそれが西部の富を牛耳るものであったかを物語っている。

今はフリーマーケットに転身してしまったオールドマーケットの古い赤レンガを見ていると、どこからともなく聞こえてくるかのような市場の競りの声に、ふと耳を傾けてしまう。思えばここはかつて、東部と西部を繋ぐ大陸横断鉄道が行き来した交通の要所であった。おそらくは地元の農民グレンジャーたちが農畜業に賭けたその熱い思いを出荷に託し、時折行き来する列車の汽笛を聞いたに違いない。

オマハのあるここネブラスカ州には、荒涼とした大地にトウモロコシ畑が広がっている。かつて、この荒れた土地に日々の労苦を重ねて灌漑用水を引き、荒れ野に合う穀物の改良を重ねながら、やがてトウモロコシの生産地となった農民の誇りが息づいている。灌木の茂みしかないこの地では、広い農地を囲うための木材も調達できなかった。そのため彼らは鉄条網を配して囲いとした。今この地を行く時、ここ彼処《かしこ》に鉄条網の柵が見られるのは、その地が荒れ地であることの一番の証拠でもあった。そしてこのミシシッピー以西こそが、「いざ西部へ！」と開拓者を誘い、奮い立たせなければ開拓が叶わない大地であったのだ。

一段と興味深いオマハの町を見て修道院に戻れば、大食堂で夕餉《ゆうげ》の時が待っていた。食後のひと時は、手芸などを手にして静かに話に耳を傾ける修道女たちの集いがあり、私はそこで日本から来たゲストとして紹介された。私は今回の旅の目的やこの修道院ともつながりのある日本の大学の話、あるいは共通に知っているかもしれない日本在住のシスターズの話など思いつくまま語った。いかにも伝統的なしきたりの中で変わらぬ昔がここにはあり、オマハの古いものを護りたいとする心情が修道院の中でもごく自然にマッチしているように思えた。オマハの夜はゆったりと時を刻み、明日また続く長旅を前に、安らかな休息を与えてくれた。

早朝七時一五分にバスが出るというので、朝まだきに世話になった修道院を後にして、再びバスに乗った。オマハはネブラスカ州の東端にある町なので、今日の行程はほぼ一日をかけてこのネブラスカ州横断の旅となる。一日がかりで一つの州を通り抜けるとは、西部の広大さを物語る何物でもない。

先住民族・日系人の苦難を刻むデンバー歴史資料館

長距離バスの乗り継ぎでは、乗客のほとんどが入れ替わり、運転手も交代した。食事とガソリンスタンドに寄る以外、バスは停車することなく変化もない荒野を淡々と走り続けた。やがて半日が過ぎ、ネブラスカ州を横断する行程も半ばとなる頃、いつしかトウモロコシ畑も車窓から消え、代わって牧草や原生花の茂る平原が見られるようになった。そこでは放牧された家畜の群れが草を食み、ネブラスカが牧畜の中心地「キャトルキングドム」であることを窺わせる。平原のそこかしこに刈草が山積みされ、それが一層寂寞とした風情を漂わせていた。

州の東側ではほとんど平坦であった土地が、西に行くにつれて少しずつ起伏を見せ、やがてその起伏は徐々に丘陵となって高さを増す。牧草はいつの間にか疎《まば》らになり、代わってごつごつとした岩肌が見られるようになると、辺りは次第に山岳地帯の様相へと転じていった。徐々に迫る夕闇がやがて漆黒《しっこく》となる夜の帳《とばり》に包まれた頃、バスは定刻通り夜一〇時に終着駅となるコロラド州デンバーに到着した。その夜は久々にホテルに宿泊する。

本格的に山岳地帯に入ったデンバーでは、レンタカーで市中や周辺の山々を散策することにした。町自体はさして大きくないが、周辺には見るべきものが山ほどあり、朝から日がな一日車を乗り回した。

まずデンバーの町から国道二五号線を八〇マイルほど南下すると、一時間ほどでコロラド・スプリングスに到着する。町里からそう遠くはないところにアメリカ空軍兵学校《アカデミア》があり、そこはメリーランドにある海軍兵学校《アナポリス》と並び、エリートの養成所として若者たちにとっては憧れの場所であった。

一方コロラド・スプリングスはスキー場のメッカとして知られるが、自然を守りたい住民たちの強い反対で、冬季オリンピックの開催を辞退したことでも有名となった。実はこのコロラド・スプリングスの入口となる所には、絶景として知られるパイクス・ピークスやその麓に広がる「神々の庭《ガーデン・オブ・ゴッズ》」が位置し、人々の畏敬とロマンを宿す名勝が広がっている。

パイクス・ピークスの頂きは夏でも雪に覆われるほど標高が高く、その聳え立つ雄姿は風格と威厳があるが、その麓の丘陵にはごつごつとした赤い岩山が奇形を成して延々と連なり、たなびく霞のせいか、現地人たちはその神聖さを称え、「神々の庭《ガーデン・オブ・ゴッズ》」と崇めるようになった。そしてこの地域一帯からが、ロッキー山脈の懐に抱かれる本格的な西部山岳地帯となるのである。

一方デンバー市内で私の注目を引いたのは、マーケットに行った折、意外なほど多くの日本食品が店頭に並んでいたことであった。醤油・豆腐・かまぼこ・インスタントラーメンと、かつてのワシントンでは考えられない品々がそこにはあった。それもそのはず、この地域にはコロラド収容所があり、日米大戦下で多くの日系人が強制収容されていたのである。戦後になって開放されてからも、従前の家屋や財産を没収されていたため、彼らの多くはこの地に留まる生活を選んだのであった。

私がデンバーを訪れた時、町の歴史資料館ではこの強制収容の歴史がパネルで飾られており、わずかな家財とともに居住地を追われた日系人が、老若男女を問わず収容されていく痛ましい様相を展示していた。その中には、戦時下にありながらこの強制収容に強く抗議したジャーナリスト、ケアリー・マックウィリアムズの顔写真もあった。彼は「……いかに戦いのための手段であれ、(市民権を持つ人々への)この不当な立ち退きは許されない」と強く抗議した。それは、マックウィリアムズ個人が抱いた「アメリカの良心」であり、またその史的事実に目を背《そむ》けず、あえて強制収容所の様子を展示するのは、デンバー市が示した「自治体としての良心」でもあった。このコロラド市での一九七三年の展示から一五年経った一九八八年、連邦議会は日系人が市民権を擁護されなかったことへの謝罪を公式に表明し、補償を伴う名誉回復を求めた。思えば長い道のりであった。

デンバーの歴史資料館には、コロラドの先住民族であるシャイアンヌ族、アラパホ族、ユテ族などプエブロ・インディアンズの生活用式などを描いたジオラマもあり、農耕民族としての地道で生産的な生業《なりわい》が窺われる。ここにもかつて敵視し、対立しあった異人種間での和解に向けての長い道のりが刻まれている。かつて西部劇の舞台では、ネイティブ・アメリカンズは絶えず非道で野蛮な部族、すなわち悪役として描かれていた。それが一九七〇年代に入った頃からはリヴィジョニスト・ウエスタン(修正主義西部劇)の思想が波及し、従来の一面的な西部劇のパターンが見直されるようになった。映画『ソルジャー・ブルー』がそのきっかけであったといわれている。今一つの「アメリカの良心」がここにもあり、デンバーの歴史資料館からのメッセージが胸を打つかのように響いてくる。

ロッキー山脈を迂回して行くソルトレイク・シティー

夕方五時、デンバーを出発したバスは国道七〇号線を北上し、わずか一時間半で次の停車駅シャイアンヌに到着した。実はデンバーからは、その隣町となるユタ州ソルトレイク・シティーに行く予定なのだが、その二つの町を行き来するには、バスは中部ロッキー山脈に行く手を阻まれて直線コースを取ることができない。否応なしに山岳地帯を迂回するためワイオミング州シャイアンヌを通過したのである。

翌朝七時、シャイアンヌでバスを待つため停車場に並んだ。路上にある何気ないバス停であった。すると私の前に並ぶ人が急に私を振り返り、迫るようにして私の顔をまじまじと眺め始めた。まじろぎ一つせず凝視する男は、つなぎを着た農夫らしい白人で、同伴者の女性と列に並んでいる。女性は彼を糺すでもなく、黙って立っている。あるいは男には何か事情があったのかもしれない。しかし、まるで私が絶滅危惧種の動物でもあるかのように五分ほど凝視し続け、真に不躾で厭《いと》わしかった。そのような態度は、少なくとも都会では決してあり得ないことで、思わず素朴な農民の好奇心によるのだろうかと、こちらが偏見を持ちそうにさえなった。

バスに乗ると、車窓から戸外を見る楽しみが再び訪れた。ソルトレイク・シティーに向かう八〇号線は、コロラドとの境界線をギリギリに走り、途中で斜めにロッキー山脈を突っ切っていく。放牧の地ワイオミングはロッキーの山裾に広がり、広大な大地にほとんど人影は見られない。言わずもがなこの地は、全米で最も人口の少ない過疎地であった。

ワイオミングから中部ロッキーの最も険しい山岳地帯を迂回して入ったソルトレイク・シティーは、かつてモルモン教徒たちが東部での迫害を避け、苦悩の旅を続けて辿り着いた終局の大地であった。彼らが東部の地で受け入れられなかった理由は、キリスト教の信条を掲げながらも一夫多妻主義を唱えたことにあり、やがてアメリカ合衆国に併合される過程でその主義を放棄する。しかし、この山間《やまあい》の土地を開墾し、雪解けの水源だけを活用してかろうじて生計を築き定住していく苦渋の過程は、他の西部山岳地帯の定住者にもまして労苦を強いられるものであった。固い信条を頼りにこの地への安住を求めた彼らは、結果としては教会を中心とした一大地主となり、金融さえをも手中に収めるまでの実績を築いた。

ソルトレイク・シティーを離れてからは、やがて一九一号線が二〇号線と交差し、その二〇号線を北上してアイダホ州の東部を抜け、バスは再びワイオミング州に入っていく。やがて高速道路を降り山道にと分け入り、バスはウェスト・イエローストーンに着いた。ここで長距離バスを下車しなければならない。その理由はイエローストーン国立公園の規則で、公園規定の循環バスもしくは自家用車かレンタカーでしか公園を走行することが許されていないからであった。

私は車を借り、公園最大の観光地オールド・フェイスフルに向かうこととした。このイエローストーンでは一八七一年に金鉱脈が発見され、乱開発を恐れた連邦政府がいち早くこの地を国立公園として保存することとしたが、奇しくも世界初の国立公園として天然資源保存のモデルともなった。そのためイエローストーンの管理は一段と厳しいものとなり、二二三〇平方マイルもある敷地の中で、南北を縦断する幹線道路は基本的には一本しかない。ホテル建設も自ずと規制され、一時間おきに一〇分ほどもの間、数百フィートも高く噴き上げる間欠泉で知られるオールド・フェイスフルにも、ホテルは一軒あるのみであった。

オールド・フェイスフルに向かう先々では、しばしば真っ白く朽ちた倒木が見られ、その下には縫うように流れるせせらぎが澄みきった水を湛えていた。私は真っ青な水に直接触れてみたくなり、流れに近寄ってみると、水底はエメラルドに輝き、一点の濁りもなかった。水は小砂利に当たって砕け、細やかな漣《さざなみ》を立てて夕日に映えきらきらと光っていた。

オールド・フェイスフルからは、国立公園を真っ直ぐに北上する唯一の道をそのまま進み、公園を抜けたところでモンタナ州の州境に出た。その先は国道七〇号線と交わる道で、それをひたすらモンタナ州ビュートまで走った。ビュートからは飛行機に乗り、空路シアトルまで行く。これでアメリカの北部山岳地帯の旅は終わり、シアトルからは太平洋の沿岸に沿ってサンフランシスコまで南下する。それが今回の西部への旅の最終ルートとなった。そしてそれはまた、一二年ぶりに再訪したアメリカへの旅の終わりでもあった。

西部への旅を終えて

ワシントンDCを離れ西部への旅を続け、今までに見たことのなかった地を巡り、行く先々で新たな体験を得た。その上、中西部穀倉地帯・西部大草原・北西部山岳地帯と地域間の違いを目の当たりにして、地域差を知る私の旅の命題も果たすことができた。しかもロッキーという同じ山脈沿いに在りながら、北西部山岳地帯と砂漠のある南西部山岳地帯とではかくも違うのかと、自然の厳しさと荒々しさを実感した。

旅の道中、一人旅でありながら、実に多くの人々とも出会った。シアトルからサンフランシスコまでは、同じく一人旅であったフランス人女性と知り合い、その後も私が渡米するたびに落ち合ってはともに旅行し、彼女の家に泊めてもらうこともあった。スタンフォード大学のフランス語教授であった彼女は、その繊細な神経と鋭い洞察力でアメリカに暮らす外国人の境遇を語り、その中に祖国への思いをも滲ませて、二つの国を持つ人の心情を語ってくれた。

時には言葉を交わすこともなく、ただ行き交うだけで、勝手な観測や憶測で相手を見ることもあった。また時にはふとかけられた声や投げかけられた表情で、温かい思いやりを感じることもあれば、敵対的な思惑を射るように感じることもあった。

アリゾナ州で車を走らせ、近隣に住む農家の夫妻が経営するガソリンスタンドに寄れば、ガソリンを入れながら、女性がじっと私を見据えて捨て台詞のように言った。「あんたたち日本人がやたらトウモロコシを買い漁るもんで、うちの牛にやる餌が不足しちゃって困っているのよ」。どういう意味かと聞き糺して喧嘩を買う気にはならなかったが、明らかに敵意を感じる語調であった。

かと思うと、デンバーの町では重いスーツケースを運ぶ私に、「持ちましょうか?」と背広に身を固めたサラリーマン風の黒人男性が声をかけた。実はデンバーに来る前、シカゴのバス待合室で置き引きに遭い、戻ってきたスーツケースがすっかり破損していたため、宿泊先の修道院で、学生が置いていったというズックのスーツケースを調達してくれたのだが、そのスーツケースは途方もなく大きく、あまりにも大きすぎて中で荷物が一カ所に偏り、余計重くなっていたのであった。

親切なサラリーマンの声に応え、躊躇なく彼に荷物を託した。キャスターもついていないスーツケースを私から受け取った彼は、持つなり思わず言った。「うわー! 重いね」。おそらくはズックの見てくれから、想像以上の重さであったのであろう。一〇分ほどもしたところで、彼は駅の方に向かい、「ここで大丈夫?」と訊いて、荷物を渡してくれた。荷を運ぶボーイでもなかったのでチップを渡すのも一瞬憚られ、私はただただ礼を告げて彼と別れた。あれから五〇年近くも経つであろうか。彼の優しい声かけと穏やかなまなざし、そして「重い!」と言った彼の声がいまだに忘れられない。人の情とはこういうものなのかと素直に実感したのであった。

わずか四〇日間の旅の縁《よすが》に、大げさにいえば、この一二年間にアメリカで変わったもの、変わらぬもの、そして変わらぬ人のしがらみを見た。それは良くも悪くも、私にとって、その時々を語る貴重な旅の宝物であった。

12　変貌するアメリカ——世紀末に向けて

冷え込むアメリカ経済

一九七〇年代から九〇年代にかけ、冷え込んできたアメリカ経済については、いくつかの理由が取り沙汰された。例えば工場の設備が古くなったとか、従来型の生産スタイルでは世界経済の伸びに追いついていないとか、そのためコストを落とす目的で生産ラインを海外に移したが、それにより国内の失業者が増え、しかも労働組合の力が停滞するなかで、雇用の落ち込みが労働者にしわ寄せされて格差社会を生んでいるとか、ひいてはそれが国内消費を停滞させている、といった議論であった。

同時にその頃、アメリカの経済力や成長度に追いつこうと必死であった日本経済が次第にアメリカと並び、アメリカにとって大きな脅威となってきたことも事実であった。小型化されたビデオ、トランジスターラジオ、小型カメラ、薄型計算機、小型自動車といった日本製品が、高品質にして経済的、かつハンディだという評価を受けるようになった。日本製の鉄鋼・半導体などは、アメリカの技術者も称賛するしろものとなっていた。部品生産を下支えする日本の町工場に息づくモノ造りの職人技の強みもあった。これに対しアメリカは、ライバルとなった日本がもっと貿易を手控え、内需を拡大するよう要求した。

そういえば一九八〇年代のアメリカでは、気の効いたデザインや洒落た商品のラベルを見ると、多くが中国製であったり、フィリピンやベトナムやタイの製品であったり、アジア大陸や東南アジアの工場で生産されたものが目立つようになった。それは土産物を求める外国人観光客を驚かせ、かつて「安かろう、悪かろう」の品は日本製や中国製の代名詞であったようにいわれた時代が今や過ぎ、メイドインUSAそのものが最早ブランドではなくなっていたことを物語っていた。

こうしてアメリカ企業は製造部門を低賃金と低率課税の地域へと移していったが、その移し先は海外に留まらず、国内にあっても北東部・中西部地帯から南部サンベルト地域へと移していったのであった。それは結果的にアメリカ産業を空洞化させることになり、かつてアメリカの景気を牽引《けんいん》してきた北東部や中西部の工業都市では多くの工場が閉鎖され、失業者を創出した。それは、かつて一九七〇年代までは、鉄工業・石灰・自動車の産地として栄えたミシガン・ペンシルベニアなどの地域であった。思えばそれがラストベルトの始まりであり、二〇二〇年の選挙でも注目を引くようになったミシガンやペンシルベニアなどの現状でもあった。

このような経済状況下にあった時期を政治面で追えば、ウォーターゲート事件でかろうじて罷免を逃れたとはいえ、ニクソン大統領は威信を失って退陣し、さらに新大統領フォードがニクソンを恩赦で救済したことがかえって仇《あだ》となり、共和党は一九七六年の大統領選挙では苦戦を強いられることになった。これに対し民主党は、中央政治には無縁で「クリーンな政治」を標榜するジョージア州知事ジミー・カーターを、「ピーナッツ農園主」として、いかにも新鮮で清潔感の溢れるイメージをアピールして勝利したのであった。

しかしカーターの政治における未経験さは、その高邁な理想主義と人柄の善さにもかかわらず、当時の複雑な国内外の情勢に対応できる手腕を発揮することはなかった。ここに民主党政権を担ったカーターは一期で退陣し、政治の不安定さがアメリカにとって一層の混乱を生じさせたことも見逃せない。

その中で共和党は、一九八〇年にロナルド・レーガンを送り出すことで再び政権を奪回し、レーガンが二期、続いてレーガンのもとで副大統領を務めたジョージ・ブッシュ（父親）が大統領に選出され、三期にわたって政権を担うことになった。この間、共和党はレーガノミックスと呼ばれる破格の減税措置を導入し、六〇年代の民主党ジョンソン政権下でのメディケアやメディケイド政策あるいはベトナム戦争が招いた莫大な費用の補塡、またそのために生じた税負担に対する不満を解消させ、それによって企業にも生産意欲をもたらす方策を打ち出した。

レーガンが共和党の大統領候補となった時、私は奇しくもひと夏をアメリカで過ごしていた。そのため折から行われていた共和党の全国党大会の経過を、テレビではあったが、それなりに追うことができた。メディアはレーガンがハリウッド出身の俳優で、テレビのモデレーター（司会者）であったことにもっぱら関心を集中させていた。しかしレーガンの演説は私が聞いた限りの印象では、単にコメンテーターとして築いた技量だけのものではなく、彼の意図する政治目標を十分に把握し説得力をもって堂々と述べていたというものであった。レーガンの推薦演説を行なった副大統領候補ブッシュ（父親）も演説に長けていたことではよく知られているが、ニクソン時代の汚点を拭うに十分な役割を二人して果たしていこうとする姿が見られた。

それに加え、レーガンの性格の明るさ、卓越したユーモアのセンスが世に一条の光を灯したかのようでもあった。それは相手候補を誹謗中傷するためのものではなく、いかにもアメリカ人好みの明るいユーモアであった。大統領になってからも、銃で狙撃されて病院に運ばれると、「精一杯お世話をします」と言う看護師に、「もしかして、あなたも共和党？」と即妙の機智で明るい笑いを招いたものだった。

おりしもレーガンの時代には、冷戦下の世界を長期にわたり牽引してきた米ソ間の対立が一変し、一九八六年のレーガン・ゴルバチョフによるレイキャビック会談をはじめ、八九年のベルリンの壁崩壊など、国際的事態が急転して世界情勢は一転した。これにより世界におけるアメリカの優勢は明白となり、一見楽観気運に押されたかにみえた。実際、八〇年代のアメリカは、一時的とはいえ、経済面でも好景気に見舞われている。

だがレーガノミックスによって増幅した国庫支出のため、結果としてアメリカ経済は膨大な累積赤字を抱え債務超過に陥った。その上、レーガノミックスがアメリカ社会にとってこれまでにない格差社会を生み、安定したアメリカの経済力にはなり得なかった。

アメリカに吹いた新風――ウォーターフロントの開発とICT産業

斜陽のアメリカ経済にとって、たとえ復興への起爆剤にはならなくとも、当時のアメリカ経済とアメリカ社会に大きな刺激を与えた要因が、少なくとも二つあった。一つは一九八〇年代を中心にアメリカの都市部や沿岸部に起こったウォーターフロントの開発であり、今一つは通信網の拡大とICT産業の目覚ましい発展であった。

無論それらが低迷するアメリカ経済や経済格差、それにより生じる都市の貧困問題やホームレスの課題などすべてを解消したわけではなかった。しかしウォーターフロント計画は、今までにない活力と変貌を都市にもたらし、ICT産業もまた、市民の生活パターンに大きな変化を招じた。その意味で、両者はともにこの時代のアメリカに大きなインパクトを与えたものとして捉えられよう。

私がワシントンにいた一九六〇年代初めには、隣接するデラウェア州の東海岸は広い海岸線が連なり、過疎の漁村のイメージしかなかった。だが文字通りのウォーターフロントの開発がこの地を一転させ、カジノや娯楽施設の開発を進めることで、観光客の数を一気に押し上げたという。デラウェアのみならず、サウスカロライナのチャールストン、カリフォルニアのロングビーチ、フロリダのマイアミでも、コーストラインを活用して娯楽施設を誘致するなど、ウォーターフロント事業は激しい変化を周辺にもたらしたのであった。

ウォーターフロントの開発はそれだけに各自治体にとり、壮大なプランと実用可能な効果についての慎重なシュミレイションが必要となる。開発を進めるための具体的整備としては、地域自治体のウォーターフロント開発管理委員会、あるいは民間ディヴェロッパーや非営利団体が絡んで、綿密な土地利用の調査・プロジェクトの性格割り出し・用地取得・財源の確保・土地をめぐる利害関係の調整・港湾局との話し合い・法的処理・税制措置・住民参加・公衆衛生・環境保全・ごみ処理にいたるまで、真に緻密な仕組みが講じられなければならない。実際ウォーターフロントに関する研究やデータには膨大な資料があり、失敗が許されない都市計画には周到な準備が必要であったことを裏付けている。

都市部で進むウォーターフロント開発

アメリカでウォーターフロント開発を最初に進めた町の事例として、しばしばニューヨークとボストンが挙げられる。都市開発といっても、いずれも人口があふれて居住空間が少なくなっている地域を、いかに清潔に、快適に、できればディーセントに建て直すかが課題であり、それにより都市の治安も図られていった。もっともそれはすでに一九世紀当初から浮上していた都市改造の課題ではあった。

例えばニューヨークの町中では、ある程度瀟洒で住みやすかった新築の家が老朽化して次第に荒廃し、居住者であった中産階級の人々がそこを見捨てて別の地域や郊外に移住する。空き家となった家の家賃は低廉化し、そこに貧困層が住みついてドーナッツ化現象が起こり、そのあとにスラムが発生することはある意味で恒常化していた。

こうした町の貧困化と劣悪化する生活環境を改善するため、町の中央に広大な緑地を求める動きは以前からあった。すでに一八一一年頃には地区委員会の手で造園の設計が進められ、やがて七三年には、都市に景観のある公園として初めてセントラル・パークが開園した。

これによりマンハッタンの一四丁目以北の開発が進み、ニューヨークの市街地は北に向かって拡大した。だが一九三〇年代になると、大恐慌の影響もあってホームレスがセントラル・パークに住み着き、公園の治安は悪化する。治安の悪化はセントラル・パークに限らず、マンハッタンの市街地や地下鉄内でも恒常化した。この事態に対処するために民間の自警団が組織されるなど、都市の環境改善は試行錯誤を続けながら進められていった。

こうした過去の経緯を踏まえ、一九七〇年代から八〇年代にかけての大がかりなウォーターフロント開発では、スラム街の撤去や土地の代替プラン・資金繰り・住宅建設・集客をも狙い、大がかりな改造を行なっていく。ハドソン川沿いにある古い倉庫や資材置き場を撤去、あるいはリフォームして魅力ある環境をつくり、治安をも守るという住みやすい街づくりを市や州レベルで検討していったのである。その結果、マンハッタン中枢部にあるタイムズ・スクエアの南四二丁目を中心とするブロードウェイ地区、あるいは貧困化していたソーホーやハーレムなどで、市や民間のディヴェロッパーが手掛ける画期的な街の改造が進められていった。それは長い時間をかけての成果でもあった。

私が一九九二〜九三年に、仕事を終えてブロードウェイのシューベルト劇場にミュージカルを観に行っていた頃には、すでに町は夜でも明るく治安が保たれ、芝居が跳ねた後も遅くまで営業する飲食店に気軽に立ち寄れる雰囲気があった。思えばそれは、ちょうどブロードウェイ一帯に新しい街づくりが完成された時期だったのであろうか。無論マンハッタンの地域すべてが安全というわけではなく、大都会なりの落とし穴はいくつもあって油断は許されない。それでもかつては無法地帯にも等しかったこの地区に、観光客を受け入れるだけの街の安全と清潔さが保たれるようになっていた。

ハドソン川やイーストリバー流域のウォーターフロント本来の開発も進み、かつて荷揚げ倉庫が雑然と並んでいたバッテリーパーク地域にも斬新な高層ビルが建ち並び、不況期に失業対策として建造されたハイウェイからの眺めも一変した。また沿岸を往くフェリーの運航も整備され、自由の女神像や移民の到着地として知られるエリー島に博物館を設置するなど、クルーズによる新たな観光ルートになっていった。残念なことに二〇〇一年の世界貿易センタービル（ツインタワー）爆破というおぞましい悲劇がバッテリーパークで生じたが、ウォーターフロント・プロジェクトの先駆けともなる開発の地域がたまたまテロの標的になったのであった。

テロのあった年の一一月、私は用向きがあってワシントンDCとニューヨークを訪れた。当時、アメリカでの国民感情は、テロへのいや増す憎悪と激しい愛国心が剝き出しにされ、その異常さは今も忘れられない。しかもあいにく、最初に滞在したワシントンでちょっとした事故に遭い、この旅は格別に記憶に残るものとなった。

事故による怪我のため、私にはワシントンの街を十分に散策する余裕は持てなかったが、ここでもウォーターフロントの開発は着実に進んでいた。かつては近代的なホテルの設置など到底考えられなかったような南東地区や南西地区に、今やコンベンション・ホールや五つ星ホテルが建っている。しかもウィラード・インターコンティネンタルやマンダリン・オリエンタルなどの外資系高級ホテルをも誘致し、ウォーターフロントの魅力をアピールする。思えばその地区は、一九七〇年代にすでに、その東側にある造幣局周辺での開発は進んでいたので、ここでもまた長い時間をかけて開発を進めていったのであろう。

ちなみに私が遭遇した事故というのは、たまたま訪問先のビルで、その日、粉末状の炭素菌が郵送されたという情報があり、テロとの関わりが疑われて警察やＦＢＩ監視のもと、エレベーターが全階で使用禁止となったことに起因する。そのため、長時間にわたり上層階の部屋に缶詰め状態になっていた後、かろうじて裏の倉庫の鉄製階段の使用が許された。私はその階段を降りるなり足を滑らせ、急遽自ら横に倒れて真っ逆さまになる転落は防いだものの、両足首を骨折したのである。テロ絡みとはいえ、飛んだ粗相のためワシントンの開発ぶりを目撃できなかったのがいかにも惜しまれる。

海洋沿岸部でのウォーターフロント

アメリカの都市開発は、ニューヨークやボストンなどのアメリカ東沿岸部に見られるように、人口過多であったり建物が老朽化して不潔になったりした都市で、高層ビル以外には伸展できる余地を持たない所を中心に、ウォーターフロントの活用が求められるのは当然なことであったろう。しかし、カリフォルニアのように、まだまだ土地に伸びしろのあるような地域でも各所でウォーターフロントの活用がなされていった。

もともとカリフォルニアは太平洋沿いに長く連なる州で、首都サクラメントをはじめ、ロスアンジェルス、サンフランシスコと大都市が並立する。そのいずれもが州の南寄りに位置していてメキシコ半島の影響を強く受け、しかもいずれもがかつて金鉱ブームに沸いた土地柄であった。この似か寄った背景にもかかわらず、南カリフォルニアにある三大都市は環境も生活も実は一様ではない。もし三者を単純に比較すれば、サクラメントが最も保守的な地盤を持ち、ロスアンジェルスがそれに続き、サンフランシスコは最も革新的だといった違いがあった。

サンフランシスコは海流の関係もあって、他のカリフォルニア周辺の地域とは違い、夏でも涼しかったり曇りがちであったりと、もともと特性のある町であった。その上ロスアンジェルスと比べると案外湿度も低く過ごしやすい。霧で覆われどんよりとしたイメージがある一方で、サンフランシスコは移民の町として発展した経過もあり、多彩な背景の人たちを吸収して前衛的な画家や音楽家も活動する。ロスアンジェルスに比べればはるかに開放的なのである。

しかし注意しなければならないのは、一口にサンフランシスコといっても、実はその広がりが意外と大きいことである。ベイエリアと呼ばれるサンフランシスコ周辺の地域は、広大なサン・パブロ湾からサンフランシスコ湾にかけての海岸地帯に広がり、そこには海運業・金融業その他の業界を仕切る富裕層が居住する。なかでもベイエリアのパロアルト地区、その北にある町メンローパークは美しく瀟洒であり、もし世界のどこかに住みたい理想郷があるとすれば、メンローパークはその条件を叶える三本の指に入るといわれている。

私も一九七〇年代から八〇年代にかけ、近くのスタンフォード大学の図書館に通うため、二夏《ふたなつ》ほどメンローパークで過ごしたことがあった。そこは居住地であれ、パブリックスペースであれ、すがすがしい緑に囲まれ、ゆったりとした屋並みの続く街の風景に、しばしば心を癒されたものである。このベイエリアに住む人々こそが、ロスアンジェルスの富裕層よりももっと豊かな生活を楽しみ、その安定した生活の中にこの地域の保守性が宿されているのかもしれない。

しかしサンフランシスコといえば、誰しもが、観光客に馴染み深い「霧の町」や「坂の町」を往々にして連想するであろう。それはベイエリアの反対側の外洋に面したごく限られた町のことなのである。その限られたスペースのサンフランシスコが庶民的で都会的な繁栄をみせたのは、一つには外洋に面した港町であるため、移民の出入りが闊達で、海運業をはじめとする港湾関連の労働者が居住するようになったことや、外洋の景色と町の気風に魅せられて多くの芸術家たちが移住してきたからであろう。

だがこの庶民的な町サンフランシスコは、過去に何度か大きな地震に襲われたことでも有名である。通称サンフランシスコ地震として知られるのは、一九〇六年に起こったもので、その規模はおおよそ七・八マグニチュードと推定され、近くを走る活断層サンアンドレアスによるものだといわれている。その後もサンフランシスコでは、八九年のロマプリータ地震、九四年のロスアンジェルス・ノースリッジ地震と大地震が続き、この二つの地震でオークランドとサンフランシスコを繋ぐベイブリッジが破損した。さらには海岸地帯に液状化現象を誘発し、古い赤レンガの建物も瓦解した。反面、サンフランシスコの開発で建てられた高層ビルには破壊度が少なかったことから、ウォーターフロント開発に向け一つの暗示を投じるものでもあった。

ミッション・ベイ湾岸に広がる広大な湿地帯は、サンフランシスコ地震の後、瓦礫や廃棄物置き場となっていた。だが地震後の一九九八年には、沿岸域管理委員会が再開発プランとしてサンフランシスコ・ベイ・プランを進めていく。このサンフランシスコ・ベイ・プランの壮大さは、単に湾岸地帯の開発に留まらず、すでに八五年から始まっていた開発計画の策定に基づき、都市計画局、民間ディヴェロッパー、営業コンサルタントや市民をも巻き込む共同作業により、町の伝統を維持しながら環境にも配慮し、そこに近代的な居住空間や企業活動を見越して複合的な土地利用を図ったことにある。

一九九八年、正式な開発計画が取りまとめられ、二年後の二〇〇〇年に事業が着工した。その進行には紆余曲折があったとはいえ、正にそれはウォーターフロント開発のモデルであり、沿岸管理の先駆けとなるものであった。

シリコン・ヴァレーの誕生

こうしたウォーターフロント開発とともに一九八〇年代頃からのアメリカ社会の活力となったのが通信技術の進化であった。サンフランシスコの富裕層の多いベイエリア南部に位置するサンタクララ郡を中心に広がる広大な渓谷シリコン・ヴァレーを舞台に、のちの半導体ビジネスや情報通信企業など、先端技術が生まれていった。

シリコン・ヴァレーは同名タイトルのテレビドラマにより一段と知名度を上げたが、実際、この地には多数の半導体メーカーが結集し、その半導体の主原料であるシリコンこそがこの渓谷の名の由来と聞く。これら半導体メーカーの中には、アップル、インテル、アドビ、ヤフー、グーグル、フェイスブックなどのソフトウェアやインターネット関連のICT企業が名を連ねている。

元はといえばメンローパークにあるスタンフォード大学出身の技術者たちがシリコン・ヴァレーに集まり、コンピューターやエレクトロニックス関連の仕事を起業していったのである。ヒューレット・パッカードもまた、シリコン・ヴァレーの黎明期からすでにこの地に名を留めた企業の一つであった。創設者はデイヴィッド・パッカードとウイリアム・ヒューレット。同社の公式ホームページによると、コンピューターと電子計測機器の製造と販売を手掛けるべく、一九三九年一月一日にパロアルトで創業したとある。

一方、アップルは一九七六年四月一日にスティーブ・ジョブズ、スティーブ・ウオズニアック、ロナルド・ウエインらがカリフォルニアのバチーノで起業した。そこはパロアルトに近く、同じサンタクララ郡に属している。意見の相違から創業者同士の結束はかならずしも固くはなかったが、ICT業界ではそれぞれ別の企業からの移籍や新メンバーとの結合は珍しくなく、また企業間での技術提携もあって人事関係は複雑であった。

さらにマイクロソフト社を起こしたビル・ゲイツは、学生時代の先輩であるワシントン州立大学のポール・アレンとともに様々なエレクトロニックスの起業を試み、一九七七年二月にマイクロソフト社を正式に発足させた。ゲイツの最終学歴はアメリカ東部のハーバード大学中退であるが、彼自身の出身地や活動拠点は、むしろ西部パロアルトを拠点とする他のエレクトロニックス創業者と通ずるものがあった。一方アップルのジョブズもビル・ゲイツと同じく、大学を中退したが、彼は学生時代にはヒッピー文化に傾倒して、その思想、風俗に心酔していたという。

社会学者で一九六〇年代に自ら反戦運動にも関わったトッド・ギトリングは、激動の六〇年代を回顧し、ベトナム戦争から事実上の敗戦に追い込まれてアメリカが体験した思想や政治運動の変遷を顧み、ニューレフトやオールドレフト、ニューライトあるいは過激派ウェザーマンの活動動向とともに、六〇年代に吹き荒れたヒッピー現象についても言及している。その中で、カウンターカルチャーや反戦運動や過激な行動に深くかかわった若者たちの戦後の去就についても述べている。彼らの中には反戦運動に心酔しながら、テト攻勢（一九六八年南ベトナム解放人民戦線側が旧正月〔テト〕休戦の協定を破って仕掛けた奇襲攻撃）の矛盾や戦禍の悲惨さに挫折感を覚えたり、ヒッピーや過激な人種差別運動で体制に挑んでも、解決の見えない結果に失望したりする者も少なくなかったと述べている。だが時代が落ち着くにつれ、彼らはそれぞれにその後の身の振り方を見出していく。なかには、有機栽培の農場やデパートのカタログ販売など新規事業を試みた者もあった。興味深いことに、それらの体験者の中から、「ヒッピーとラジカルでエレクトロニクスに強い者たちがシリコン・ヴァレーでコンピュータの会社を始めた」とあり、彼らの中から「八〇年代までには学士号をもち、専門職について高収入を挙げているヤッピーが続々と生まれ、……八〇年代中頃で〔その数は〕四百万人程度」になっただろうと記している（トッド・ギトリング著、疋田三良・向井俊二訳『六〇年代のアメリカ――希望と怒りの日々』彩流社、一九九三年）。

反戦運動の激しかった六〇年代の若者の、ほとばしるような活力と正義感と優秀な頭脳とが、カウンターカルチャーやヒッピー、片やニューレフトなどの体制批判精神を育み、果てはウェザーマンなど過激な運動を生んだのだが、ベトナム戦争が終結すると、戦の惨めな状況にやり場のない挫折感を抱きながらも、新たな活路を求めた先の一つにシリコン・ヴァレーがあったのであろうか。無論、シリコン・ヴァレーの頭脳は、反戦運動に左右された者が意図的に集まったわけではない。むしろ異色な背景を持つ者同士が、ニューテクノロジーに魅せられ、ビジネスの機会に恵まれたシリコン・ヴァレーに集まって起業したとみるべきかもしれない。

だがその活動の根城としたところが、伝統的な東部のアイヴィーリーグではなく、新開地カリフォルニアの地であったことが興味深い。しかもカリフォルニアの中でも保守的で富裕層の多いベイエリアであった。

通信産業が牽引したアメリカ経済

このエレクトロニックスやＩＣＴ産業の起業を支えたもともとの背景として、何といってもこの時代には通信技能の発達と通信網の拡張が一段と進んだことが挙げられよう。その事実は様々なデータからも読みとれる。それによればかつて一九五〇年代から六〇年代初めには、交通産業、なかでも自動車産業がアメリカ経済を誘引した。それが八〇年代頃からはベル社をはじめとする電話事業や通信産業がアメリカ経済を牽引していったと考えられるのである。

アメリカ商務省の統計（『アメリカ歴史統計』前掲）によれば、一九七一年から七五年の五年間に、工場売上で見た乗用車の生産高は、八五〇万台から九六五万台にと一度は伸ばしたが、七五年には六七〇万台に落ち込み、以後、下降線を辿っていく。さりとて乗用車の走行距離は都市部でも農村部でも増加しているので、使用率が落ちたわけではない。明らかにアメリカにおける国産の新車の需要が下がったのである。

これに対しコミュニケーション部門では、電話施設についてみると、一九七一年から八三年までの一二年間に、設置距離数にして六億四六〇〇万マイル（一〇億三三六〇キロメートル）から一二億六〇〇〇マイル（二〇億一六〇〇キロメートル）に伸ばしている。帳簿価格にしても同期間に六二〇〇億ドルから一兆八四二〇億ドルと上昇し、下降線を辿ることはない。営業収益においても、国内・国際電話を問わず下降する業績はみられないのである。

この通信網の発達を促したのはなんといっても携帯電話であり、そしてコンピューターを繋ぐインターネット回線であった。推測ではあるが、インターネットで流れたトラフィックの平均一秒当たりのギバビットを計算すれば、インターネット接続事業の業績がみえるという。通信網の発達とコンピューターの普及が相乗効果を生んだといえるであろう。そこでここでは通信事業に参入したＩＣＴ業界の発展がいかにアメリカ経済や社会的価値観を変えていったかという仕組みをみていく。

一般的にいって、通信機能の基本は電話だが、その電話を無線によって移動可能としたものが携帯電話（モバイルフォーン、あるいはセラフォーン）であり、その携帯電話にＯＳを搭載してパソコン機能を持たせたものがスマートフォーン（スマホ）である。さらにそのスマホを矮小化・軽量化したものがウェアラブルな（身に着けられる）時計や眼鏡フレーム、例えばアップル・ウオッチのようなものだと整理することができようか。

元はといえば、携帯電話はアメリカで第二次大戦中に軍専用の無線電話として開発された。戦後その技術が民間企業に移され、その際に、移動可能な電話ということでモバイルフォーンと呼ばれるようになった。その後、通信方法が種々改良されるなかで現在の携帯電話の原型ともなるセルラー技術が投入されたのが、一九七四年。セルラーのセルとはヘルツ数による帯域、つまり地域区分のことで、当初は電話の基地局をその帯域ごとに設けていたところから、長いこと携帯電話はセルラー電話、あるいはセラフォーンと呼ばれていた記憶がある。

さらに一九七八年になると、大手電信電話会社のAT&T社とモトラー社が携帯電話の実用化に向けての特認を受け、それによる実験の結果として、八三年に携帯電話の商用サービスを開始した。モトラー社は、携帯電話開発の過程で自動車電話にも行き着いたというが、そういえば私自身、かつて自車に搭載していた自動車電話がモトラー電話と呼ばれていたことを思い出した。しかも私の場合、現在使用しているスマホの電話番号は、自動車電話からガラ系の携帯電話に、そしてスマホにと移行させたものである。

一方、OSを搭載したスマホの進展を見ると、その過渡期として、まず一九九四年から九六年にかけて、ノキアやIBMが携帯電話用の端末を基にスマホの元祖となる「コミュニケーター」を開発した。「コミュニケーター」は、二〇〇四年頃からアメリカのビジネスパーソンの間で急速に普及したといわれている。そして〇七年、アップルがiOSを搭載したスマートフォーン（スマホ）のアイフォーンを発売し、〇八年にグーグルがアンドロイドOSを開発したことで、いよいよ時は、セラフォーンからスマートフォーンの時代にと入っていった。

ここでスマートフォーンの話題に入る前に、今一つ通信機能につき根本的に考えてみなければならないことがある。それはパソコン本来の機能が、その附帯機能である文字を媒体とした「メール」という通信機能を、実に長期間にわたって果たしてきたその功績のことである。

パーソナル・コンピューターの登場――手紙からメールへ

コンピューターは第二次大戦下の一九四〇年代、携帯電話とほぼ時を同じくして誕生した。その法的用語が「電子計算機」であることからもわかるように、コンピューター本来の目的は、電子回路を使って数値計算、情報処理、データ分析などを高速・大量にこなすために開発された。だがやがて、その「計算機」であるべきコンピューターが併せ持つ多機能性により、用途はきわめて専門的なデータ処理の領域から、果てはごく素人でも扱えるような通信技法にと繋がり、やがて個人がコンピューターの文書作成機能を利用して、特定・不特定の仲間同士、あるいはビジネス業界にあっても、著しく速い通信速度により相互の意見交換や書類作成、業務契約、あるいは物品の売買すらできるチャンスを作っていった。それが一般的な通信機能を有したホームパソコン、あるいはパーソナル・コンピューター（パソコン）である。

メデイア情報によれば、ホームパソコンの原型となる小型化された「計算機」は一九六〇年代から七〇年代にかけ、ＥＮＩＣＡやＩＢＭなどにより発売され、「個人用としては高価格で限られた人々しか購入できなかった」とある。それでも七〇年代中頃になると、「マイクロプロセッサを用いて、ごく限定された機能・性能ながら、価格的にも手が届くコンピュータが作られるようになった」という。

そういえば、一九七三年にロスアンジェルスで訪ねた両親の旧友エイドリアン・ウィリスは、当時八〇歳を優に超えていたが、株式の売買に電話とパソコンを使い、すべての取引が家に居ながらできるのだと、私を驚かせた。その話しぶりからして、当時のアメリカでも先進的なことのように聞こえた。彼が使っていたコンピューターは、果たしてどのようなものであったのだろうか。あいにく私はまだコンピューターに興味がなく、彼が使っていたコンピューターについて尋ねてもみなかった。ただ彼が自宅のオフィスに置いていた機器は、かなりの存在感があったように記憶する。

さてコンピューターに全く素人の私が、やがてパーソナル・コンピューターを使って文書を作成し、それによってメールを打つことで新たな通信方法に接したのは、今から思えば一九八〇年代後半のことであったろうか。大学のコンピューターを使ってまずはワープロ作業を始めたが、個人的に教わるくらいで指導者があったわけではない。やがて大学事務局から教員やスタッフ各人にメールアドレスが充てられた。九〇年代初めのことであったろうか。

たまたま一九八二年以来国際NGOの組織に深く関わるようになっていた私は、日本担当の委員として本部や他のメンバー国との間で手紙のやり取りをする任を負っていた。当初は、国際的にも一般個人にとってコンピューターは縁遠く、タイプライターで打つ手紙が通信の主流であった。

タイプは学部の卒論作成のためやむを得ず習い始めたが、最初は知人から借りたいかにも重厚なアンダーウッド製タイプライターであった。アメリカに行ってから少し軽めタッチのレミントンになり、さらに仕事をするようになってからは、ＩＢＭの電動タイプライターを買った。

当時のＩＢＭはまだ業務用のものしか扱っておらず、それを家庭に置くにはまず本体の大きさが目立ち、重量も今のデスクトップ・コンピューターの比ではなかった。その上、電動とはいえ私のものはまだメモリー装置がなく、原稿や手紙は一挙に打ち上げてプリントアウトするか、作業途中ならば打ちかけの紙をスクロール・バーに残したまま後日その続きを打つ。ところがバーに挟んだまま長く放置しておくと、紙が薄手であったせいか丸まってしまって不自由この上ない。タイプライターが唯一便利であったのは、打ち終わった用紙を手紙として郵送するため、限られた期日を多少過ぎても、郵便事情のせいにして時間稼ぎができたことであった。

ところが一九九〇年代中頃になると、国際的な仕事をしていた仲間内でも、多くの人がタイプに換えてメールで発信できるようになっていた。ただ役員の中で一人だけ、メールを打たないイギリス人がいた。たまたまザンビアに研究室をもっていて、郵便でなかなか手紙が届かないと、「失礼。手紙は出したけど、もしかするとサハラ砂漠に埋もれたかも」と言い訳を述べていた。その彼女も、九〇年代末期にはメールで通信できるようになっていた。

私自身も、国連総会に出席するためニューヨークに長期滞在した時は、まだコンピューターではなくワードプロセッサーを持って代表部に詰めていた。一九九二年と九三年のことである。付属のプリンターは感熱紙仕様であったが、出席していた総会の報告をその薄っぺらな紙にプリントアウトしては代表部で厚めのコピー用紙に写し、本省宛に送っていたことを思い出す。無論代表部にコンピューターはあったが、ホテルに戻ってからも報告書を書く用務が残っていることが多く、個人使用のワープロを使っていたのである。

その後二、三年もすると、私はアメリカよりもヨーロッパ、なかでもジュネーブに赴くことが多くなった。やがて二〇〇〇年を迎えようとする頃には、すでにワープロに換えてラップトップのコンピューターを持ってヨーロッパに出かけている。当時はまだ重いポータブルのトランス（変圧器）とヨーロッパ仕様のソケットをいちいち持っていかなければならなかった。

メールや役員への通達を打つことが多くなり、至急の用事を果たす効力が発揮されてもいった。それだけにメールが行き来する時間が短縮され、メールの頻度も激しくなった。おかげでいちいち郵便局まで足を運び手紙を投函する必要もなくなり、エアーメール代も節約できるようになったが、その分、返信の遅延を郵便のせいにはできなくなり、時間に追われてのハードなスケジュールが科せられていった。たとえ個人的な体験にせよ、この通信機器の変遷を経て、私も紛れもなくICTによる通信革命の流れの中にいたのであった。

二〇〇〇年前後から、私はヨーロッパだけではなく、イギリスやカナダやオセアニアのオーストラリア、ニュージーランド、フィジーやアフリカのウガンダなどに行く機会があり、そこかしこでおこがましくもICTに関わる講演をした。それは先進国にあっても開発途上国にあっても、長年の社会的慣習《しきたり》から従属的でありがちな女性がまず経済的に自立し、自分自身の活路を開くために、このＩＣＴという新しいツールはどのように貢献できるかということをテーマとした。

かつてエジプトのカイロやギザでの社会開発教育の現場では、今まで均等な機会に恵まれず、基礎教育すら受けられなかった貧しい女性たちが、コンピューターに向かって自分の名前を懸命に打ち込んでいる姿を見たことがある。皮肉にも、コンピューターを閉じればすぐに消えてしまう名前を前に、女性は生まれて初めて自分が文字を操れたことへの喜びと、一条の光を見たのだろうか、思わず柔らかな笑みを浮かべていた。現実的に言って、家に帰ればコンピューターとは無縁の彼女たちに、果たしてＩＣＴの普及が直ちに真の自立をもたらすか否かは別として、必ずや一つの方策を求める手立てにはなるはずである。

フィジーでは西オーストラリア大学で同じテーマで講演したが、この時にはＪＩＣＡの職員が、起伏の激しい山岳地帯の過疎地にコンピューターの基地局を設置する困難さと、その困難を克服する努力について語ってくれた。それは地域格差と経済格差の問題でもあった。逆に先進国カナダでは、これらの事業を援助する側の立場として、その熱意と真剣さが窺われた。女性の地位向上のために、今までにないツールを使って少しでも改善が図れるか否かは、今や仮想の空論ではなく現実的な問題だったのである。

日米比率にみるスマートフォーンの活用度

シリコン・ヴァレーで生まれたエレクトロニックスの事業は、こうして多彩な機能を活かしながら通信技能の躍進を遂げていった。変革の波はパソコンに留まらず、やがてスカイプやフェイスブックやツイートあるいはリンクトインやラインといったツールにと発展し、それらはさらに商品化されて大きなマーケットやビジネスを展開する。携帯電話の普及によりさらなる変化をもたらしたアイフォーンやアイパッドは、文字通り機能をフルに発揮し、持ち歩けるパソコンとしてメールの受発信を可能にした。メールだけでなく、スマートフォーンで自ら撮った画像や動画を送信するなどメディアとしての発信も可能となった。そして何よりもこれらのツールは、ヨーロッパやアメリカに限らずあらゆる所での送受信を可能としたのであった。

広告掲載にしても、今まではテレビやラジオといった公共・社会的メデイアを通じて行われていたものが、やがて個人が持つパソコンや携帯電話・スマートフォーンへの出稿が多くなった。それだけ携帯電話やスマートフォーンの利用者が多くなったのだろう。

この個人的な通信ツールの簡便さが、アメリカの経済を押し上げたと結論できる数値は、あいにく持ち合わせてはいない。ただ、スマートフォーンの利用率が年々増加していることだけは確かである。例えば、二〇二〇年、アメリカの成人男女によるスマートフォーンの利用率は、利用者年齢を一五から六九歳と限定しながらも、アンドロイドとアイフォーンとを合わせて九四・九パーセントだとする日本民間団体（MMD研究所）の調査結果がある。ちなみに、日本でのその年齢層の人々のスマートフォーン利用率は八七・四パーセントであった。（この調査は日米でスマホが発売された直近の二〇〇八年以降、毎年行われている。）

しかし私の長年の通信経験で知る限り、アメリカのスマートフォン利用者年齢は六九歳をはるかに上回り、この調査以上の使用率になると推量する。おそらく上記の調査が日米比較を基本としたため、日本の高齢者による使用度の年齢を勘案して年齢数値を低く抑えたものと類推される。だがアメリカの高齢者によるスマートフォンの使用度は日本よりもはるかに年齢層が高く、それだけ早い時点でスマートフォーンが人々の間に浸透していた。しかもアメリカでは、スマートフォーンを手にする以前にその多くがパソコンを体験しており、だからこそパソコン機能を搭載したスマホにも馴染んだと考えられる。おそらくは先のMMDによる調査対象を例えば一〇歳引き上げれば、もっと日米間での差異が生じたであろう。

追いついたのか、日本人の生活レベル

OS機能を搭載したスマートフォーンがアメリカで発売されたのはアップルが二〇〇七年、グーグルが〇八年であった。日本でもソフトバンクが〇八年、ドコモが〇九年にスマホを発売している。両国でのスマートフォーン発売の時期についてみる限りほとんど年差がない。これにより長いこと日本にあったアメリカの物質文化への憧憬、いってみればアメリカでの生活レベルに追いつけ、追いつけといった追随思考はようやく終焉したのであろうか。もはや日本にとりアメリカは羨望の的ではなくなったのであろうか。

スマートフォーンに関していえば、そうだと答えることができるかもしれない。無論、スマー

トフォーンがOSを搭載する限り、機器開発の親元は、コンピュターそのものを開発したアメリカにある。だが、いくら開発されても普及率が低ければ生活を簡便化することはできない。その意味でスマホに限っていえば、先のMMDの調査結果からみても、二〇二〇年の日本でのスマホ利用率が八七・四パーセントだとすれば、たとえそれがアメリカでの普及率九四・九パーセントに後れを取ろうとも、日米での数値差は比較的近いところにあり、アメリカの生活水準に追いつきつつあるといえるかもしれない。

そして、スマホ以外にも日本で独自に作製した機器で普及度の高い事例が挙げられるものがいくつかある。例えば、TOTOが販売したウォシュレット（温水洗浄便座）やウォームレット（暖房便座機能）である。温水洗浄便座の原型そのものは、またもやアメリカにあり、アメリカン・ビデ社が開発した医療機器「ウォッシュエアシート」であるが、それを一九六四年にTOTOが輸入し、主に病院や福祉施設を対象に販売した。その後、TOTOによれば、独自のノウハウで一般使用を目的に一から自社製品化し、六〇年代末期には暖房便座を、また八〇年代には温水洗浄便器を発売したという。だがアメリカやヨーロッパでは、一般家庭は無論のことホテルや公共施設でもあまり普及していない。それに対し、日本では国産で発売したものが広く一般に普及している。メーカーは機器の簡便さや快適さに加えて、健康や衛生にも利するのだと、外国市場に向けての売り込みに躍起となっている。かつて水洗手洗いの普及では段違いに遅れをとった日本だが、ウォームレットとウォシュレットの開発・普及はまさに逆転の展開である。

これとは別に、日本で発案され今や日本でも世界でも重宝されているものに、自動車のナビゲーターが挙げられよう。それは一九九〇年にＧＰＳが導入される以前のことで、まずホンダが八一年にブラウン管に地図を設置した「エレクトロ・ジャイロケーター」を開発し、八七年には、トヨタもデンソーが開発した電子地図をＣＤ－ＲＯＭ化してブラウン管モニターに読ませる「エレクトロニックマルチビジョン」を発表した。トヨタは実際に、九一年にはクラウンにそれを搭載し発売している。地図は電話帳に紐づけて作動させ、メモリーに打ち込まれる住所で割り出す仕組みになっていると、メカニックの人から聞いたことがある。今では無論、専用の人工衛星から発信されるコード（記号）により、ＧＰＳ（Global Positioning System）探知で現在地や行先地が表示される。

私も遅まきながら二〇〇三年に自車にナビを取り付けたが、初期には電話帳の記載ミスとかで、明らかに誤った目的地に誘導されそうになったこともある。そのほか地図の読み方にも多少の疑問はあったが、基本的にナビの機器は見やすい運転席正面に据えられ、固定された位置に地図表示があるのが、今や日本車では通例であろう。

ところが二〇〇八年から一五年にかけての何度かのハワイ行で、その都度レンタカーにカーナビ仕様を求めたが、貸し出されたのはＧＰＳ搭載のポータブル・ナビゲーターであった。機器本体の移動が自由で軽便とはいえ、それだけに置き場所も、また方向指示も不安定であった。おそらくはレンタカーなればこそ取り付け自在なポータブルだったのであろうが、固定された日本車のカーナビを懐かしく思ったものである。現在、世界でも多くのナビゲーター機器が日本製だと聞く。なるほどと思わせる精密さがあるからであろう。

こうしてみると、生活を簡便化させるための機器の開発は、すべてではないにせよ、今や日本は必ずしもロールモデルを追うのみの立場ではなくなった。問題は、機器開発の速さというよりも、普及の進展ぶりであり、それにより生活で実用できる成果の度合いが問われるのである。

その点、家電用品などは、アメリカに比べ日本でははるかに普及度が遅かった。電子レンジは、今ならばレンチン時代でコンビニにさえ置いてあるが、日本で家庭用にと松下電器が初めて開発したのは一九六五年であった。普及率は七〇年代半ばになってもわずか一〇パーセント余に過ぎず、八〇年代後半で半数、九〇年代に入って九〇パーセント台前半と、完全普及に近づくのにほぼ三〇年を要している。また三菱電機が多機能型オーブンとしての電子レンジを開発したのが七七年であった。ちなみに我が家では、後れ馳せながら八三年に東芝の多機能型オーブンを求めている。それまで電子レンジは話には聞いていたが、全く無縁な代物であった。

たまたまそれより二年前の一九八一年、私はミズーリ州セントルイスの友人宅で、アメリカ型電子レンジのマイクロウェーブに遭遇する。電子レンジを我が家で買う前の「空白」のタイミングにあった。使い方がわからずにいると、友人は、「もしかしてマイクロウェーブ、知らないの？」とからかった。それは、あたかもハサミといえば誰だってわかるのに、と言わんばかりのからかいようであった。

アメリカで家庭用マイクロウェーブが初めて発売されたのは一九五二年。定価を低く抑えた普及版が出たのが七〇年代後半であった。初期にはマイクロウェーブが出す電磁波に懐疑が持たれ普及が遅れたものの、八〇年代初めには爆発的に普及した。ミズーリの友人宅で見たのはちょうど電子レンジがアメリカの家庭に普及する絶頂期であったのかもしれない。日本であれ、アメリカであれ、たとえ早くに開発されても一般家庭に普及されなければ文明機器の恩恵には与れない。

電子レンジと並ぶ台所の電子器具としては、食洗器（ディッシュウオッシャー）が挙げられよう。食洗器はアメリカではゼネラル・エレクトリック社（GE）が一九〇九年という早い段階で開発した。しかし、主流は業務用であり、家庭用のものはそれよりずっと遅れて五〇年代の繁栄期に、普及版が出たのは七〇年代であった。現在では、一般家庭での普及率は九〇パーセント以上といわれている。それでも食洗器は、アメリカの家電の中でも最も普及の進まないものであるという。

そういえば一九九二年、ロスアンジェルス郊外のサンマリーノに住む知人を訪ねた時、彼女は、「ほら、見て！　これがうちのメイドよ」と食洗器を回しながらにこやかに笑って言った。まだ当時のアメリカでも一般家庭には十分には普及していなかったことを窺わせよう。それでも二〇二〇年には普及率九〇パーセントに達している。

それに対し日本では、一九六〇年に松下電器が家庭用にと食洗器を開発したが、サイズやコストを抑えての普及版が出たのは九六年であった。だが今もその普及率は二八パーセントに留まっていて、どう見ても普及しているとは言い難い。やはり機器の普及度は、その機器が簡便であり、経費も安く、かつ必要に迫られてこそ早まるのは当然のことであった。アメリカや日本で、食洗器の普及がそれなりに時間がかかったのは、同じ理由からである。

こうしてみると、文化レベルの差は必ずしも機器開発の時点にあるのではなく、むしろその機器がいかに一般生活で普及されているかであろう。つまり開発された機器がどのように一般社会に浸透し、利用されるようになったかである。

電機機器万能時代の背後で

一九七〇年代から九〇年代にかけては、こうして日常生活をより便利にする家電器具やＩＣＴ機器の普及が爆発的に進むなか、アメリカでは人々を取り巻く社会的環境は必ずしも前途洋々で明るい未来を拓くようにはみえなかった。一つには、六〇年代にあった激しい改革の煽りを受け、その反動として保守化へのうねりが予想外に強まっていたからでもある。そして今一つは、そのように激しい改革運動があったにもかかわらず、解決されない不平等や生活の格差が社会の底辺で燻り、それをめぐる階層の分断が広がっていたからであった。

実際この時代には、一九六〇年代の激動の変革に対し、まるで倍返しのような根深いバックラッシュが渦巻いていた。例えば白人男性アラン・バッキーの訴訟事件で下されたバッキー判決にも代弁されるように、公民権法に基づき不平等是正のためのアファーマティブ・アクションを大学入学に適用するのは、それにより逆に権利を失う者にとっては不当ではないかといった逆差別への批判を強めていった。

一九六〇年代に一気に攻勢を強めたウーマンリブ運動に対しても、激しい巻き戻しの波が襲い、男女平等は女性にとって本当に資するものかといった議論すら起こった。それは当時、男女平等の権利を憲法に盛り込もうとした平等権法《イコール・ライツ・アクト》（ＥＲＡ）批准を阻止する勢力が台頭していたことからも頷ける。

ＥＲＡはすでに立法化されていたが、それを憲法修正箇条に入れるには、一九八二年までの期限付きで一定数の州による批准が必要であった。だが期限が迫るなか、必要総数三五州をわずか三州差で満たすことができず、憲法修正には至らなかった。（その後、両院の多数決により批准期限の延長が幾度か認められ、二〇一〇年には第四波フェミニズム運動や“Me too”運動にも押され、議会での再討議が認められた。そうした展開があっての二〇二〇年、最後の一州が批准してようやく憲法改正の運びとなった。）

たまたま一九八一年、私がミズーリ州セントルイスの知人宅を訪れた時、ミシシッピー川を遡った所にある公園に赴いた。そこは二大河川のミシシッピーとミズーリが合流する壮大な眺めを持つ「大合流域《コンカレント》」の近くにある公園で、かつてリンカーンが一八六〇年の選挙を前に、宿敵スティーフン・ダグラスと奴隷制についての激しいディーベートを戦わせた所でもあった。偶然とはいえ、その史跡の脇にＥＲＡの憲法批准を求めるキャンペーン旗が風にはためき、奴隷制をめぐるディベートが戦われてからすでに一二〇年余という歳月が経つ今もなお、差別と闘うアメリカの声が聞こえてくるようであった。

それにしても、ERAの批准はなぜ簡単に進まなかったのであろうか。ERAに反対する理由は、男女同権の規定はすでに憲法にあって重複箇条になるとか、これが憲法に盛り込まれれば女性も徴兵の義務を免れなくなるとか、あるいは労働基準法の母性保護法が無効になるとか、反対するための反対理由を捏ねているにすぎなかった。

アメリカでERAの批准を求めたこの時期は、世界の趨勢からみても国連を中心に女性の人権をめぐる論議の真っ只中にあり、日本でも男女雇用機会均等法が成立した（一九八六年施行）。その「追い風」のなかで、なぜアメリカではERAの憲法批准は成らなかったのであろうか。あの激しいフェミニスト運動で先陣を張ってきたアメリカに、いったい何が起こっていたのであろうか。

もしかするとそれは、既存社会では暗黙裡のうちに当然とされてきたある種の階層にとっての既得権、例えば白人優位とか男性優位とかいったものが一挙に崩れ、その既得権を失うことへの不満ででもあったのだろうか。あるいはもっと単純に、過激派やヒッピーなどによりもたらされた「社会的無秩序」を恐れ、麻薬や非合法薬物をも是認するような「自由化」への動きに不安を抱かせたからであったのか。

かねてよりアメリカ社会では革新から保守へ、保守から革新へと反復し、その動きが極端な域に達すれば、必ずや時計の振り子のように自動的に針が反復してバランスを保つ機能が働くといわれてきた。だが一九七〇年代の保守化の傾向は、知識人の間にもあえて過激なリベラル風潮を危惧し、それを温存する社会を批判する声も聞かれるようになった。

一方で、公民権法制定にもかかわらず、相変わらず差別は横行し、日増しに深刻化する格差社会や貧困の問題は留まるところを知らなかった。都会の街中《なか》では、路上に腰を落とし虚ろな目で座り込むホームレスの人々が、今や珍しくもなくなった。貧しさと格差からくる不満の中で、人々は解決できない闇の中でもがき喘いでいるかのようであった。

変化するアメリカ社会の人口構成

かつてアメリカでは、貧者の問題は往々にして黒人の貧民層と重ねてみることが多かった。だが彼らコミュニティの中にも、次第に明確化していく変化が生じていた。それは成熟した黒人中間層が、職業においても、生活面や学業においても、次第に黒人同士の連携を維持するよりも、むしろ同じ階層である白人と交わることが多くなり、黒人コミュニティを離れていった。その結果、中間層の抜けたコミュニティでは、取り残されたアンダークラスの黒人たちがより一層貧困化し、麻薬や薬物に依存しては病魔と犯罪から抜け出せぬことが多くなった。

しかもアンダークラスと呼ばれる階層は黒人だけではなく白人の間にも広がり、人々は加速する格差社会に向け、ことのほか不満と苛立ちを募らせていた。また黒人以外のマイノリティー、あるいは不法移民や新参移民のために職を失ったと不満を持つ労働者たちの間にも、アンダークラス化の現象は起こり、不安定な要素が社会に充満していった。

一九九二年、ロスアンジェルスで起こった暴動事件は、元はといえば、黒人の挙動を不審だとした白人警官が、被害者に暴行を加えるなど人権の上からみても違法な取り締まりを行なったことに端を発している。だがやがてその抗議が暴走化していくうち、黒人対白人の差別を越え、暴徒化した黒人が韓国系移民を襲う事件に発展し、マイノリティー間同士にあっても複雑な人種対立を浮き彫りにした。

こうして世紀末に向けてのアメリカでは、一九八〇年代に一度は上向きとなった経済も再び停滞し、それにより格差社会に対する不満はアンダークラスの人々を一層不安と絶望に追い込んでいった。一方で高額所得者層は、これらの困窮者を彼らの支払う税で救済し、それがために不平等な税負担を負わされているといった不満を募らせた。そういった不満は、高額所得者層のみでなく一般庶民の間にさえ渦巻き、真面目に働く者が、なぜ働かずに貧者に留まる人たちを救済するために課税されるのか、あるいは不法移民のためになぜ自分たちが職を失なわなければならないのか、といった不満や不安に駆られ、社会の協調と共生を求めるよりリベラルな人々との間に亀裂を生じ、そこに社会の分断が起こっていく。

こうした分断はアメリカの人口構成からみても、かつての社会層と一九九〇年代のそれとの間には明らかな変化が起こっていて、人種や移民問題を単純化することはできない。例えば一九九二年発刊の文献（野村達郎「アメリカ社会の現状」『現代アメリカにおけるアメリカ合衆国』ミネルヴァ書房）によると、一九九〇年の国勢調査から見た過去一〇年間のアメリカにおけるエスニック別の人口構成の変化は、アメリカ総人口に対して、「黒人が一一・七パーセントから一二・一パーセントへ、アジア系が一・五パーセントから二・九パーセントへ、ヒスパニック系が六・五パーセントから八・五パーセントへ、先住民が〇・六パーセントから〇・九パーセントへ」と確実に増加したのに対し、「ヨーロッパ系白人は七九・六パーセントから七五・六パーセントへと低下」の傾向を辿っている。

またそのマイノリティーがアメリカ全人口に占める数は、この一〇年間で五分の一から四分の一へと拡大し、今やヨーロッパ系白人がかつてアメリカ文化の主流を占めていた時代とは大きな変化を見せているという。しかもそのマイノリティーはといえば、かつては黒人がその多くを占めていたのに対し、一九九〇年代の時点では黒人はマイノリティーの中でも半分以下となり、それに代わって、アジア系やヒスパニック系が大きく伸びてきているという。それだけに社会を分断させる要素は増してきたのであり、しかもそのマイノリティーの多くが黒人と同じく貧困層を形成する。ここに大量化するエスニックの間での分断は、貧困層と富裕層の経済的格差が生むアンダークラスの問題とも相まって、アメリカの社会問題を一層深刻化し、複雑化させていった。それが世紀末のアメリカであった、といえるのかもしれない。

この混迷する世紀末について今一つ言及するとすれば、この世紀末最後の政権を担ったのが民主党のビル・クリントンであったということである。クリントンはアーカンソー州の知事を務めた後大統領となったが、本来は弁護士で、妻ヒラリーとともに法曹界出身であった。

彼は一九九三年から二期大統領職にあったが、自らも認めたように外交は不得手で、むしろ経済面で大きな成果を上げたとされている。それは共和党のレーガン＝ブッシュ政権が残した膨大な赤字債務を解消させ、アメリカに再び景気をもたらしたことであった。ことに経済政策の重点を重化学工業からＩＣＴ企業に移したことでアメリカ経済を誘引したとされている。八〇年代に起こったＩＣＴ関連の起業とも合わせ、興味深いことではある。一部ではインターネット・バブルともいわれたが、それだけ時代をうまく読み取る術に長じていたのであろう。政権末期にはついに財政黒字を達成したという。

しかし、クリントン政権にとって、就任後発覚したかつての事業面での多くのスキャンダル事件は、絶えず野党から攻撃される材料をつくり、その上、女性関係をめぐる個人的なスキャンダルが在任中に発覚し、クリントンはホワイトハウスの品位を著しく汚《けが》し貶《おとし》めたとして一層の非難を浴びることになった。巡る因果の結末であろうか。混沌とした世紀末を象徴するかのような政治のエンディングであった。

13　エピローグ　新しい世紀を迎えて

激動の世紀末は不安定な時代でありながら、ウォーターフロントの開発やＩＣＴ産業を中心に、活気あるビジネスの展開と多彩な発展が街々に溢れていた。ニューヨークでもワシントンでも、そしてカリフォルニアやボストンでも、たとえ一時的な経済不況が襲おうとも、安定して変わらぬ日常生活があった。

ところが二〇〇一年、状況は一転し、思いもよらぬテロ事件で新世紀が幕開けする。それは九月一一日、ニューヨークのバッテリーパークで、イスラム系テロリストがハイジャックした二機の民間航空機で世界貿易ビル、通称ツインビルを空から爆破した事件であった。

半年前に就任したばかりのジョージ・ブッシュ大統領（息子）は、それをアメリカに仕掛けられた戦争だと言い、非常事態宣言を発令した。そのことで一時的にではあったが、多くのアメリカ人が心情的に結集し、愛国心にも近い思いで国家の重大事を受け止めたのであった。

ブッシュ政権はこのテロ事件を巡って、イラクとアフガニスタン、それに同国が匿っているとされるアルカーイダなどに対して敵対姿勢を鮮明にし、直ちに国連決議を取りつけ、有志連合とともにテロ作戦と銘打ってアフガニスタンを攻撃した。それは、アルカーイダの組織をテロの首謀者とみなし、それを擁護するアフガニスタンのタリバーン政権を打倒するためであった。さらにテロ組織を支援し、国内に大量破壊兵器を隠匿しているとして、二〇〇三年にはイラクへの武力攻撃を開始した。

ブッシュ政権のこうした強硬な外交政策に対して、やがてヨーロッパ諸国や国連などから疑念と批判の声が上がるようになった。これまで築いてきた国際社会の規範や仕組みを、軍事力を投じたアメリカの独走外交で一挙に崩壊させたと非難した。

アメリカ国内でも、これらの戦争が人命の損失はもとより厖大な戦費を費やしたとして、強い非難の声が上がるようになった。その上、ブッシュ政権下では戦費以外の支出も膨張し、クリントン政権下で国内経済を回復させて国家財政を潤沢にしたにもかかわらず、瞬く間に国家財政を再度赤字にと追い込んだのであった。当然のこと、ブッシュの経済政策への不満も高まっていく。それでもブッシュはその事態を乗りきり、結局は再選を果たして二期目を務めることとなった。

ブッシュ政権下での倦怠感にも似た政治的飽和状態を抜けるべく、二〇〇八年、現状の危機を乗り越えるには変化こそが必要だと、Change を訴えたのが民主党のバラク・オバマであった。初の黒人系大統領のオバマは、アメリカの分断された社会を憂い、社会の組織とそれを動かす人々の精神構造の変化を求めた。それに必要な社会整備として、困窮者を救うための医療制度改革・経済回復・移民政策と平等社会の実現を目指したほか、気候変動や国際平和への関心をも喚起する政策を目標とした。

しかし、上下両院を占める野党多数派による捻じれ現象により、法案の多くが否決され、成立する可能性は低かった。なかでもオバマケアとして知られる医療制度の改革は、州によって格差を生じない医療制度や低所得者の保険加入を可能とする補助金制度を導入し、できるだけ多くの市民が被保険者となることを目指したが、それによる高額の課税負担への反対も強く、二〇一六年には共和党多数の上下両院で廃案を求める改正法が可決された。オバマは拒否権発動で、この危機をかろうじて乗りきったが、こうした経緯が次期政権のトランプ大統領に、オバマケア廃案という強い執念を叩き込んだ背景でもあった。

さらに移民政策としては、二〇一三年に不法移民に対して一定の条件を満たすことで市民権を付与することや、ビザ・システムの整備などを法改正で確立させようとした。だが、両院での過半数が取れずに結局廃案となる。そのため翌年、オバマはせめて市民権や永住権を持つ子どもの親を強制送還することの禁止や、彼らの就労資格見直しなどを盛り込んだ大統領覚書を議会に送った。しかし覚書は全米半数を超す二六州から憲法違反だとして差し止め訴訟を受け、結局、実現には至らなかった。この司法による差し止め状況を見たからこそ、次期トランプ政権は不法移民を規制する「壁」をメキシコとの国境沿いに設置する施策を強行したのであった。

オバマ政策のうち重要となる第三の政策は、世界の気候変動や温暖化対策など、環境問題に関する対応であった。二〇一五年、アメリカ環境保護庁は大統領政策に沿って、国内発電所からの

CO_2排出量を一五年以内に一定の基準値まで減らすため、国の指標とする基準値を設け、各州にそれぞれの事情に合わせた計画を策定するように求めた。いわゆるクリーン・パワー・プラン（CPP）である。ところがこれらの案件も、複数の州や企業から、同計画が州権や企業の自由を脅やかし、憲法違反に当たると訴訟され、差し止めとなってしまった。これにより国内での環境整備は挫折し、国際機関との調整も難航する。のちにトランプ大統領がオバマ政策を強く批判し、二〇一五年の第二一回気候変動枠組条約締約国会議（COP21）で採択されたパリ協定からの離脱を表明した背景がここにあった。

しかし近年のアメリカでは現実に、大気の不安定により予想外のスケールで国土を襲う自然災害の破壊力に怯えるようになってきた。ルイジアナ州のニュー・オーリンズでは、二〇〇五年のカトリーナ台風が大規模洪水をもたらし、また一九年三月にはミシシッピー川やミズーリ川の堤防が各所で決壊して周辺の地域が大洪水に見舞われた。それより前の一一年と一六年にもミシシッピー川は相次いで氾濫し、セントルイスのミシシッピー川沿いの地区が大きな被害を受けている。その川沿いにかつてあった友人の家も一階のグラージが浸水し、彼女はついにその家を引き払って東部に引っ越ししたと聞く。

自然の猛威は山林にも及び、カリフォルニアやオレゴンでは、山火事により人家さえをも焼失した。近年、二〇二〇年にもオレゴンでは森林火災が起こり、自然保護林の赤松が群生する大森林地帯もあることから類焼が憂慮されたが、今のところ被害は伝えられていない。山火事は火の不始末という人災もあるが、近年起こった山火事の多くは気候変動がもたらした異常な夏の乾燥と強風が原因であったという。

夏の山火事と対峙するのが冬の雪害と凍結であろう。ことに五大湖周辺の中西部や東部地帯での被害は、毎年激増している。深刻な自然災害に向き合うため、温暖化に対する世界的な取り組みが急がれるのだが、各国の思惑もあってやっと二〇一五年に、一九九七年の京都議定書以来初めてとなる各国合意が得られた。それが「パリ協定」であった。こうしてアメリカでも、世界でも自然破壊に対応する政策の実現化が急がれた。

このように解決しなければならない急務が山積するなかで、なぜオバマ大統領が提案した法案は、次から次へと野党共和党の反対で廃案に追い込まれてしまったのであろうか。無論、与党となる民主党勢力が議会の過半数を満たしていないことで、いわゆる捻じれ現象が生じていたことは明白であった。その状況下で、オバマが強行突破を図って拒否権を行使し、あるいは議会権力を越える大統領令覚書を発布した。そのことが一層の反発を呼び、議会のみならず州権が侵されるとして反対したいくつかの州が大統領に反目する方便を作り出す。二大政党制が生む因果なのであろうか。

だが、たとえ二大政党の仕組みや根強い地盤があるにせよ、議会、特に下院議会では、選挙により各州の人口比に照らして民意が反映されるため、党内の意見は必ずしも一枚岩ではない。だがオバマ政権にとっての宿敵は、予想外に強固な共和党の結束であり、その結束が強く選挙地盤の利害に繋がっていたのであろう。ことに、高額税負担や、不法移民による労働市場の脅威といった論点は、理屈を超えた死活問題でさえあった。地盤によっては選挙区の人々の強い関心を煽ったに違いない。特にミシガンやペンシルヴェニアなどラストベルト地域に見る民主党離れの動向が目を引く。

二〇一六年、共和党の大統領候補として次期政権を狙うドナルド・トランプは、むしろこうした不満層を味方につけ、彼らの要求を全面的に吸い上げて選挙スローガンとした。従来型の大統領候補としてはあまりにも破格で異常とさえみえたトランプは、一般の予想を覆して当選する。

就任し組閣に入ってもなかなか人材が得られず、危ぶまれたスタートであったにもかかわらず、政権は選挙で公約したことを次々と実現させ、有言実行で支持者たちを満足させた。すべては国益や国民の利益を満たすためだと豪語し、America First をキャッチフレーズとした。

具体策としては、一言でいうならば前政権が謳った政策の全面否定であり、全面撤回であった。不法移民根絶のために巡らす国境沿いの壁、オバマケアの廃止、パリ協定からの離脱と、海外にも波紋を広げる政策づくめであった。その上、冷えきった北朝鮮と折衝を図り、金正恩朝鮮労働党委員長との対面も図った。だが結局は北朝鮮側が誠意をもって交渉条件を果たしていないとして、国交樹立は実現しなかった。

トランプ政策の評価は、まだ正確には摑めない。あれは真に異常な政権であったのか。それとも主義主張を通すことに一貫性を示した有言実行の大統領であったのか。または自己顕示欲で職権をフルに発揮し、大統領という地位に固執した指導者であったのだろうか？　いずれ明らかにされるであろう。

トランプ大統領は政権を譲る時、あえて新大統領の就任式に出席しないことで、結果的に現職大統領のままホワイトハウスを去っていった。去るに当たっては儀仗兵の栄誉礼を受け、大統領専用機で自宅に向かった。現職の大統領なればこそであった。実際それは、死去により職務を全うしなかったケースを除けば、歴代大統領としては稀有なことであった。大統領陣営は、選挙に不正があったから、新政権を認められないのだと説明する。本当は何を意味したのであろうか。

二〇二〇年の大統領選挙では、たしかに一般選挙でトランプが七四二二万三二五一票という大量の票を獲得した。しかし民主党の対立候補ジョー・バイデンが八一二八万八八八票を得て、結局七〇〇万票の差でトランプ票を上回った。だがトランプにしてみれば、それは僅差であり、しかも七五〇〇万という国民の半数近くが自分を支持したのであった。

この七五〇〇万弱の支持者の数をトランプが重く受け止めていたことは確かであった。それでも自分が勝利できなかったのは、自分に対する票がどこかに隠匿されたからではないかと得票の「盗難」説を発して票の数え直しを求めた。陰謀説の一つでもある。

だがこのトランプ政権のもとでどうしても気になることが今一つあった。それは、事実を翻し陰謀説を仕組んでまでも、「トランプ正義」を支えようとした熱狂的な支持者のフィーバーぶりである。それは、トランプが打ち出した政策や彼自身の個性が支援者にとっては魅力的であったとしても、そのほかに、トランプ大統領が絶えず使っていた情報発信の方法に由来するのではないかと思われる。

例えば一国の政策に関わる情報の多くは、通常は新聞やテレビなどのニュースメディアが担っている。ニュースメディアは、一般的かつ常識的にいえば、本来、記事を書くために事実を精査し、確証を得たものについて言葉を選んで記事を書く。それがメディアのもつ自覚でもあり責任でもあるからであり、その上で記事は多数の人に読まれていく。無論、字数制限のため、肝心なことが言い尽くせないこともある。記事の対象となる人からすれば、往々にして言い尽くされていないために誤解を生んでいるのだとメディアを攻撃する。

トランプ大統領のメディア嫌いはその典型的な例であった。彼によれば、メディアは不当な解説や意見を述べ、あるいは趣旨を曲解し、省略して、正しく伝えていない、と就任当初から激しくメディアを攻撃した。特に影響力のある大手の新聞やテレビが彼の攻撃対象であった。それはフェイクだ、虚偽のニュースだ、といった表現を何度我々は耳にしたことであろう。

そうした経緯もあってか、トランプ大統領は記者会見をできるだけ避け、頻繁にツイッターに投稿した。昨今では、世界の政治家もツイッターを活用する。それはトランプと同じくニュースメディアを介さぬ方が直接有権者や国民にアピールでき、意図するところを正確に伝えられると思っているからである。だが頻度において、トランプ大統領ほどツイッターを情報の手段とした施政者はなかったであろう。

ツイッターを扱うツイッター社はサンフランシスコに本社を置く情報サービス会社で、二〇〇六年にサービスを開始した。創業者たちはツイッターが単なるSNS（ソーシャルネットワークサービス）ではなく、「社会的な要素を備えたコミュニケーションネットワーク（通信網）」だと説明し、「今起きていることを知る場」、つまり「ニュースメディアに近いもの」だと補足する。しかもそのネットワークは、「緩い『繋がり』（人間関係）を発生」させるものでもあるという。

ツイッターの一番大きな特徴は、字数制限を設け、英字の場合には投稿字数を半角二八〇文字以内に制限していることである。簡明である上、そこにはテキストや画像、動画、URLを投稿することもでき、情報を送るには簡便にして最も手近にあるとの理由で、登録者数を増やしていった。

トランプは就任当初から、終始といっていいほどツイッターを利用し、自分の動向、予定、思惑、行動指針、時には政策すらそこに報じていた。字数制限のある短い文の中に、端的に、平易に、わかりやすく要点のみを述べている。長文ではないため、詳しい説明も、ましてやニュースソースもなく、データに裏付けされた理屈もない。自分を論駁した意見には、「それは違う、それはフェイクだ」と強く跳ね返すように否定する。どう違うのか、なぜフェイクなのかについては何の説明もない。だからこそ、人々は七面倒臭い解説をじっくり読んで内容を詳細に理解する必要もなく、それに煩わされることもない。つまりは手短かで、手っ取り早く、わかりやすいのである。

ツイッターを発信する人が例えば政府高官や、ましてや行政の最高責任者たる大統領であれば、人々は発信される言葉を信頼に足るものと信じ、受け止めるであろう。もし受け手と発信者が信頼関係を深くしているのであればなおさらである。つまり大統領の発信に応じる投稿者が大統領の批判者ではなくサポーターであれば、彼らは発信者の言葉に疑いをすら抱くこともない。その短く、わかりやすくまとめられたメッセージが大統領からのものであればこそ、大統領のサポーターたちはそれを金科玉条として受け入れ、ますますそのファン層を厚くする。

トランプ大統領が在任末期に、自分を敗戦に追い込んだ選挙結果に不服を呈し、さらには新政権の発足に不満を示して、「正義」を取り戻すために「議事堂に行こう」と、サポーターたちにツイッターで呼びかけた。彼らにとって、それは明らかに大統領からの指令であり、彼らはその指令を受けて実行に及んだ。

だがその結果は、おそらくトランプ自身にとっても、想定以上の効果を生んだのであろう。議事堂での蛮行について自分は指示していない、と彼は言った。それにしてもトランプ大統領はなぜ、サポーターたちに議事堂行きを指示したのだろう。議事堂を目指せ、とした発想にはどんな理由があったのだろうか。ツイッターでは、議事堂近くで集会を開いていたトランプ支持者たちに、「議事堂に行ってトランプ支持の議員に声援を送ろう」というのがもともとの趣旨であったという。

ツイッター社は、トランプがさらなる暴力を煽る危険性があるとして、現職大統領のトランプをツイッターから永久追放することとし、そのサイトを閉鎖した。日経新聞のネット版記事によると、トランプ政権の「発足当初に一億九百万人であった利用者は、過去四年でおよそ二倍に増え、一月八日にアカウントを永久停止する直前には、トランプ氏は利用者全体の約半数に相当する八八〇〇万人を超えるフォロワーを抱えていた。物議を醸す発言を繰り返す『トランプ劇場』が、過去四年間のツイッターの普及をけん引した側面がある」と伝えている。

以上がメディア情報から得た今回の大統領選挙をめぐる展開についての大雑把な「事の次第」である。このようなまとめ方は「フェイクだ」といわれるかもしれない。そうだ、フェイクかもしれない。なぜならばここにまとめた事の経緯は、明らかにメディアからの情報のみで、確たるデータも証拠も挙げることができないからである。

だが、ツイッターに潜む大きな落とし穴は、実はもう一つ別なところにある。それはツイッターにしてもフェイスブックにしても、登録された会員同士が同じ情報を共有することで、ニュースソースが何であれ、一つの情報が仲間内で行きかい、それによりニュースが拡散・増幅されて信憑性を帯びていくことである。人は情報が一つであれば一過性のものとして見過ごしてしまうかもしれない。だがその同じ情報が複数回、しかも「価値観」を共有する仲間内の何人かから時を同じくして伝わってくると、情報の信憑性は高くなり、事は一つの真実にすり替わっていく。言ってみれば、ネット上の井戸端会議が仮想の真実を作り出し、やがてそれが多数を動かす一大勢力にすらなるのであった。

かつて一九世紀にアメリカ各地を見聞し、アメリカの将来を予測したフランスの政治家アレクシス・トクヴィルは、民主主義を高く評価しながらも、起こり得る脅威をも予測した。彼は民主主義の原則となる多数決については、若干の疑問を持ちながらもその有効性を是認した。だが国民全体が多数の意思により制圧されることで国家は無気力化し、活性化されないという。

さらに多数により選ばれた大統領は、再選に向けてその多数意思を忖度して政治に邁進しないという。それは民主主義国家を目指すアメリカだからこそ起こり得る脅威だと、指摘した。トクヴィルは多数により選ばれた大統領が多数におもねる危惧を予測した。だがそれは同時に、多数が多数におもねる危機をも暗示しよう。トランプ大統領は、いみじくも執拗に再選にこだわり、多数もそれを熱狂的に支持した。そこに「多数」という目に見えない勢力の間で相乗効果が現れ、トクヴィルの危惧が具現されていると憶測することもできるかもしれない。

問題は、大衆の間で多数を制するために人々がいがみ合い、争い合い、そして彼らが抱える不満を訴える方法として、手近で効果のある通信網ツイッターを利用したことである。しかもSNSに陰謀説を絡ませ、その説を自らが抱える社会的不満とオーバーラップさせながらネットで拡散させれば、やがてその情報はたとえそれがフェイクであれ、ネット上では新興宗教かと思えるほどの熱気を帯び、まことしやかな説となって定着するであろう。

それはかつて一九五〇年代から七〇年代にかけ、弱者を救済することを謳ってオカルト教団を結成した人民寺院をも連想させる。創設者ジム・ジョーンズは、平等主義と極左的社会主義を標榜したキリスト教団を立ち上げ、マスコミや信者を介して不満層を抱き込み、果ては核攻撃の陰謀説を信じ込ませて社会の不安を煽った。信徒は労働者や黒人貧困層など社会に受け入れられないと不満を抱く階層に広がり、その数は教団側の推定では最盛期で二万人ともいわれた。その教団が悲劇となって終わるのは、信憑性を問われて窮地に追い込まれた教団が、逃れ先の南アフリカのガイアナ共和国に建設したジョーンズタウンで、シアン化合物入り飲料により信徒全員が集団自決を図った顚末であった。一九七八年のことである。

一九五〇~七〇年代に組織された人民寺院は、ニュースの拡散をニュースメディアに頼ったが、二〇一〇年代のトランプ支持者たちは、大衆の間で燻る不満を訴える手段としてツイッターを利用した。八〇年代に、あのシリコン・ヴァレーで先端技術を駆使して開発したツールが、今や人々の思想すら左右する。それがネット社会の不透明さであり、怖さでもあろう。

アメリカの憲法学者や知識層の間では、こうした危険を憂慮し、それを防止するため、通信ツールを動かす企業に対し、抑止策が講じられるような努力や法整備を促している。しかし、企業としては、かつて大企業が中小企業を脅かすようなトラスト体制を封じようと働きかけられた時にも似て、私企業の自由な活動を法規制するのは憲法違反だと、企業利益を優先させて反目する。解決は早晩には動かないかもしれない。だが、このことこそがアメリカ社会を分断から回避させる必定のものだと多数が気づく時、政治はかならずや動いていく。それはどの国でも同じであろうが、流動性を持つアメリカならではの期待でもある。

思えばアメリカでは、その流動性こそが国家の存続と発展を助けてきた。その流動性とは移民の流入によるばかりでなく、アメリカが途方もなく広大な大陸に広がり、古来、そこにある地域差を越えて移動することで生まれた流動性でもあった。それは長年にわたる人口移動の動態からも窺えることである。その流動性があるからこそ、人々の挑むチャンスがあったのであり、それ故にビジネスチャンスを窺ったアメリカで近代文明が多元的に発達したのであろう。

しかも流動的社会であったからこそ、目まぐるしく動く変化に上手く適合できるように、時にはプラグマティックな手法で対処法をみつけていく。かつてアメリカで生まれたプラグマティズム（実用主義）は、定見のない浅薄な哲学だと軽視されることもあった。だが、加速度的に進む現代社会にあって、しかも流動性の激しい社会では、実用主義の適応が次なる発展を生むかもしれない。少なくとも、頑なに閉ざした固定の概念を破り、次なる門戸を開く可能性を持っているかもしれない。それを進化とみるか、退廃とみるかは事々によって違うが、進化の先に、固定概念に縛られないもっと広義な価値観が認められれば、プラグマティックな対応も決して浅薄ではない。

いささか唐突だが、ここで考えられる一つの事例は、長きにわたって日米両国を乖離させていた原爆投下についての国民感情が、少しずつアメリカで変化を見せてきていることであるかもしれない。長いことアメリカでは、広島や長崎に投下された原子爆弾を戦時戦略としては当然なことだったと是認し、その妥当性は、原爆投下により戦争を終結させ、敵味方双方にこれ以上の戦死者を出さないことであって、むしろ原爆投下の決断は英断だったとする風潮が強くあった。

それは一九七〇年代初めに、日米関係に興味を持った私たち有志三人（加藤恭子・森川淑子・青木怜子）がかなり大がかりに行ったアメリカ・日本での意識調査でも、アメリカ人の大半が原爆投下の妥当性を強調し、投下の是非に対する考え方には当時の日米間では大きな隔たりがあった（加藤恭子『こんなアメリカを知っていますか』中央公論社、一九八二）。

その頑な考え方が次第に軟化していくのは、世代交代にもよるが、水面下で活発に動き始めていた市民運動の成果でもあった。なかでも顕著な動きを見せたのは、一九八二年夏に行われた全米反核デモであり、ノーモア広島のシュプレヒコールとともに原爆投下の非人道性を訴えたのであった。反核運動は、核兵器廃絶の世界的キャンペーンで二〇一七年度のノーベル平和賞を受けたＩＣＡＮの運動とも連動した。

一九九六年に起草された「核兵器禁止条約」は、二〇一七年にようやく国連総会で決議案が採択され、二〇二〇年に五〇か国の批准をもって結実した。その背後には被爆二世であったサーロー節子（カナダ国籍）などが、国連あるいは市民社会で核の脅威を語り続けてきた姿もあった。こうした市民活動に動かされて、アメリカの核意識は政治的なものから次第に人道レベルの問題へと変化していった。得てして暗い影を落としがちな分断社会にあって、わずかずつとはいえ、広島・長崎への原爆投下について見解の修正がみえてきたのは、民族が共存できる道を、人道主義という政治を越えたところで探り始めてきたからかもしれない。

折から、二〇一六年五月、アメリカの現職大統領としては初めてオバマ大統領が広島の被爆地を訪問し、核兵器廃絶を訴え、被爆者との対面を果たした。アメリカ市民の間に、ことに退役軍人を中心として根強く燻り続けてきた原爆投下是認の意識がある中ではあったが、頑なに閉じた感情を市民レベルで氷解させていったところに、遅い流れとはいえ、アメリカの流動性をみるのである。

翻ってアメリカの分断社会を考える時、このアメリカ特有の流動性や実用主義が、和解への手立てをみつけていくのかもしれない。世紀末から新世紀にかけての転換期のアメリカは、奇しくも政治の閉塞と社会の分断を露呈した。未来像を描くことは難しいが、今後の社会が分断の強化ではなく、それを解《ほど》く融合に向けて新たなツールを見出した時、かつてアメリカが日本の復興社会にとってロールモデルであったように、世界の分断社会にとってもまた、その瓦解と融合への道を示すような新たなロールモデルを呈するかもしれない。

あとがき――むすびに代えて

二〇世紀、戦間期以降のアメリカを顧みれば、さまざまな機器の開発によりアメリカ人の生活機能は総じて豊かになり簡便化された。一方日本では、同時期初期には文明開花以来、常套的に欧米に目を奪われることは多かったが、実際にその地に住んだ経験を持つ人が今よりも少なかったことから、一般的に言って日本人が直接アメリカでの生活に触れてみて刺激されることはあまりなかった。その状況を一転させたのは終戦後の占領下であり、それ以来、怒涛のように流入する情報や物産によって、日本人は今までになく、アメリカ型の生活パターンを身近で知るようになった。以来、日本人の生活のなかで、そのパターンが一つのロールモデルとなっていったのも事実であった。

戦後の日本から見た当時のアメリカは、生活面での進化が一段と進み、時にそれが日本にとっては羨望の的でさえあった。それは、およそ物質的なものに偏重しての憧れであったが、その裏では、アメリカが持つ潜在力、そして国家発展を支える信条や信念に惹かれての羨望もあったかもしれない。その羨望が何であれ、アメリカにある便利なもの、生活を快適にするもの、そして美しく見えたものすべてを日本に移入しようとした時代もあった。やがて日本でも、そのロールモデルを追って似たような性能の機器や品々を製造し、あるいは別の工程で同じ目的に叶うような機器を開発していった。その結果、世紀末にはアメリカ型の生活パターンに歩を合わせたかのような便利な機器が日本人の生活を潤すようになる。生活環境にしても、セルフサービスのアメリカ型スーパーマーケットで簡便にショッピングができるような街づくりも進んでいった。

翻ってみれば、こうした人々の欲望こそが消費に繋がり、商売に見合った多分の利益をも生んでいく。そのため人々は便利で快適なものには、さらなる便利さと快適さを求め、生産もそれに応えてなお一段と、多機能で高度な技術を取り入れた高品質な機器や用品を開発する。この飽くことない人々の欲望に応えて開発される新製品は、需要の増加で安価になることもあったが、片や往々にして品質向上に伴って高額となり、必ずしも多くの人の手には届かないものとなることもあった。せっかく消費文化の恩恵に与ったはずの人々の間でも、その購買力には差が生じ、一層、高額所得者層とアンダークラスの貧困者層の間に格差を広げ、やがて埋め難い溝を作って分断社会を如実にした。ここに消費社会が生んだ大きなマイナス面があった。

マイナス面はこれ以外にもあり、その際たるものが環境汚染であった。開発された便利な文明の機器は便利さを促すため、製造工程でも使用過程でも、稼働するためのエネルギーが必要となり、そのエネルギーの消費が往々にして大気を汚染し、水源を脅かす。さらに、今や現代人が手放すことができなくなった通信機器のスマホさえもが、フェイクニュースの拡散で人々を不安に陥れ、時には人権侵害や犯罪すら誘発する。

こうしたマイナス面は、日本やアメリカに限らず、消費文化の広がるところで共通する。それはその因が、消費文化発祥のアメリカにあるわけではなく、むしろ人類の消費欲にあるからであった。そうであれば、弊害駆除の方策を生みだすべきは、特定の国ではなく、便利さを享受するすべての人となる。弊害があってもなお便利な消費社会のメリットを享受するには、基本的には、消費社会に生きる人すべてが、便利さを維持するために必要なことを、必要な分だけ、せいぜい賢く使う知恵と努力を投ずるしかない。

かつて日本では、アメリカがヨーロッパや日本よりも歴史的に遅れをとった国であり、そのために史的蓄積や文化的遺産もなく、野卑で浅薄な国だと捉えられた時代もあった。それは戦後のヨーロッパ史家の間にも強くあり、彼らからみれば、アメリカには使い捨ての物質文化以外何もなく、果ては「文化のない国に歴史はない」と、切って捨てた目でアメリカを見る西洋史家もいた。一方、豊かさがあったからこそアメリカが民主主義や平等主義を世界に先駆けて実践できたのだと、好意的ながらアメリカの富を強調した考え方は、アメリカの学者の中にもあった。アメリカの発展を見る上で、果たして物質文化と富とはどのような相関関係にあるのだろうか。

たしかにアメリカには、広大な自由地とそれに働きかける機会が開拓当初から例外的に豊富にあり、それが外部からの移民を惹きつけ、国内では移住者を「いざ西部へ！」と駆り立て、アメリカンドリームを膨らませていった。だがその自由地も、豊富な機会も、人が働きかけなければ富にはならない。それは、農作であれ、商工業であれ、論理の上では変わらない。だが、そうした発展の成果が即座に見えやすいのは、収穫や出荷や取引に長い時を要する農業ではなく、金銭の対価で即座に結果を反映する金融業や商工業であった。そこではビジネスチャンスを巧みに摑み、一世一代で財を成したいわば「成金族」も出現する。それが際立って見えるようになったのは、一九世紀後半、南北戦争後の第二次産業革命に端を発する繁栄期であった。

時あたかもその時期は、鉄鋼業で成功したカーネギーや鉱山経営のグッゲンハイム、鉄道王として名を馳せたヴァンダービルトやスタンフォード、金融王として財を成したデイヴィッド・ロックフェラーやJ・P・モルガンなど、厖大な財を成した人々を輩出した。なかには、有り余る財源で、ヨーロッパの絵画や美術品を買い漁る人もいた。その行為が一つには、成金のアメリカ人は金《かね》で芸術を買う浅薄な物質主義者だとみられ、アメリカには物質文化以外の何物もない、と西洋史家たちに言わせた背景でもあった。その一方で、その莫大な富を一人占めすることなく、富を社会還元させた事例も少なからずにある。その一例がカーネギーホールであり、グッゲンハイム美術館であり、スタンフォード大学であった。

だが次元を変えてみれば、「富」の社会的還元とは、こうした個人の成功によって個人が得た富を社会に還元することだけであろうか。むしろ発明や生産によってもたらされた便利な生活を、庶民が日常生活の中で享受できることが富の還元だと考えることもできよう。そういった意味での大衆の「豊かさ」がアメリカにもたらされるのは二〇世紀、具体的には本著の舞台である戦間期と第二次大戦後の時代であった。

これらの時期にアメリカで開発・生産された便利な文明利器は庶民の間に瞬く間に普及し、その生活スタイルは一挙に世界にも広まっていった。そうした消費文化の高まりにより、人々はさらなる豊かさと、便利さと、快適さを生活に求めていった。つまり消費文化は長い目で見れば、アメリカにだけではなく、またその時代にだけではなく、あまねく人類に還元するものとなったのである。その効果を考えると、消費文化のメリットは測りしれない。

ことに今後高齢化がますます進み、高齢者自身ができ得る限り人手を借りずに自力での生活を求められるのは必至となる。それには電化された機器や便利な用品が不可欠となる。同じことは人手不足の医療・介護の現場でも言えることで、ロボットをはじめとする電化製品や簡便化された機器が充足された社会環境は、ますます必要とされてくる。その意味で、これら製品の開発や商品化は必ずしも贅沢でも無駄でもなく、私自身はむしろそれを肯定的に捉えている。だからこそなおのこと、消費社会がもつ深刻な弊害に対処できる策を講じることが求められよう。その策を描けたものが、今後の世界で新たなロールモデルとなっていくのかもしれない。

たまたま近年アメリカでは、トランプ大統領の出現により、異常なほどに自国の利益のみを主張する拝金主義にも似たエゴイスティックな保身の姿勢が剝き出しになるのを多く見た。しばしば彼が口にしたAmerica Firstは、たしかに不景気や失業・格差に喘ぐ人々の声に応え、それらの不満に対処するものであったかもしれない。だがそれは、文明の発展が広く人類にとって利するということではなく、アメリカにとってのみの利益が、すべてに先行するという話であった。トランプの発言により、もしアメリカが拝金主義に走った国だというイメージをより強く遺したのだとすれば、アメリカが開拓期以来、民主主義の理念と自助努力で国家形成を遂げたという自負心と国の誇りはどう報われるのであろうか。

かつて一九世紀に、将来、大国となって世界を二分するのはアメリカとロシアだと、的確に予見したトクヴィルは、アメリカの民主主義の将来についても予見する。多数を至上とするアメリカの民主主義は、多数による暴走の危機を孕《はら》みながらも、その多数が理性を以て制する限り国家は健全であると言った。果たして今後アメリカでは、理性に託した民主主義が、保身に走る分断社会を少しでも是正できるのだろうか。それによりアメリカは世界に示せるような民主主義国家としてのロールモデルになり得るのだろうか。今が正念場を迎えている時なのかもしれない。

もともと本書は、アメリカならではの便利で近代的なものの生産は、いつ、どのようにして発達していったか、そしてそれらはその時々の日本人の目にはどのように映ったか、そのことを自らの生活体験に照らして見てみたい、その素朴な思いに駆られたのが出発点であった。それが文を進めるうち、思いもよらない難解な問題に深入りし、前回出版の『旅、国境と向き合う』(論創社、二〇一九)と同じく、抜き差しならない深刻な課題にはまり込んでしまった。未熟な知識と稚拙な考察を恥じながら、とてつもなく大きな課題に挑んだことを自らの糧としたい。

最後になるが、本書を奏するに際し、専門領域に関連してのご検分と貴重なご助言を賜った旧知の元外交官・国枝昌樹氏、元同僚で教育・教育史専門の聖心女子大学名誉教授・北村和夫氏、さらにはこの八〇年余の年月を編むことで、自己の記憶に齟齬なきよう助けを仰いだかつてのクラスメートたちや家人、そしてこの執筆に惜しみなき激励を送り続けて下さった多くの友人たちに、この場を借りて厚く御礼を申し上げたい。また出版に関しては今回も引き続きお世話になった論創社社長・森下紀夫氏、編集部の松永裕衣子氏ならびに福島啓子氏の親身になってのご尽力に改めて心から感謝申し上げる次第である。

著者

二〇二二年六月

［著者］
青木怜子（あおき・れいこ）
聖心女子大学名誉教授。1935 年、神奈川県生まれ。聖心女子大学文学部英文科卒、ジョージタウン大学院史学部修士課程修了。聖心女子大学文学部教授などを経て、現在、同大学名誉教授。第 47・48 回国連総会日本政府代表代理。国際大学女性連盟（IFUW）元会長。大学女性協会元会長。国連 NGO 国内女性委員会元委員長。著書に『西部アメリカの素顔』（鷹書房）、『私の中のアメリカ @us / nippon.com』、『旅、国境と向き合う』（いずれも論創社）、共著に「中部大西洋諸州」『アメリカの地域─USA Guide 2』（弘文堂）、「国連と女性─ジェンダーエクィティーへの道」『共生と平和への道』（春秋社）、共訳書に『怒れる西部』（玉川大学出版部）など。

ロールモデル・アメリカを追って

2022 年 8 月 1 日　初版第 1 刷印刷
2022 年 8 月 10 日　初版第 1 刷発行

著　者　青木怜子
発行者　森下紀夫
発行所　論 創 社
東京都千代田区神田神保町 2-23　北井ビル
tel. 03（3264）5254　fax. 03（3264）5232
web. https://www.ronso.co.jp/
振替口座　00160-1-155266

装幀／野村 浩
組版／加藤靖司
印刷・製本／中央精版印刷
ISBN978-4-8460-2170-2　©2022　Printed in Japan